杭氏易学七种（上）

易楔　学易笔谈初集

杭辛斋　撰
郑同　点校

九州出版社　全国百佳图书出版单位

图书在版编目（CIP）数据

杭氏易学七种 / 杭辛斋撰；郑同点校. -- 北京：九州出版社，2024.11. -- ISBN 978-7-5225-3437-4

Ⅰ．B221.5

中国国家版本馆 CIP 数据核字第 2024YE2499 号

杭氏易学七种

作　　者	杭辛斋　撰　郑　同　点校
责任编辑	王文湛
出版发行	九州出版社
地　　址	北京市西城区阜外大街甲 35 号（100037）
发行电话	（010）68992190/3/5/6
网　　址	www.jiuzhoupress.com
印　　刷	北京旺都印务有限公司
开　　本	710 毫米×1000 毫米　16 开
印　　张	42.5
字　　数	550 千字
版　　次	2025 年 1 月第 1 版
印　　次	2025 年 1 月第 1 次印刷
书　　号	ISBN 978-7-5225-3437-4
定　　价	118.00 元（全二册）

★版权所有　　侵权必究★

出版说明

一、杭辛斋（1869～1924），名慎修，清末民初浙江省海宁县人，故又称海宁先生。杭氏青年时期应童子试名列前茅，其后从陈书玉、李莼客两先生游学于京师，充文渊阁校对，得尽窥秘籍。肄业同文馆，习天算理化而学贯中西。

二、杭辛斋曾组织《周易》学术研究会，名研几学社，在学社曾担任《周易》主讲，撰成《周易》讲义《易楔》六卷。另有《学易笔谈初集》《学易笔谈二集》《易数偶得》《读易杂识》、《愚一录易说订》（郑谷甫著，杭辛斋按语）、《沈氏改正揲蓍法》（沈善登著，杭辛斋辑）。这些著作曾合为《易藏丛书》二十卷，由研几学社印行。

三、杭辛斋在《周易》象数研究及其象数在自然科学方面的应用有不少精辟的创见，这对现代自然科学的研究有较大的启示和指导作用。

四、本书所采用的底本为研几学社刊行本。

五、此次整理工作包括标点、文字处理、校勘工作。

六、点校者对底本进行了认真的校勘工作。凡底本明显讹误之处，一律改正，不出校记。存疑者，以小注标明。

七、本书标点根据现行新的标点用法，并结合古籍整理标点的通例，对全书进行统一规范的标点。但全书不使用破折号、省略号、着重号、专名号。

八、文字处理。汉字简化字以国家文字工作委员会发布的《文字使用规范条例》《简化字总表》《第一批异体字整理表》为基准，以《辞海》和《汉语大字典》为依据。未尽之处，依古籍整理通例处理。所有文字，凡能简化者，一律简化。古体字、不规范字或底本明显的版误之处，一律改为规范简化字。明显讹误之处，径改正之。其它悉从原本，不作改动。

九、著名易学家王力军先生为点校提供了所需底本，并指导了全部整理工作，在此一并致谢。

九州出版社

二〇二四年十月

杭氏易学七种总目录

易楔 …………………………………………（1）

学易笔谈初集 ……………………………（183）

学易笔谈二集 ……………………………（339）

易数偶得 …………………………………（493）

读易杂识 …………………………………（555）

愚一录易说订 ……………………………（597）

沈氏改正揲蓍法 …………………………（637）

目 录

易 楔

序 ··· (3)

易楔卷一

图书第一 ·· (5)

　　太极 ·· (6)

　　周濂溪之太极图 ··· (7)

　　古太极图 ·· (9)

　　来氏太极图 ··· (11)

　　易有太极是生两仪图 ··································· (12)

　　河图洛书 ·· (14)

　　二五构精图 ··· (24)

易楔卷二

卦位第二 ·· (25)

　　先天八卦 ·· (27)

　　后天卦 ··· (32)

卦材第三 ·· (36)

卦名第四 ·· (38)

易楔卷三

卦别第五 ·· (47)

　　内卦外卦 ·· (48)

　　阴卦阳卦 ·· (49)

贞卦悔卦 …………………………………………………… (50)
消卦息卦 …………………………………………………… (51)
往卦来卦 …………………………………………………… (52)
对卦 ………………………………………………………… (53)
覆卦 ………………………………………………………… (54)
交卦 ………………………………………………………… (55)
半对卦 ……………………………………………………… (56)
半覆卦 ……………………………………………………… (57)
上下对易卦 ………………………………………………… (58)
上下反易卦 ………………………………………………… (59)
之卦 ………………………………………………………… (60)
互卦 ………………………………………………………… (61)
辟卦　月卦 ………………………………………………… (64)
包卦 ………………………………………………………… (65)
像卦 ………………………………………………………… (66)
命卦 ………………………………………………………… (67)
声应卦 ……………………………………………………… (68)

卦象第六 ………………………………………………… (69)
大象 ………………………………………………………… (70)
本象 ………………………………………………………… (71)
广象 ………………………………………………………… (73)
逸象 ………………………………………………………… (78)
补象 ………………………………………………………… (81)
参象 ………………………………………………………… (82)
五行象 ……………………………………………………… (84)
意象　影象 ………………………………………………… (85)

易楔卷四

卦数第七 ………………………………………………… (87)

| 先天数 ……………………………………………… (88)

| 先后天八卦合数 ………………………………… (91)

| 天地范围数 ……………………………………… (92)

| 八卦成列数 ……………………………………… (95)

卦气第八 ……………………………………………… (96)

卦用第九 ……………………………………………… (107)

| 乾坤二用 ………………………………………… (108)

| 世卦月卦 ………………………………………… (111)

| 月建 积算 ……………………………………… (113)

| 八卦五行之用 …………………………………… (114)

| 十二卦地支藏用 ………………………………… (115)

易楔卷五

明爻第十 ……………………………………………… (117)

爻位第十一 …………………………………………… (120)

| 六位 六虚 ……………………………………… (120)

爻象第十二 …………………………………………… (127)

爻数第十三 …………………………………………… (128)

爻变第十四 …………………………………………… (130)

爻辰第十五 …………………………………………… (132)

| 京氏六爻纳辰图 ………………………………… (133)

| 郑氏爻辰图 ……………………………………… (135)

爻征第十六 …………………………………………… (136)

| 六亲 ……………………………………………… (137)

| 六神 ……………………………………………… (138)

| 六属 ……………………………………………… (139)

运气第十七 …………………………………………… (142)

易楔卷六

正辞第十八 …………………………………………… (145)

动静 …………………………………………………… (147)

刚柔 …………………………………………………… (148)

顺逆 …………………………………………………… (149)

内外 …………………………………………………… (150)

往来 …………………………………………………… (151)

上下 …………………………………………………… (152)

方圆 …………………………………………………… (153)

进退 …………………………………………………… (154)

远近 …………………………………………………… (155)

新旧 …………………………………………………… (156)

死生 …………………………………………………… (157)

有无 …………………………………………………… (158)

中 ……………………………………………………… (159)

时 ……………………………………………………… (160)

位 ……………………………………………………… (161)

德 ……………………………………………………… (162)

变 ……………………………………………………… (163)

通 ……………………………………………………… (164)

当 ……………………………………………………… (165)

交 ……………………………………………………… (166)

几 ……………………………………………………… (167)

至 ……………………………………………………… (168)

道 ……………………………………………………… (169)

命 ……………………………………………………… (170)

理 ……………………………………………………… (171)

性 ……………………………………………………… (172)

情 ……………………………………………………… (173)

教 ……………………………………………………… (174)

用 ………………………………………………………………… (175)
以 ………………………………………………………………… (176)
之 ………………………………………………………………… (177)
孚 ………………………………………………………………… (178)
称号 ……………………………………………………………… (180)

学易笔谈初集

学易笔谈序 ……………………………………………………… (185)
学易笔谈述旨 …………………………………………………… (186)
学易笔谈初集卷一
  上古之《易》 ………………………………………………… (189)
  中古之《易》 ………………………………………………… (191)
  三代之政纲本于《易》 ……………………………………… (192)
  学术之派别出于《易》 ……………………………………… (193)
  孔子之《易》 ………………………………………………… (194)
  两汉易学之渊源 ……………………………………………… (195)
  晋唐间之易学 ………………………………………………… (196)
  宋人之易学 …………………………………………………… (197)
  元明之易学 …………………………………………………… (198)
  胜朝之易学 …………………………………………………… (199)
  历代《易》注之存废 ………………………………………… (200)
  日本之易学 …………………………………………………… (201)
  美国图书馆所藏之《易》 …………………………………… (202)
  汉宋学派异同 ………………………………………………… (203)
  坊本《易经》之谬 …………………………………………… (204)
  讲《易》家之锢蔽 …………………………………………… (205)
  今后世界之《易》 …………………………………………… (206)

新名词足与经义相发明 …………………………………… (207)

俗义诂经之流弊 ………………………………………… (208)

大宝曰位 ………………………………………………… (209)

元字之精义 ……………………………………………… (210)

嫌于无阳 ………………………………………………… (211)

阴阳 ……………………………………………………… (212)

阳卦多阴,阴卦多阳 …………………………………… (213)

见伏动变 ………………………………………………… (214)

八字命爻 ………………………………………………… (215)

观象之方法 ……………………………………………… (224)

学易笔谈初集卷二

立人之道 ………………………………………………… (227)

中孚 ……………………………………………………… (230)

曰仁与义 ………………………………………………… (231)

六日七分 ………………………………………………… (232)

月建积算 ………………………………………………… (234)

夕惕若夤 ………………………………………………… (235)

改经之贻误 ……………………………………………… (236)

九六 ……………………………………………………… (237)

贞悔 ……………………………………………………… (238)

先天卦位不始于邵子 …………………………………… (239)

易学厄于王莽 …………………………………………… (241)

王弼为后生所误 ………………………………………… (242)

《坤·彖》三"无疆" …………………………………… (243)

字义有广狭之分 ………………………………………… (244)

因革 ……………………………………………………… (246)

乾坤为《易》之门 ……………………………………… (247)

乾坤成列 ………………………………………………… (248)

一生二，二生三 …… (249)

　　祭祀 …… (251)

　　典礼 …… (252)

　　讼狱 …… (253)

　　司法独立 …… (254)

　　教育 …… (255)

　　死生之说 …… (256)

　　鬼神之情状 …… (258)

　　天地大义人终始 …… (260)

学易笔谈初集卷三

　　革治历明时 …… (263)

　　辨纳甲爻辰 …… (265)

　　爻辰之星象 …… (267)

　　阴阳上下往来 …… (268)

　　经卦别卦 …… (269)

　　震巽之究 …… (270)

　　血卦乾卦 …… (271)

　　马与木取象独多 …… (272)

　　虞《易》平议 …… (273)

　　半象与两象易 …… (275)

　　《说卦》象重出三卦 …… (277)

　　象义一得 …… (278)

　　逸象 …… (290)

学易笔谈初集卷四

　　君子有攸往 …… (291)

　　得朋丧朋 …… (293)

　　履霜坚冰至 …… (294)

　　不习无不利 …… (295)

乾坤之字法 ……………………………………………… (296)

咸宁咸亨 ………………………………………………… (297)

咸感 ……………………………………………………… (298)

万物　庶物　品物 ……………………………………… (299)

损益盈虚 ………………………………………………… (300)

水火亦有二 ……………………………………………… (302)

九宫八卦之真谛 ………………………………………… (303)

天地纲缊　男女媾精 …………………………………… (304)

二与四　三与五 ………………………………………… (306)

柔乘刚 …………………………………………………… (308)

用九用六 ………………………………………………… (311)

《大学》、《中庸》、《易》象 ……………………… (313)

十字架 …………………………………………………… (320)

辨无极 …………………………………………………… (323)

《易》注旧说之误人 …………………………………… (325)

七色变白 ………………………………………………… (326)

西教士之《易》说 ……………………………………… (327)

化学之分剂与象数合 …………………………………… (329)

佛教道教之象数备于《易》 …………………………… (334)

易楔

序

书之有楔,非古也。乃以楔古圣人之《易》,无乃不伦?曰:不然。楔也者,契也。上古结绳而治,后世圣人易之以书契,百官以治,万民以察,盖取诸夬。夬,决也。故治事察物,非契莫决。后人制器尚象,广契之用,而楔兴焉。工师以一手之力,能正顷仄之巨厦,借方寸之木,能移万石之轮囷,费力少而程功多者,何莫非楔之用哉!两汉以来,治《易》者无虑数千家,其书不尽传,传者又不可尽读。其真能发天人之秘奥,得象数之体用者,又辄犯时王所禁忌搜毁。虽藏诸名山,无或幸免。自明永乐,定为监本,专取《程传》《朱义》为矜式。有异辞者,即为畔圣。途径愈隘,经义益晦。康熙《周易折中》,虽称汉宋兼收,实偏重宋学。乾隆《周易述》,固纯取汉儒之说,而简略殊甚。清初黄梨洲、毛西河、朱竹垞、胡东樵及高邮王氏等,皆极渊博,亦顾时忌,不敢昌言。但搜订逸文,纂集训诂,以资考证,于精义罕有发挥。道咸而后,文网稍疏,惠氏、张氏专明虞易,而焦理堂之《易通释》、端木国瑚之《周易指》、桐乡沈善登之《需时眇言》,皆能独纾己见。端木之书流传不多,沈氏书最后出,为海内学者所罕觏。学者欲汇集群言,由博返约,颇非容易。辛斋忧患余生,学植浅薄,何足妄语高深?幸得师友之助,又借奔走国事,周历都邑,广搜博采,得书日多。昕夕研求,略明途径。戊午、己未,国会南迁,议席多暇。同人有感于天人之际,非阐明易理无以续垂绝之世道,存华夏之文化,结社讲习,号曰研几。计日分程,竞相传录。自春徂秋,体例麤具。惟人各载笔，详略互殊，纂集编订，裒然成帙，称曰"易楔"。比年以年，复有增益。同人数数借钞，恒苦不给。乃醵赀付印，重为排比，分订六卷。第论卦爻象数名位之方式，为初学读《易》之一助，或亦得举重若轻、事半功倍之效。能用楔者人，而楔固无与焉。夫乌敢以楔《易》？

壬戌冬十一月朔越五日甲子辛斋识于津浦铁路车中

易楔卷一

图书第一

《易》注自宋以前未尝有图也。逮周濂溪传陈希夷《太极图》而为之说，遂开理学之宗。但《图》与《易》犹不相属也。至朱子《本义》，取邵子河洛、先后天八卦、大小方圆各图，与其改订之卦变图，弁诸经首，历代宗之。自是图之与《易》，相为附丽。后之说《易》者，无不有图。汉学家虽力攻河洛先后天之名，而其为说，仍不能废阴阳四象及五行生成、九宫变化之义。而为之图者，且层出不穷。盖数理繁赜，卦爻错综，表之以图，说乃易明。故学《易》者先辨图书，识其阴阳生化之原，奇偶交变之义，而后观象玩辞，有所准的。不致眩惑歧误而靡所适从，亦事半功倍之一道焉。

太极

《系传》曰"《易》有太极",又曰"六爻之动,三极之道也"。极者,至极而无对之称。三极者,天极地极人极也。故曰"太极"者,所以异于三极也。极既无对,极而益之曰"太",则更无有可以并之而尚之者矣。是以太极者,立乎天地之先,超乎阴阳之上,非言词拟议所可形容。盖状之以言则有声,有声非太极也。拟之以形则有象,有象亦非太极也。《诗》曰"上天之载,无声无臭",庶或似之。然无字为有字之对,有对亦非太极也。孔子于无可形容拟议之中,而形容拟议之曰"太极",可谓圣人造化之笔,更无他词足以附益而增损之矣。然而有太极之名,似亦非太极之真谛。乃无碍其为太极者,则以"太极"二字,均无物质无精神可言,更无其他之词义足以相并相对。可以谓之名,亦可以谓之非名。此圣笔之神化,所以不可思议也。夫焉能又为之图?自周子而后,相传之图有三。于是"太极图"三字,流播环寰宇,几于妇孺皆知。以论传论,恐学者认《太极图》为太极,则是非混淆。① 差以毫厘,谬以千里,而象数终无以明矣。爰诠其义,并列后出诸图,以资辨别。

老子曰"有物无形,先天地生",即谓太极也。以孔子"十翼"告成,老子已出关西去,故未知孔子有此假定之名,而曰"无以名之,强名之曰道"。究竟"道"字,实未能妙合无间,老子亦无可如何,而强名之耳。使老子得见孔子"《易》有太极"一语,必舍其名而从之。《道德经》更可省却无数语言矣。

《说文》:"极,栋也。"《易·大过》:"栋隆,本末弱也。"栋亦训极。"建中立极",故极亦训中。栋从东从木,木生于东,得木之正,故以室中主干之巨木谓之栋。盖上栋下宇,初创宫室之时构造皆甚简单,以巨木支柱正中而四周下垂,与今日营帐之制略同。故栋必在室之正中,与极字之训,义可以相通。若以今日之所谓栋者例之,则与"极"字之义不相蒙矣。此亦言太极者不可不知者也。

---

① "《易》有太极,是生两仪。"《易》曰"辨是与非",即辨诸此。另有《图说》见后。(本书注释除特别说明外,均为作者原注。——点校者注)

周濂溪之太极图

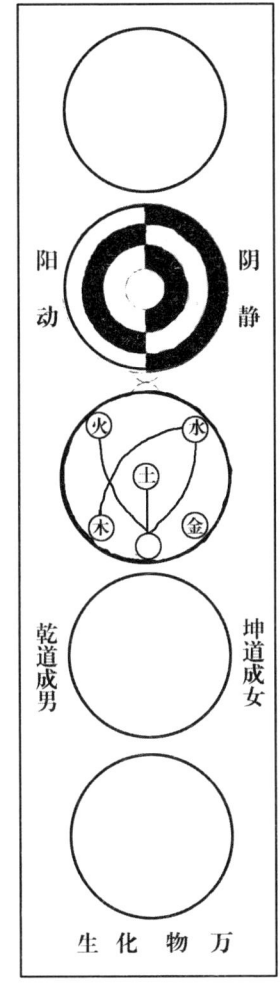

周子《太极图说》曰："无极而太极。太极动而生阳，动极而静。静而生阴，静极复动。一动一静，互为其根。分阴分阳，两仪立焉。阳变阴合，而水火木金土五气顺布，四时行焉。五行一阴阳也，阴阳一太极也，太极本无极也。五行之生也，各一其性。无极之真，二五之精，妙合而凝。乾道成男，坤道成女。二气交感，化生万物，万物生生而变化无穷焉。惟人也得其秀而最灵。形既生矣，神知发矣。五性感动，而善恶分万事出矣。圣人定之以中正仁义，而主静立人极焉。故圣人与天地合其德，日月合其明，四时合其序，鬼神合其吉凶。君子修之吉，小人悖之凶。故曰'立天之道曰阴与阳，立地之道曰柔与刚，立人之道曰仁与义'，又曰'原始反终，故知死生之说'。大哉《易》也！斯其至矣。"

周子此图，出自希夷，宋儒讳之甚深。然希夷亦非自作也，实本诸《参同契》。彭晓注《参同契》，有《明镜图诀》一卷。①

毛氏奇龄曰："《参同契》诸图，自朱子注后，② 学者多删之。"徐氏注本已亡，③ 他本庞杂不足据。惟彭本有《水火匡廓图》《三五至精图》《斗建子午图》《将指天罡图》《昏见图》《晨见图》《九宫八卦图》《纳甲图》《舍元播精图》《三五归一图》。今周子之黑白分三层者，即《水火匡廓图》也。其中间之水火金木土，即《三五至精图》也。惟图式虽同，尚未有太极之名也。考唐《真元妙经品》，有《太极先天图》，合三轮五行为一，而以三轮中一〇五行下一〇为太极，又加以阴静阳动男女万物之象，凡四大〇。阴静在三轮之上，阳动在三轮之下，男女万物皆在五行之下，则与周子之图名义皆同，但多"先天"二字耳。然则此图，自道家传出，已无疑义。周子但为之说，并将上下次序略有修改而已。首曰"无极而太极"，终有语病。当时陆梭山已有疑义，与朱子往反辩论累数万言。朱子虽曲为回护，并于《太极图说》注中申明谓"非太极之上复有无极"，但其图明明确太极之上有无极，其说终不可通也。其作《本义》，取邵子先天诸图，而不以此图列诸卷首，殆亦有所悟欤！

---

① 《序》称：广政丁未为蜀孟昶广政十年，汉天福十二年也。彭号真一子，字秀川，蜀人。

② 朱子注《参同契》，隐姓名为邹欣，号空同道人。

③ 按：徐名景休，东汉人，官青州从事，注《参同契》。桓帝时授淳于叔通。

古太极图

古太极图，亦名"天地自然之图"。赵氏㧑谦《六书本义》曰："天地自然之图，伏戏氏龙马负之出于荥河，八卦所由以画也。世传蔡季通得于蜀隐者，秘而不传。赵氏得之于陈伯敷氏，熟玩之有太极函阴阳，阴阳函八卦之妙。自明洪武以后，此图遂盛传于世。"① 朱子发云："陈抟以《先天图》授种放，三传而至邵雍。则康节之学，实出自希夷。所演《先天图》，阴阳消长，亦与此图悉合，故又谓之《太极真图》。其环中为太极，两边黑白回互。白为阳，黑为阴。阴盛于北，而阳起而薄之，故邵子曰'震始交阴而阳生'。自震而离而兑以至于乾，而阳斯盛焉。震东北，白一分，黑二分，是为一奇二偶。兑东南，白二分，黑一分，是为二奇一偶。乾正南全白，是为三奇纯阳。离正东，取西之白中黑点，为二奇含一偶，故云'对过阴在中也'。阳盛于南，而阴来迎之，故邵子曰'巽始消阳而阴生'。自巽而坎而艮以至于坤，而阴斯盛焉。巽西南，黑一分，白二分，是为一偶二奇。艮西北，黑二分，白一分，是为二偶一奇。坤正北全黑，是为三偶纯阴。坎正西，取东之黑中白点，为二偶含一奇，故云'对过阳在中也'。坎离为日月，升降于乾坤之间，而无定位。纳甲寄中宫之戊己，故东西交易，与六卦异也。八方三画之奇偶，与白黑之质，次第相应，深得阴阳造化自

---

① 按：蔡氏晚年得此图未久即病卒，故朱子亦未之见也。蔡死后秘藏于家，至其孙始传布之，已在宋亡之后。胡元一代，尚鲜称述。至明初刘青田取以绘入八卦之中，遂风行海内，几于家喻户晓，无人不知有太极图矣。

然而然之妙。但既有黑白之分，备阴阳之用，已非太极之真相，不当称之为《太极图》。今北方俗呼此图为'阴阳鱼儿'，'鱼'字实'仪'字之误。称之曰'阴阳仪图'，或曰'两仪图'，斯名实相符矣。"

此图流传甚古，蕴蓄宏深，决非后人所能臆造。大抵老子西出函关，必挟图书以俱行，故遗留关中，为道家之秘藏。至于唐宋而后，始逐渐传布，要皆为三代以上之故物，无可疑也。惟图像既显分黑白，是已生两仪。分之为四，即成四象。分之为八，即成八卦。可谓之"两仪生四象，四象生八卦之图"。但流传既久且远，世俗已无人不认此为太极图者。所谓习非胜是，辨不胜辨。惟学者宜详究其义理，因名责实，而求得真谛。斯源头不误，自能清澈见底。不可以习见而忽之，反为流俗所误也。

来氏太极图

此来瞿塘氏之图，亦从《古太极图》研索而出者也。以居中之黑白二线，代两点，以象阳方盛而阴已生，阴方盛而阳已生，有循环不绝之义。留中空者以象太极，其阴阳之由微而显，由显而著，亦悉合消息之自然。与河图阴阳之数，由微而著，由内而外，亦适相合。来氏另有一图，以河图阳数布于白中，阴数布于黑中，又以配八卦四时十二辰，及古今治乱盛衰之象。图多，兹不赘录。

来氏此图，盖亦悟太极之非图所可状，非言语可能形容，故留其外之黑白回互者为两仪，而空其中以为太极。然"太极"二字之下系之以图，终有所难通也。以上三图，皆称太极。周子之图，仅见于性理诸书，习之者今已不多。来氏之图，传亦不广。惟第二图风行宇内，几与八卦并传。图像虽精，与孔子"太极"二字之义，实不相符。此为学易推原象数之第一步，不可不深思明辨，而求得其至当者也。

易有太极是生两仪图

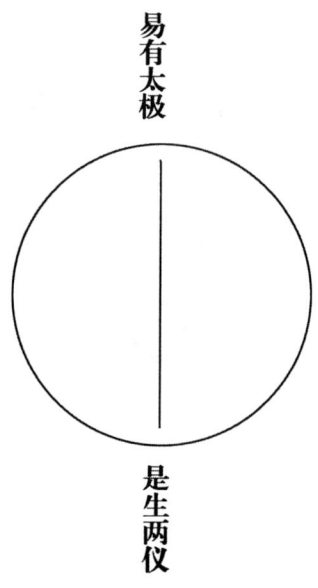

太极既不可以图，然非图又不足明阴阳显化之妙，是惟有舍太极而图两仪。两仪既明，则太极自立乎其先。无象之象，亦因象而显矣。

此端木国瑚氏之图也，于文曰正为是。下正北方正而上直日，日中影正。影正，则左右自分为两。左阳而右阴。故《易》于乾之初爻曰"不见是"，未济之上爻曰"有孚失是"。全《易》六十四卦，三百八十四爻，以此一"是"为始终，其故可深长思也。有｜画中央，便分两列。《系传》曰："乾坤成列，而易立乎其中矣。"是则乾坤左阳仪，右阴仪。从｜生出，是太极，是两仪。一至而二分，①是一是二，易阴阳生，不待再言"太极生两仪"，此为"《易》有太极，是生两仪"。

端木氏此图，似较旧说更为明显。不名曰"太极图"，更无语病。学者与前三图合而观之，"太极"二字之义，可了然矣。"太极"之上，无能更加以字者。惟孔子曰"《易》有太极"。"《易》

---

① 东西分，南北至。

有"二字，必须重读，与《序卦》"有天地""有万物"诸"有"字，皆一气贯注。孔子赞《易》，皆是从"有"立说，以示与老子之以"无"立说者不同。故将"有"字直提至"太极"之上，曰"《易》有太极"，而全《易》之生生不已，皆由此"有"字以发生者也。继之曰"是生两仪"，此"是"字上贯"《易》有太极"四字，而下澈全章。全《易》六十四卦，皆以此一字作骨，故特于初、终二爻发明之。观此知孔子赞《易》笔法，一字一义，无不与全书精神贯注，脉络相通，未可滑口读过也。

《系传》曰"形而上者谓之道，形而下者谓之器"，太极者实超乎道与器之上，而立乎其先者也。故分言之。形而上者有太极，形而下者亦未始无太极也。故曰"天地一太极"。万物各有其太极。后儒以太极为形而上者，是与形而下者对待，实失"太极"之本义也。① 是以天下之事事物物，凡有对待者，皆太极所生之两仪，非太极也。② 以质言之曰刚与柔，而太极超乎柔刚之外。以气言之曰阴与阳，而太极立乎阴阳之先。以事理言之曰动与静，曰善恶吉凶，而太极实几于动静善恶吉凶之微，无有而无不有，无在而无不在。《序卦传》曰"盈天地之间唯万物"，谓盈天地之间惟太极可也。此天地一太极也。小而至一尘之微，极至于微而不可见之物，亦莫不各具有动静生灭之机，即莫不有其太极，此物各一太极也。宋儒言太极，不离乎动静阴阳，已落言诠。牵及五行，则更远矣。朱子注《太极图说》，谓"无静不成动，无动不成静。譬如鼻息，无时不嘘，无时不吸。嘘尽则生吸，吸尽则生嘘。理自如此，阴阳只是一气。阴气流行即为阳，阳气凝聚即为阴"。其论虽精，总未达一间。程子曰："动静无端，阴阳无始。非知道者，孰能识之？"然动静无端而自有其端，阴阳无始而自有其始也。识此端与始，以言太极，庶乎近矣。

---

① 老子曰："无以名之，强名之曰道。"此道字与形而上之道意义不同。
② 今世科学家曰精神，曰物质，相对待者也，太极实超乎精神物质之上。曰空间，曰时间，相交午者也，太极实超乎空间时间之外。哲学主唯心论者谓一切唯心所造，主唯物论者谓科学万能物质不灭。太极则超乎唯心唯物之上，而不可以唯心唯物概之者也。

河图洛书

《系传》曰："河出图，洛出书，圣人则之。"《书·顾命》曰："河图在东序。"《论语》曰："河不出图。"《礼记·礼运》曰："山出器车，河出马图。"郑康成《易注》引《春秋纬》："河以通乾出天苞，洛以流坤吐地符。河龙图发，洛龟书成。河图有九篇，洛书有六篇。"扬雄《兂灵赋》曰："大《易》之始，河序龙马，洛出龟书。"《汉书·五行志》刘歆曰："伏牺氏继天而王，受河图则而画之，八卦是也。禹治洪水，锡洛书而陈之，洪范是也。圣人行其道而实其真，河图洛书，相为经纬；八卦九章，相为表里。昔殷道弛，文王演《周易》。周道敝，孔子作《春秋》。则乾坤之阴阳，效洪范之咎征。天人之道粲然著矣。"河图洛书之见于经传者如此，而其内容如何，则无可考。至宋初陈希夷氏，始有龙图之数。邵康节因之，以五十五、四十五两数，分为河图洛书，当时颇多争议。如范谔昌、刘牧诸氏，以四十五为河图，五十五为洛书。汉上朱氏因之。朱文公从蔡季通之议，定十为河图，九为洛书，以冠《本义》之首。更详演其数，以入《易学启蒙》，相传至今。复经丁易东、张行成、熊良辅，及胜清江慎修、万弹峰诸氏之推演，义蕴毕宣。所谓神变化而行鬼神者，无不与易义悉相贯通，而《彖》《象》所不可解者，亦得以数象相证而通其义。虽未敢谓此即为古之河图洛书，而数理之神化，则固建诸天地而不悖，质诸鬼神而无疑，百世以俟圣人而不惑者也。自明季以来，言汉学者虽尽力攻击，但只能争河洛之名。而于其数，则无能置喙焉。欲探易道无尽之蕴，发千古神秘之局者，端在于是。乃舍其实而骛其名，不亦慎哉！兹仍从《本义》《启蒙》之名，以五十五者为河图，以四十五者为洛书，以便称引。至陈希夷龙图之说，义甚肤浅，故朱子疑为伪造。然其所谓龙图者，分合之数皆五十有五，且明明曰龙图不曰龟图。刘牧之以九为图十为书，是显畔其师说矣。

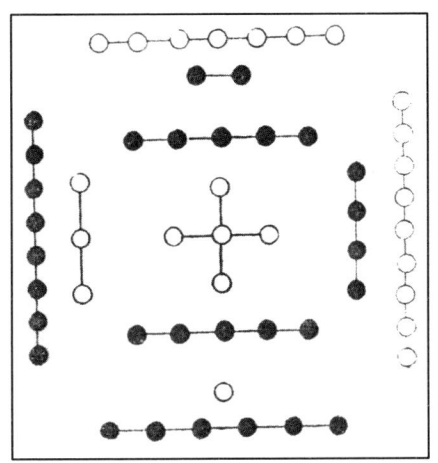

河图

扬子《太玄》曰："一六为水，二七为火，三八为木，四九为金，五十为土。一与六共宗，① 二与七为朋，② 三与八成友，③ 四与九同道，④ 五与五相守。"⑤ 按：扬子不言十者，五与五即十，太玄用九数，故置十不言。且数止于九，至十则复为一。故河洛以十为盈虚，亦数象关键之一。学者宜深思之。

郑康成氏曰："天地之气各有五。五行之次：一曰水，天数也。二曰火，地数也。三曰木，天数也。四曰金，地数也。五曰土，天数也。此五者，阴无匹，阳无耦，故又合之地六为天一匹也，天七为地二耦也，地八为天三匹也，天九为地四耦也，地十为天五匹也。"又曰："布六于北方以象水，布八于东方以象木，布九于西方以象金，布七于南方以象火。"

朱子曰："此言天地之数。阳奇阴耦，即所谓河图者也。中五为衍母，次十为衍子。次一二三四为四象之位，次六七八九为四象之数。二老位于西北，二少位于东南。其数则各以其类，交错于外也。"按：此非言大衍之数，不必以衍母衍子相牵涉。而四象之数

---

① 范望解云：在北方也。
② 在南方也。
③ 在东方也。
④ 在西方也。
⑤ 在中央也。

之位，亦为揲蓍得卦之用。于此言之，其义反窄矣。

《系传》曰："天一，地二。天三，地四。天五，地六。天七，地八。天九，地十。天数五，地数五，五位相得而各有合。天数二十有五，地数三十。凡天地之数五十有五，此所以神变化而行鬼神也。"扬子《太玄》及郑注所演其方位与生成之数，均极明晰。虽未绘为图，已与图无异矣。陈邵但按其说而图之耳。五行之次，始见于《洪范》。而坎水、离火、乾金、巽木，均备载于《说卦》。经传之互见者，更不胜枚举。故毛西河虽攻击河图洛书之说最力，终不能蔑去此数，谓应改名曰"天地生成图"。然其数之体用自在，名称之同异，抑其末耳。后儒有泥于"龙马负图"之文，谓此五十五数，马体所生之旋毛。黑白五十五点，其阴阳匹耦如今图，惟当绘图点为旋毛形。于是有绘马而写图于马腹者，亦有将五十五点均改作旋毛形者。其拘泥附会，与汉学家之断断然徒争其名称者，同一蔽耳。更有泥圆方之说，将河图一六二七三八四九之数，均作弧线成圆形，于义理并无出入，均可不必也。

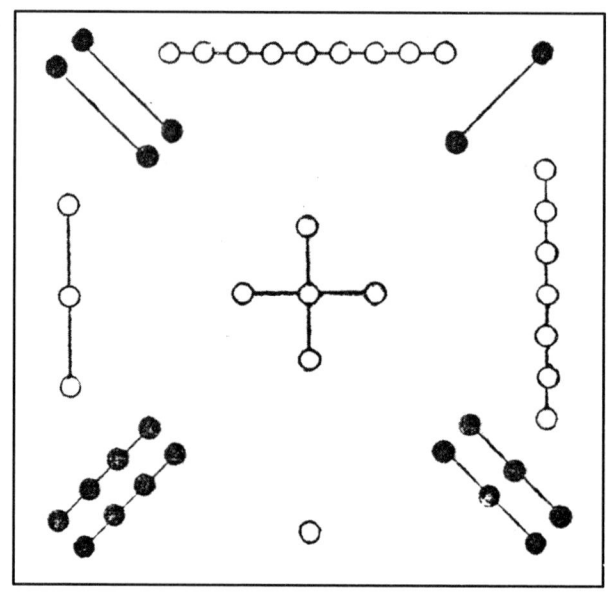

洛书

关子明曰："洛书之文，九前一后，三左七右。四前左，二前右。八后左，六后右。"邵子曰："圆者星也。历纪之数，其肇于此乎？① 方者土也，画州井地之法，其仿于此乎？盖圆者河图之数，方者洛书之文，故羲文因之而造《易》，禹箕叙之而作《范》也。"

《大戴礼·明堂篇》曰："明堂者，古有之也，凡九室。二九四七五三六一八。"②

《易乾凿度》："太一取其数以行九宫。"郑注曰："太一者，北辰神名也。下行八卦之宫，每四乃还于中央。中央者，北辰之所居，故谓之九宫。天数大分，以阳出，以阴入。阳起于子，阴起于午。是以太一下九宫，从坎宫始。自此而从于震宫，自此而从于巽宫，所行半矣。还息于中央之宫，既又自此而从于乾宫，又自此而从于兑宫，又自此而从于艮宫，又自此而从于离宫，则周矣。上游息于太一之星，而反于紫宫。行起从于坎宫始，终于离宫也。"

九宫之色：一白，二黑，三碧，四绿，五黄，六白，七赤，八白，九紫，以次递推。今《历书》承用不废，亦犹行古之道也。

张平子曰："臣闻圣人明审律历，以定吉凶。重之以卜筮，杂之以九宫。经天验道，本尽于此。且河洛六艺，篇录已定。后人皮傅，无所容窜。律历卦候，九宫风角，数有征效，世莫肯学，而竞称不占之书。譬犹画工恶图犬马而好作鬼魅，诚以实事难形，而虚伪不穷也。"观此可见易象数理之学，在汉时已就式微。宜晋唐而后之言《易》者，失所师承。致悉弃实事，而专尚空谈也。

洛书之数，四十有五。与河图相合，适为一百。凡一百之数，列为平方，对角分之，则一得五十有五，一得四十有五，此亦数理之自然，非人意可为增损其间也。故图之与书，相为表里，不能分析。或谓伏羲得河图而画卦，禹受洛书而演范，是言其取用之方。伏羲则图画卦，以图为主。禹受书演范，以书为主。非伏羲时未尝有书，大禹未尝有图也。

朱子《启蒙》曰：河图洛书之位与数，其所以不同何也？曰：河图以五生数，统五成数，而同处其方，盖揭其全以示人，而道其常，数之体也。洛书以五奇数统四偶数，而各居其所。盖主于阳以统阴，而肇其变，数之用也。曰：其皆五居中何也？曰：凡数之

---

① 《启蒙》曰：历法合三始以定刚柔，二中以定历律，二终以纪闰余。是所谓历纪也。
② 其数及位均与此同。明堂九室，故亦称九宫。

始，一阴一阳而已矣。阳之象圆，圆者径一而围三。阴之象方，方者径一而围四。围三者以一为一，故参其一阳而围三；围四者以二围一，故两其一阴而为二，是所谓参天两地者也。三二之合则为五矣，此河洛之数所以皆以五为中也。数与位皆三同而二异。盖阳不可易，而阴可易。成数虽阳，固亦生之阴也。河图之一二三四，各居其五象本方之外。而二四六八者，又各因五而得数，以附于其生数之外。洛书之一三七九，亦居其五象本方之外。而二四六八者，又各因其类以附于奇数之侧。盖中者为主，而外者为实。正者为君，而侧者为臣，亦各有条而不紊也。曰：其多寡之不同何也？曰：河图主全，故极于十，而奇偶之位均。论其积实，然后见其偶赢而奇乏也。洛书主变，数极于九，而其位于实，皆奇赢而偶乏也。必皆虚其中焉，然后阴阳之数，均于二十，而无偏耳。曰：其序之不同何也？曰：河图以生出之次言之，则始下，次上，次左，次右，以复于中，而又始终下也。以运行之次言之，则始东，次南，次中，次西，次北。左旋一周，而又始于东也。其生数之在内者，则阳居左而阴居上右也。洛书之次，其阳数，则首北，次东，次中，次西，次南。其阴数，则首西南，次东南，次西北，次东北也。合而言之，则首北，次西南，次东北，次中，次西北，次西，次东北，而究于南也。其运行，则水克火，火克金，金克木，木克土。右旋一周，而土复克水也。是亦各有说矣。曰：其七八九之数不同何也？曰：河图六七八九，既附于生数之外矣，以阴阳老少进退饶乏之正也。其九者，生数一三五之积也。故自北而东，自东而西，以成于四之外。其六者，生数二四之积也。故自南而西，自西而北，以成于一之外。七则九之自西而南者也，八则六之自北而东者也，此又阴阳老少互藏其宅之变也。洛书之纵横十五，而七八九六迭为消长。虚五分十，而一含九，二含八，三含七，四含六，则参伍错综，无适而不遇其合焉。此变化无穷之所以为妙也。又曰：乾无十者，有坤以承之。坤无一者，有乾以首之。①

蔡氏元定曰：古人传记，自孔安国、刘向父子、班固，固皆以为河图授羲，洛书锡禹。关子明、邵康节，皆以十为河图，九为洛

---

① 按：洛书偶数，当曰由东南次西南，次西北，次东北。朱子盖未知阴数逆行，从四起也。

书。盖《大传》既陈"天地五十有五"之数，《洪范》又明言"天乃锡禹洪范九畴"。而九宫之数，戴九履一，左三右七，二四为肩，六八为足，龟背之象也。刘牧以九为河图，十为洛书，托言出于希夷。既与诸儒旧说不合，其易置图书，并无明验。其实天地之理，一而已矣。伏羲作《易》，不必预见洛书，而已逆与之合。大禹作《范》，不必追考河图，而已暗与之符。诚以此理之外无他理故也。律吕有五声十二律，而其相乘之数，究于六十。日有十干十二支，而其相乘之数，亦究于六十。二者皆起于《易》之后，其起数又各不同。① 然与《易》之阴阳策数多少自相配合皆为六十者，无不若合符契也。下至《运气》《参同》《太一》之属，虽不足道，② 然亦无不相通，盖自然之理也。

　　彭申甫曰：河图，圣人叹其不出而已。重典藏于柱下，史府固未尝亡，适周盖得见之。河洛之书，汉时犹存。《后汉书》："杨厚字仲桓，广汉新都人。临命戒子统曰：吾绨表中有先祖③所传秘记。统感父遗言，从犍为周循学习先法，又就同郡郑伯山受河洛书，及天文推步之术。"郑氏所云九篇六篇，今皆无传。大抵如纬书所传，真伪参错。《尚书·中候》曰："帝尧即政七十载，修坛河洛，仲月辛日礼备至于日稷，④ 荣光出河，龙马衔甲，赤字绿色，临坛吐图。"顾野王玉符瑞图，虞舜时洛水出黄龙，舜与三公临观，黄龙五采，负图出舜前，颂圣瑞者，固多侈陈。然天生神物，不容终秘。洛书文得箕子演之，未闻有图。河图有数无文，得夫子系《易》明著之，盖有图而亡于周末矣。历千五百余年，邵子因数演图，因图立说。虽云得之于陈希夷，实则河图方位，本之《参同契》。洛书方位，本之《太一·九宫》。点画阴阳，即扬子《太玄经》，及《汉书·五行志》而神悟变化，自符乎奇偶生成之体用，故朱子宗之，以冠全经。虽疑者犹多，终不可掩也。

---

① 按：声律干支皆始于黄帝，其度数皆出于八卦。《周易》之《彖》《象》《爻》词，根据于声律干支者正多。故谓二者起于伏羲画卦之后可也，谓起易后不可也。今之易固文王之易也。

② 《运气》《参同》《太乙》与《遁甲》《六壬》皆出于《易》，皆说《易》之最精者。不明此而读《彖》《象》《爻》词，不可解者多矣。旧儒皆以经学自大，以术数为小道，宜易道之终不能明也。蔡氏之说不免囿于积习，学者更不可囿其说以自域也。

③ 祖春卿，善图谶说。

④ 按：稷、昃古通用字。丰"日盈则昃"，亦作稷。

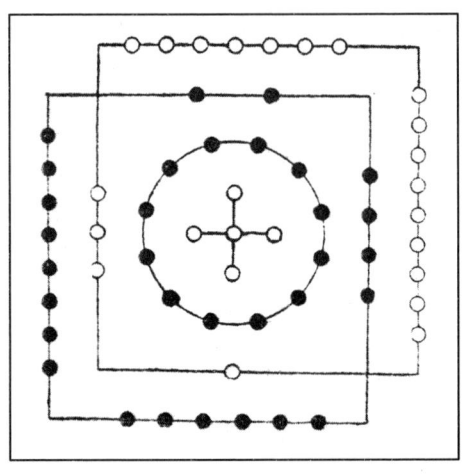

万氏河图

万氏弹峰《易拇·更正河图洛书说》曰:"河图洛书,邵子朱子阐发无余蕴矣。但后人所传,不无少差。如旧河图一六居北,二七居南,三八居东,四九居西,五十居中,其点皆平铺无两折者,而十在中间分二五对置,便失其旨。盖河图外方而内圆,一三七九为一方,其数二十也。二四六八为一方,其数亦二十也。中十五共五十五数,中十点作十方圆布,包五数在内。此外方内圆而五数方布在中者,中一圈,即太极圆形。外四圈分布四方,为方形。十包五在内,仍然圆中藏方,方中藏圆;阴中有阳,阳中有阴之妙也。而十五居中,即洛书纵横皆十五之数,是又河图包裹洛书之象。河图点皆平铺无两折,洛书亦然。旧洛书图,二四六八皆两折。不知河洛本二四六八,亦宜平铺。洛书外圆而内方,圆者黑白共四十数。圆布于其外,一三七九为一方,二四六八为一方,仍然河图本体。此又圆中藏方,洛书包裹河图之象,而中五又有方中藏图之妙。河图已具洛书之体,洛书实有运用河图之妙,因将图书奇偶方圆交互表之以图。汉刘氏云河图洛书相为经纬,八卦九章相为表里,此语自有传授,非汉儒所能言也。"①

万氏之图,较仅改形式而无意义者,②自高一筹。然两数之体用分合,固极明晰。不必改作,意自可见。惟初学得此,未始不可

---

① 二四六八当曰四二八六,万氏亦未知阴数逆用之序也。
② 如以河图为旋毛形,洛书作龟坼形者是也。

为触目会心之一助，故特录之。至两图之加减除乘，及进退变化之妙，除朱子《易学启蒙》，邵子《皇极经世》外，有蔡西山之《经世节要》，张行成之《经世演义》《易通变》，丁翼东之《衍翼》，胡沧晓之《周易函书》，江慎修之《河洛精蕴》，张楚钟之《易图管见》。推衍至详，千变万化，未能悉录。有以图书配八卦者，多拘执牵滞，不能悉当。其实河图为体，洛书为用。河图即先天，洛书为后天。河图为体而体中有用，洛书为用而用中有。体此即万氏图，中分圆分方，方含圆，圆又含方之意也。历代数理、历象、推步、占验、医学、风鉴诸家，均以洛书为用，其义悉本于易。前人罕有言者，兹特扼要略述如左。

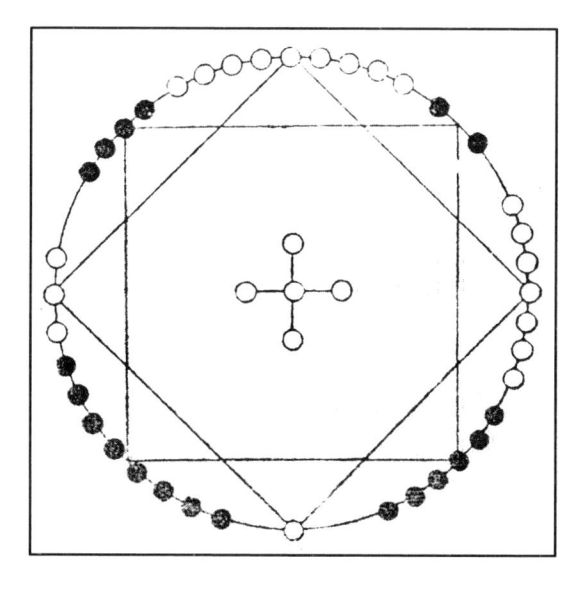

万氏洛书

洛书与河图相异，骤视之似一六与三八未易，而二七四九乃互易其方者，实则惟一三五不动。一三五者，天阳之生数，不可动者也。《周易》乾用九，九即一三五之积数也。故易道扶阳而抑阴，非阳之有待于扶，而阴必于抑也。天地阴阳之数，理本如是。论其体，阳生于阴。言其用，则阴统于阳。如河图之六合一为七，七阳也。二合七为九，九阳也。三合八为十一，一阳也。四合九为十三，三阳也。五合十为十五，五阳也。总数五十有五，亦阳也。洛书之对位，则皆阴也。一九合十，三七合十，二八合十，四六合十，总数四十，皆阴数也。而御之以中五，则纵横上下交错无不为十五，总数四十有五，皆阳数矣。① 洛书之位，一居于北，与河图同。此为万数之本，不可动摇，《乾·文言》曰"确乎其不可拔"者此也。由北而东北，而东，而东南，本一二三四之数也。由西北，而西，而西南，而南，本六七八九之数也。古圣于此，但将二八两数互易其位，遂成今日洛书之数。天地造化之机，阴阳变化之妙，悉在于此。略图如下：

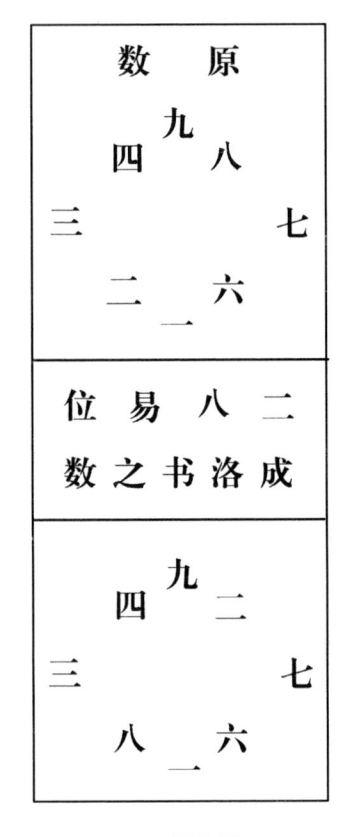

```
        原  数
      四  九  八
      三      七
        二  六
          一

      成洛书之数
      二  八  易位

        四  九  二
        三      七
          八  六
            一
```

二八易位图

此二八两数，其位之相易，尚易见也，前人亦有言之者。而暗中实为五十之变化，则未易知之，前人亦从无发明者。盖二八位，

---

① 此为以阳统阴，君子道长，小人道消，《周易》之大义也。观天地生成之数，天数二十有五而地数三十，阳少阴多，故古今来恒苦治世少而乱世多。君子少而小人多。圣人参天两地，建中立极，以五御十，化阴为阳，而以洛书四十五数为用。则天数二十有五，地数二十，阳多阴少，十数不见而潜藏于两数相合之中。是小人皆化为君子，拨乱反正成燮理阴阳之功，其枢机悉在中。五与十五能御十，则君子道长。五不能御十，则君子道消。五十者，中孚也。故孔子"五十学易，可以无大过"。详见《学易笔谈》。

在先天卦则巽震也，在后天卦则坤艮也。坤艮皆土，为五十之数。万物皆生于土，皆归于土。成始成终，而皆在于艮之一位矣。① 巽震相易，故雷风恒之《象传》曰"立不易方"，此言其未易之体也。易则为巽震，故风雷益之《象传》曰"自上下下"，曰"天施地生"，此即其已易后之用也。坤艮为谦，谦《象传》曰："天道下济而光明，地道卑而上行。"曰："天道亏盈而益谦，② 地道变盈而流谦，鬼神③害盈而福谦，人道恶盈而好谦。"《象》曰："衰多益寡。"凡此皆指二八两位，阴阳变化之玄妙。先儒专就坤艮本卦之象以求其义，无论如何附会穿凿，终不能字字着落也。此即《易》与河洛二数关合之证，亦即二八两数易位之证。于此求《易》，则《易》象象之辞，昔之所谓不可解者，亦可十解其五六矣。④ 其两图位次，五行顺逆生克之序，旧说甚详，亦浅而易，兹不赘述。惟洛书五行之次，既悉与后天八卦相符，而河图之四方与中央，亦悉本生生之义，正不必牵扯补凑为也。孔子曰："河出图，洛出书，圣人则之。"古籍残阙，既无从取证，此所谓河图洛书者，未必为当日所取则之河图洛书。但其奇偶相得之数，必为天一天二之五十五数。虽有苏张之舌，决不能指其为非者也。其数之悉符于易象，顺逆变化之与天地同流。亦虽有苏张之舌，不能辨其为否者也。然则非则图以画卦，必则卦以画图，所谓相为表里者也。愚以为龙马负图，乾龙坤马，即乾坤也。灵龟吐书，戴九履一，即坎离也。后人不察，必求龙马以实之，泥龟形而坼之，不亦傎乎！

二五之精，妙合而凝，实为万物生化之源。而二八易位，即二五构精之妙用也。古今丹家千言万语譬喻百端，皆以玄机隐秘，终不肯一语道破，皆由不知图书易象，早已显示其端。学者畏难苟安，不肯从易学根本下手，致枉费心血，暗中摸索，千古长夜。有白首无成者，有终身由之而莫明其妙者，良可慨矣！兹复绘二五构精图如下，明白浅显。无论何人，皆可一目了然矣。幸勿因其浅近，且得之太易而忽视焉。

---

① 此须合先后卦位详玩之。
② 风雷益。
③ 二西南未申，八东北丑寅。西南为神极，东北为鬼藏。
④ 此理精深微妙，先儒未肯轻泄。邵子《皇极经世》但微露其机，学者宜潜心体会，勿忽视焉。

二五构精图

周濂溪《太极图说》曰："二五之精，妙合而凝。"《通书》曰："二气五行，化生万物。五殊二实，二本则一，是为万一。一实万分，成一各正。"此数语实扼阴阳变化之要，宜注意焉。

```
┌─────────────────┐
│      数  原     │
├─────────────────┤
│                 │
│        四       │
│                 │
│  三        五   │
│                 │
│  二        六   │
│                 │
│        一       │
├─────────────────┤
│     易交五二    │
├─────────────────┤
│                 │
│        四       │
│                 │
│  三        二   │
│                 │
│  五        六   │
│                 │
│        一       │
└─────────────────┘
```

原数左五六而右三二，数偏倚而不平。虽有中五，无从化生。以二五交易其位，则左右皆八。《谦·象》曰："君子以裒多益寡，称物平施。"谦为坤艮二八之位。二八交易，即二五交易也。二八合十为土，二五亦合十为土，阴阳生化，因以不穷。数似浅而义蕴极深，二千年来无人道破。会于此用苦功者，必当悉著者之苦心也。

易楔卷二

卦位第二

《周易》八卦方位之有先天后天，虽始于有宋，然推之于数而悉符，求之于象而胥合，证之于《彖》《象》十翼，而确有可据。是乃易象之所固有，不但《周易》为然，即《连山》《归藏》，其经卦别卦既同，恐亦不能有用而无体，有后天而无先天也。汉《易》虽鲜传书，然如荀氏慈明之升降，虞氏仲翔之纳甲，取象于先天卦位者甚多。而《参同契》尤先后天并用，特未立此先天后天之名目耳。自朱子本者甚多，而《参同契》尤先后天并用，特未立此先天后天之名目耳。自朱子《本义》，以邵子先后天八卦方位各图，弁诸经首，遂开后儒攻击之门。明清以来言汉学者，以排诋宋学为先，乃波及于邵子。实则宋季项氏安世，早有平论。谓河洛卦象，体用分明，悉出理数之自然，无可攻击。所以遭后世之非议者，只以立名未当耳。故谓天地定位为伏羲八卦可也，谓帝出乎震为文王八卦，未免无据。盖伏羲画卦，体用一源，当然先后天并有，不能至文王而始有此八卦之用也。故后儒有改伏羲八卦为天地定位图，改文王八卦为帝出乎震图者，自较旧名为佳。但改伏羲与文王之名可也，至先天后天之名，则不可改。《序卦》定名，与《彖》《象》《系辞》之明言先后天者甚多，不但"先天而天弗违，后天而奉天时"二语，足为先后天之证也。吴乔《他石录》谓乾卦先天之先读去声，非邵子所谓先天之先，是真世儒之见。孔子赞《易》之时，岂有沈约四声之谱,已传异音别义之说哉!《彖》《象》传,《文言》《系辞》传,无不有韵,分阴分阳,细入毫芒,独未尝有异读改义之例。汉学家博考群籍,亦明知乾坤坎离之先后体用,极阴阳造化之妙,无可非难。于是又遁其辞,指为外道,曰希夷仙也,不妨以外道说《易》。邵子交于二程,何可出此?"考亭于丹道有所见,是以手注魏伯阳之《参同契》。见邵之图,欣然会心,入于《本义》,而不计丹道可以倚《易》,《易》不为丹道作也"云云,是非但昧礼失求野之义,且声声言易,与易道之相去远甚。博学雄辩,适见其客气之盛。兹编去取,一本经传,准之象数。门户异同之见,概所不取。

先天八卦

《说卦传》曰："天地定位，山泽通气。雷风相薄，水火不相射。数往者顺，知来者逆。八卦相错。是故易，逆数也。"①

邵子曰："此一节明伏羲八卦也。八卦相错者，明交错成六十四卦也。数往者顺，若顺天而行，是左旋也。皆已生之卦也，故曰数往也。知来者逆，若逆天而行，是右行也。皆未生之卦也，故云知来也。夫易之数由逆而成矣。此一节直解图意，若逆知四时之谓也。"②

邵子《观物外篇》曰："震始交阴而阳生，巽始消阳而阴生。兑阳长也，艮阴长也。震兑在天之阴也，巽艮在地之阳也。故震兑上阴而下阳，巽艮上阳而下阴。天以始生言之，故阴上而阳下，交泰之义也。地以既成言之，故阳上而阴下，尊卑之义也。乾坤定上下之位，离坎列左右之门。天地之所阖辟，日月之所出入。是以春夏秋冬，晦朔弦望，昼夜长短，行度盈缩，莫不由乎此矣。"③

先天八卦，以乾坤坎离为四正，震巽艮兑为四维。四正者，所以立体。故河图之位，亦只列四方。乾坤坎离者，即天地水火。④水火者，天地之大用。合天地水火，而万象无不毕举矣。释氏言地水火风，西儒言水火土气，亦即乾坤坎离也。⑤邵子所谓震始交阴而阳生者，谓乾与坤接，而震一阳生于下。《参同契》曰："三日出

---

① 胡东樵《易图明辨》曰：按此章与八卦之位无涉。天地定位言乾坤自为匹也，山泽通气言艮兑自为匹也，雷风相薄言震巽自为匹也，水火不相射言坎离自为匹也，云云。夫《说卦传》本文明明曰"天地定位"，而曰"与位无涉且自为匹"者，无位又安见其相匹乎？其恣意辩驳，不顾前后如此。

② 以次序观之有乾一而后，有兑二。有兑二而、后有离三震四，而巽五坎六艮七坤八亦以次而生。自图之左方，震之初为冬至，离兑之中为春分，以至乾之末而交复。至焉，皆逆而得其已生之日。因自今日而追逆昨日，故曰"数往者顺"。其右方自巽之初为复，至坎艮之中为秋分。艮至于坤之末而交姤。至焉，皆进而得其未生之日。因自今日而逆讣来日也，故曰"知来者逆"也。按：此但以言邵子之数，至《说卦》所言蕴义甚广，实不仅此。朱子仅取邵说，故攻击之者谓取"十翼"为先天卦注脚。然先天图岂邵子私有哉！

③ 《朱子语类》曰：先天图直是精微，不起于邵子。希夷以前元有，只是秘而不传，次第是方士辈所相传授。《参同契》所言，亦有些意思。

④ 以历象言，离坎亦为日月。

⑤ 坎水离火。地即土，天即气也。释氏言风，风亦为气也。

为爽，震庚受西方。"言三日之夕，月见庚方，纳震一阳之气也。巽始消阳而阴生者，谓坤与乾交，而巽一阴生于下。《参同契》曰："十六转就绪，巽辛见平明。"言十六日月旦月退辛方，纳巽一阴之气也。自震一阳进而纳兑之二阳，至乾之阳而满。兑纳丁，乾纳甲。此望前之候，明生魄死之月象也。自巽一阴退，而纳艮之二阴，至坤三阴而灭。艮纳丙，坤纳乙，此望后三候魄生明死之月象也。此所谓纳甲。虽出于《参同契》，虞氏翻说《易》，皆本于此，与先天八卦方位之阴阳消长悉合。可见自汉以前，必有此说。魏伯阳得假之以明丹学，与朝屯暮蒙之候，同为取资于《易》，非伯阳所创造也。今指纳甲为道家外说，然则屯蒙需讼之次，将因《参同契》定为火候，亦谓之外说耶！①《礼运》曰："播五行于四时，和而后月生也。是故三五而盈，三五而阙。"正合此意。播五行于四时，以一岁中四气之流行言之，出震齐巽之方位是也。三五而盈三五而阙，以一月中月体之消长言之，乾南坤北之方位是也。月生明谓阳之进，月生魄谓阴之退者：天地之数，天数二十有五，地数三十。故一月三十日，而月之得光只二十五日。②《参同契》曰："七八数十五，九六亦相当。四者合三十，阳气索灭藏。"此象数兼资，不能离数以言象，亦不能离象以言数者也。附纳甲图如下：

纳甲图

---

① 今屯蒙需讼，幸有孔子《序卦》一篇得以无紊。使《序卦》不传，而简册紊乱，亦惟有取《参同契》所列朝屯暮蒙之次以定六十四卦之序耳。何独疑于纳甲为哉！

② 每月二十八日至初二日，月无光也。

纳甲之说，不但与先天图之阴阳消长相合，与河图之数位亦合。河图三八居东为甲乙木，二七居南为丙丁火，四九居西为庚辛金，一六居北为壬癸水，五十居中为戊己土。乾纳甲，坤纳乙，东方木也。兑纳丁，艮纳丙，南方火也。震纳庚，巽纳辛，西方金也。坎纳戊，离纳己，中央土也。乾又纳壬，坤又纳癸，北方水也。汉上朱氏曰："纳甲者，举甲以该十日也。乾纳甲壬，坤纳乙癸。震巽庚辛，坎离戊己，艮兑丙丁，皆自下生。圣人仰观日月之运，配之以坎离之象，而八卦十日之义著矣。"①

乾坤甲乙，艮兑丙丁，震巽庚辛，坎离戊己，为日月本体，故图未列。乾又纳壬，坤又纳癸，乃阳中之阴，阴中之阳。目所不见，故亦不列于图。

《系传》曰："悬象著明，莫大乎日月。"虞氏注谓："日月悬天成八卦象，三日暮震象月出庚，八日兑象月见丁，十五日乾象月盈甲壬，十六日旦巽象月退辛，二十三日艮象月消丙，三十日坤象月灭乙癸，晦夕朔旦则坎，坎象水流戊。日中则离离象火就己，戊己土位，象见于中。""日月相推而明生焉。"《坤·象》"西南得朋"。虞曰："阳丧灭坤，坤终复生。"此指说易道阴阳之大要也。又曰："消乙入坤，灭藏于癸。"

《参同契》曰："天地设位，而易行乎其中矣。天地者，乾坤之象也。设位者，列阴阳配合之位也。易谓坎离。坎离者，乾坤二用。二用无爻位，周流行六虚。往来既不定，上下亦无常。幽潜沦匿，升降于中。包囊万物，为道纪纲。"

汉以前易字皆从日从月，日上月下。日勿之易后出，遂滋异议。许叔重《说文》"日"字引《秘书》"日月为易"，可见相传甚古矣。

《虞氏易》卦位，乾坤列东，艮兑列南，震巽列西，坎离居中，与纳甲图同。盖先天卦位立其体，故天地定位，日东月西。阴阳消长，各循其序。纳甲言其用，故卦各从其所纳之方，虽异而实同也。离东坎西，至望夕则日西月东。坎离易位，其离中一阴，即是月魄。坎中一阳，即是日光。东西正对，交注于中。此二用之气，

---

① 参看下卦数章。

所以纳戊己也。故曰"坎戊月精，离己日光。日月为易，刚柔相当。蟾蜍与兔魄，日月气双明"也。乾纳甲而纳壬，坤纳乙而纳癸者，以乾之中画即太阴之精，望夕夜半月当乾，纳其气于壬方，地中①对月之日也。坤之中画即太阳之精，晦朔之间日在坤，纳其气于癸方，地中合日之月也。徐敬可曰："望夕之阳既盈于甲，其夜半日行至壬，而月与为衡。日中原有阴魄，所谓离中一阴者，平时含蕴不出，②至是盛阳将革，又感正对之阴，乃充溢流滋，而为生阴之本，故其象为●，即望夕夜半壬方之日也。晦旦之阳，既尽于乙，其夜半日行至癸，而月与同躔。月中原有阳精，③所谓坎中一阳者，平时胚浑而不分，至是则盛阴将革，又感摩戈之阳，乃剖发迸泄而为生阳之本，故其象为○，即晦朔间癸方之月也。故曰壬癸配甲乙，乾坤括始终。"此论纳甲极精。以证先天卦位，益可见汉人以前，必有相传之学说。或即许叔重所谓《秘书》④之类，不但非陈邵所创造，亦非魏伯阳所能创造也。⑤

《系传》曰："雷以动之，风以散之。雨以润之，日以烜之。艮以止之，兑以说之。乾以君之，坤以藏之。"邵子本此节，绘六十四卦方图，其中心四卦为震巽恒益，外一层为坎离，再外一层为艮兑，再外一层为乾坤，次序悉合。与其小横图⑥八卦之次序亦合。⑦故邵子《大易吟》曰："天地定位，泰否反类。山泽通气，咸损见义。风雷相薄，恒益起意。水火相逮，既济未济。四象相交，成十六事。⑧八卦相荡，为六十四。"此邵子有得于先天之学，而撷其精

---

① 地中者，即地之下面也。
② 今西人以远镜窥日，见日中有甚大之黑影，与离卦之象适合。
③ 今西人远镜窥见月中有类于河流者，其形不定。虽未敢断为即月中之阳精，然与坎卦之象亦无不合矣。
④ 《说文》"日月为易"引《秘书》。
⑤ 万氏弹峰曰：天地定位一节，孔子已发明纳甲之旨，得《参同契》其义始著。以六卦证月候，而坎离为日月之本体，居中不用。五行家谓初三以后庚金旺，初八以后丁火旺，十五以后甲木旺，十六以后辛金旺，二十三以后丙火旺，三十日后乙木癸水旺。盖月受日之精光，而五行又受日月之精光，故乘日月所泊之地而旺也。东方朔以纳甲五行定人命之吉凶祸福，则其说亦不起于《参同契》也。
⑥ 即《本义》所谓《伏羲八卦次序》者。
⑦ 震巽居中，外为坎离，又外为艮兑，首尾为乾坤。
⑧ 十六事者，四画之卦即中爻是也。

蕴处也。惟乾一兑二离三震四巽五坎六艮七坤八之数，乃邵子贯澈易理，独有会心，自成一家之学。与扬子《太玄》，皆足与《易》相发明，而实非《周易》卦象之数也。自《本义》以邵图弁首，后之说《易》者，以邵子之数为易象之数。如来瞿塘、胡沧晓、张乘槎比比皆是，实属大误。故兹编于邵子之小横图、大横图、大圆图、方图，皆不赘录。间有足资参考者，今所刊行之《易经》皆具此图，检寻固极便也。

《说卦传》曰："乾天也，故称乎父。坤地也，故称乎母。震一索而得男，故谓之长男。巽一索而得女，故谓之长女。坎再索而得男，故谓之中男。离再索而得女，故谓之中女。艮三索而得男，故谓之少男。兑三索而得女，故谓之少女。"此节明乾坤交生六子之序，《本义》别立为图，曰"文王八卦次序"，① 实即先天图。阳始交阴，阴始交阳，由先天八卦，变为后天之枢纽也。学者以先天后天两图，并列互观，详察其阴阳变化之序，先后更易之次，自有无穷妙境。诸家之说，虽各明一理，非具有心得者，阅之转无所适从耳。

---

① 伏羲八卦因而重之为六十四，岂至文王而始有乾坤六子之序？况后天八卦以坎离为用，乾坤退居，何得以此为文王八卦乎？

后天卦

《说卦传》曰："帝出乎震，齐乎巽，相见乎离，致役乎坤，说言乎兑，战乎乾，劳乎坎，成言乎艮。万物出乎震，震东方也。齐乎巽，巽东南也。齐也者，言万物之絜齐也。离也者，明也，万物皆相见，南方之卦也。坤也者，地也，万物皆致养焉。故曰致役乎坤。兑正秋也，万物之所说也，故曰说言乎兑。①战乎乾，乾西北之卦也，言阴阳相薄也。坎者水也，正北方之卦也，劳卦也，万物之所归也，故曰劳乎坎。艮东北之卦也，万物之所成终而成始也，②故曰成言乎艮。"

《观物外篇》曰："至哉！文王之作易也。其得天地之用乎？故乾坤交而为泰，坎离交而为既济也。乾生于子，坤生于午。坎终于寅，离终于申。以应天之时也。置乾于西北，退坤于西南，长子用事，而长女代母，坎离得位，兑震为偶，应地之方。王者之法，其尽于是矣。"

林氏《易稗传》曰："先天所以立体也，后天所以致用也。以阴阳之体论之，巽离兑本阳体也，而阴来交之。震坎艮本阴体也，而阳来交之。伏羲之卦，得阳多者属乎阳，得阴多者属乎阴。后天之卦，得一阴者为三女，得一阳者为三男。先天之位，三女附乎乾，三男附乎坤。阴附阳，阳附阴也。后天之位，三男附乎乾，三女附乎坤者，阴附阴，阳附阳也。"③

《说卦传》曰："神也者，妙万物而为言者也。动万物者莫疾乎雷，挠万物者莫疾乎风，燥万物者莫熯乎火，说万物者莫说乎泽，润万物者莫润乎水，终万物始万物者莫盛乎艮。故水火相逮，雷风不相悖，山泽通气，然后能变化既成万物也。"④

---

① 坤地也，不可以一方言，故不曰西南。兑正秋也，举兑则坎冬震春离夏可知矣。西南为神，神无方而易无体，故独此两卦不言方。
② 艮居丑寅二辰。丑十二月成，终也。寅正月成，始也。
③ 按：先天言体，故阴阳从其多者为主。后天言用，故阴阳取其少者为主也。
④ 既读若溉，古字通也。《本义》：此去乾坤而专言六子，以见神之所为然。其位序亦上章之说，未详其义。朱子不强不知以为知，是其笃实处。但此章为易学纲领，与"帝出乎震"一章并列。全《易》精蕴，悉从此出。不知其义，《易》何从说哉！

后天八卦，为人用之卦。古圣帝王制作之大原，治平之经纬，皆出于后天八卦之用。下而历象、推步、运气、乐律、占卜、风鉴、星命诸术，亦皆后天卦也。《周易》序卦，则以先天为体，后天为用，二者兼行。汉学家之攻击先天，由于门户之见过深，未暇取经文而详玩之耳。《上经》始乾坤终坎离，明明先天卦位也。《下经》始咸恒终既未济，明明后天之卦位。而六十四卦之命名，于先后天相关者尤多。如天火曰同人，同人亲也。水地曰比，比亲也。同人比何以亲？非以先后天，乾离坤坎之位相合乎？火雷曰噬嗑，噬嗑合也。水泽曰节，节亦符合之意。非离震坎兑，亦先后之位相合乎？此其最显者也。蛊卦干父之蛊，干母之蛊，本卦未尝有父母之象。虞氏以卦变言之，谓蛊由否来，父母谓否之乾坤。然损亦否变，未尝言父母，否本卦亦未言父母，何独著其象于蛊？惟以先后天证之，则先天山风之位，后天以乾坤居之，可不烦言而自解矣。各卦类此者甚多，详下《卦名》章。

　　《说卦传》"帝出乎震"一章，与"神也者"一章，皆言后天八卦之方位及作用。一"帝"字，一"神"字，皆贯澈全章。帝也者，所以主宰此出震齐巽之用者也。神也者，所以变化此雷风山泽之妙者也。帝出乎震而神妙于兑，兑为少女，①兑说言，故曰"妙万物而为言"者也。先天水火不相射，雷风相薄。至后天二八易位，则水火相逮。雷风不相悖，山泽通气，②然后能变化既成万物也。③"万物出乎震"，以下"万物之絜齐也，万物皆相见，万物皆致养，万物之所说，万物之所归，万物之所成终而所成始"，凡七言"万物"。独乾曰"阴阳相薄"，不言万物。以后天乾居戌亥之位，为万物入无之数，八风不周之方，群龙无首，用藏而不可见，④故不言万物。至坎藏艮成，终而复始，震出用九，即以长子代父之用也。"神也者"一章，备言六子，皆称万物。不言乾坤，以六子之用皆乾坤之用，故始曰"妙万物"而为言，终曰"既成万物"。凡言"万物"者八，虽不言乾坤，而乾坤之用已并举矣。

---

① 今西洋相传上古之神像，类作少女形，其用意与此亦不谋而合者也。
② 山泽通气，先后天同也。然后天山泽之用，即见于震兑。以震兑反之，即艮巽也。
③ 既当读若概。
④ 乾无也。《说文》：天屈西北为无。

《说卦》自"天地定位"至"神也者"四章，详言先后天八卦方位功用，备极明显。虽未有图，亦与图无异。而"易逆数也"以下，如"动散润烜说止君藏"，与下两节之摹拟虚神，更有非图之所能描画者。旧说谓先天卦圆，后天卦方，固未尝误。然不可泥于字面，兼玩图书圆中有方，方中有圆之义，方能得变化活泼之机。且所谓圆者，非纸上所画一圈之平圆，乃如天体之浑圆耳。读者但认定所画圆图之形以为圆，每多窒碍而难通矣。所谓方者，不仅四方，亦兼八方。要亦非纸上所画之平方，学者详玩图书，必先深求其意，得其形而不滞于形，明其体而不囿，先后融贯，两图不啻一图，亦即可以无图。或有疑吾言者，可取此四章诵读至百千遍，目追心写，自悟孔圣神化之笔，真与造物同功，决非后人先天、后天两图所能尽。此孔子赞《易》之所以无借乎图也。

　　后天方位，离南坎北。汉学家遂据此以攻击乾南坤北之先天图，谓孔子《说卦传》，明言乾西北之卦，坤虽不言方，居离兑之间，自在西南。故曰"乾寒坤暑"。若乾南坤北，则乾暑坤寒，岂非与孔子之说大悖乎！先天驳议，当以此说为最有根据。后人虽有辨之者，其说仍不出邵氏方圆二图之外，未足以辨汉学之惑焉。夫《系传》曰"天地定位"，曰"天地设位"，皆以天地言，而乾坤在其中。易者，一易而无不易，上下易，阴阳易，此所以成天地之用。而乾坤之位，岂有一定而不易之理？乾南坤北者，天地之体，阴阳升降，冬寒夏暑，布五行而成四时。天度一岁而一周，此天地之南北以一年而言者也。而日行一日而一周，子南午北，以分昼夜。卯西东西，以正昏旦。此昼夜之南北，以一日而言者也。故论卦位，有一年之南北，有一日之南北。一日之南北，子北在夜，午南为昼，午南而子北，离午而坎子，此人人所知者也。而论一年之南北，则冬至日南至，而夏至日北至，体用相错，则子午不啻易位，坤居南而乾在北矣。是以八卦阴阳，都要活看。先天后天之图，只存其大体之梗概，万不可沾滞泥执。以纸上之卦爻，为天地之法象也。

　　读《易》首在明卦。六爻之卦，皆三画之八卦因而重之，以成六十四卦。不明三画之卦，何以明《彖》《象》而识经传之意义乎？不明先后天之方位体用，何以明象数而识阴阳之变化乎？专言汉

《易》者，向无八卦方位之图。专言宋学者，卦图皆宗朱子《本义》，全取邵氏之说，均无论矣。其号称兼取汉宋，如《周易折中》《来氏集注》《周易函书》等，皆搜罗宏富。卦象之图，多至数百，要皆偏重于宋学者为多。所谓以先天数为易数之误，均未能免焉。邵氏之说理非不精也，特皆其悟而自得之理，别有境界。初学于数理尚无端倪，骤读其说，极易以辞害意。即如"天根""月窟"诸说，非深造有得，不易领会。若展图而指之，曰此天根也，此月窟也，乃乾遇巽时地逢雷处也，意非不明，而心得何在？且迹象横梗胸中，以后更难言进步，实为初学之大患。兹编之有图，出于万不得已。因为初学说法，非此不便指讲。故陈陈相因之图，虽有佳者，亦徒割爱。学者能象义悉明，然后最求前人之图说观之，是非去取，自有成竹。不致以讹传讹，此著书者之微意也。

卦材第三

程朱《传》《义》宗王《注》，其释《彖》《象》，均以卦德卦义卦名为言。来知德氏《集注》言性情，以内卦为性，外卦为情，意非不当，要皆强为之名。实则孔子《系传》《说卦》，当名辨物，已有定称。《传》曰："彖者，才也。才也者，材也。"言材则体用皆赅，德性兼备无余蕴矣。《说卦》"雷动风散""乾健坤顺"两章，皆言八卦之材。知八卦象之材，而后知六十四卦因重交互，无不各因其材。而辨其情伪吉凶，铢两悉称，名实相副。《彖》《象》传赞，亦无不各因其材以为之辞，无一字之虚设焉。学者宜详玩经文，而合之于象，准之于数，融贯会通，由一卦以推各卦，而观一卦，更必遍取各卦，参互比例，而后能得其真确之意义。不可因字义注释之已明，而不复研求深意之所在焉。

乾健也 也动	坤顺也 也静	震动也 也行	巽入也 也齐	坎陷也 也险	离丽也 也明	艮止也 也成	兑说也 也决
乾以君之	坤以藏之	雷以动之	风以散之	雨以润之	日以烜之	艮以止之	兑以说之
乾 刚 乾 父	坤 柔 坤 母	震起也 震长男	巽伏也 巽长女	坎下 坎中男	离上 离中女	艮止 艮少男	兑见 兑少女
大哉乾元故乾亦云大 至哉乾元故乾亦云大位居西北故亦称无无方无体	至哉坤元故坤有至又方 物致养焉有养义有方有体	震笑言哑哑	劳卦也巽称而隐 巽以行权巽而隐	劳卦也祇既平平也 又通也	万物皆相见 狠也光明也		兑说故有喜

健顺动入陷丽止说，各一字概一卦之德性功用。而父母男女，亦各因其名，以定一卦之分际。今皆谓之材者，以六十四卦之《彖》《象》，无不合内外两卦之材以命辞。而一卦六爻，及内外中爻，亦无不取材于是。《传》曰："君子观其彖辞，则思过半矣。"彖辞因材而施之辞也，且不特内外卦为然。即卦中之一爻，为何卦之爻，即具何卦之材。如为坎爻必有陷义，或险义。为离爻者，必具明义，或丽义。惟乾坤两卦，不以爻言。而《杂卦》之"震起兑见巽伏艮止"，此"起止见伏"四字，尤为八卦变化之门。观象玩辞，均不可不于此郑重注意也。

卦名第四

《易》六十四卦，八纯卦外，五十六卦，皆合两卦之象数而立之名。名所由来，两汉之师说既不尽传，后人遂不能明其意之所在。为之说者，皆赖《序卦》及《杂卦》之单辞双义，推衍而申明之。不知《序卦》，但据文王之卦序而贯串之，《杂卦》则专以中爻交错，明刚柔消长之理，而终之以刚决柔之大用。此皆孔子赞《易》微言大义所在，与当名辨物，别为一义，不容依附牵涉并为一谈者也。盖自《连山》《归藏》，经卦别卦，相传各有其名。文王之序《周易》，有仍其旧名者，有别言新名者。今《连山》《归藏》，既无全书，无从参考。而《周易》卦名，各家注《易》者，迄无所发明。其浅显易见者，如泰否损益等卦，尚不难顾名思义。若火山之何以名旅，山火之何以名贲，及大过小过之类，则望文生义，即难自圆其说。众议纷纭，乃无可折中矣。不知名位象数，互相因缘，不能相离。不知名，其何以知《易》？遍征群籍，兼及古今占筮诸书，始知《周易》卦名，有合内外两象之名义而成者，如屯蒙需讼等卦是也。有取象于先天卦位者，如大小过等卦是也。有取象于后天方位者，如谦暌家人等卦是也。有合取先后天卦位者，如噬嗑同人节比中孚观颐大小畜等卦是也。更有取象于八宫世应，及五行顺逆者，至不一例，要无不各有其义。旧说只限于内外两象者，说尚可通。余皆以不解解之，兹特疏举所已知者如左，未知者仍阙疑以俟后之君子。

> ☰ 乾
>
> 象辞"天行健"三字尽之。八纯卦名，皆不易。既知八卦之方位，象数重卦之名位，象数举可知矣。

> ☷ 坤
>
> 象辞"地势坤"三字尽之。乾不称乾而坤称坤者，此天地阴阳之分际，圣人之物笔也。
>
> 按：《序卦》不序乾坤，以乾坤为天地，万物皆覆载于天地之中。全《易》六十四卦皆乾坤六爻所生，故《系辞》称为"《易》之门"，"《易》之蕴"，非屯蒙以下六十二卦所能等量而齐观也。《序卦》首曰"有天地"，天地即乾坤也。

䷂屯

屯，难也，阴阳始交，故为六十二卦之始。

按：屯象，草木初出地，而尾犹屈。一阳动于下，而上未应。中爻艮止，故难。此由内外两象取义以立名者也。

䷃蒙

蒙，物之始生。

按：阳气动于地之下，而二上两爻包坤，有离象。如日光下烛，则地之上必有气蒸发，所谓蒙气是也。故名曰"蒙"。

䷄需

《象》曰："云上于天"。《序卦》："需，养也。"

按：需从雨从而。"雨"为坎，"而"与古文天字同，乾也。

䷅讼

《象》曰："上刚下险。险而健，讼。"言其义也。天与水违行，言其象也。

按：天水违行，何以有讼之名？夫乾父也，坎为中男，天与水乎，抑父与子也。圣人不忍斥言父子，而云天水，所谓微言也。

《杂卦》"讼不亲也"，可互文见义矣。

䷆师

《象》曰："地中有水，师。师，众也。"

按：大地所载之物，莫多于水。而地中之水，尤多于地上之水。故云"众"。

䷇比

《象》曰：比，辅也。

按：水地相比，先天卦坤居北方，后天卦坎居北方，坤坎同位，故曰"比"。此合先后天之象而立名者也。

䷈小畜

《象》曰：风行天上，小畜。

按：后天巽东南，乾西北，乾巽对宫，畜有相近相合之意。此取后天方位之象以立名者也。

月卦乾为四月，与巽辰巳亦同位。

䷉履

《象》曰：柔履刚也。

按："柔履刚"三字，聚讼不决。或云"乾履兑"，或曰"三履四"，皆非也。柔履刚，坤三柔履乾三刚，此由对卦取象以立名者也。坤曰"履霜"，离曰"履错然"。始终以履，即始终以礼。先天兑居乾之左，后天兑居乾之右，左右逢源，礼和为贵，合先后天之象观之，更见象义之精，立名之当也。

☰☰ 泰　《彖》曰：小往大来。
☰☰ 否　《彖》曰：大往小来。
　　按：泰否之说，先儒言之详矣。然其立名，则取象于卦候，及先后天方位者也。玩《坤·文言》自见。

☰☰ 同人　天火同人。《杂卦传》曰：同人亲也。
　　按：先天乾，后天离，先后同位，故曰"同人"，曰"同人亲也"。

☰☰ 大有　《象》曰：火在天上。
　　按：大有亦先后同位，而其立名。不取先后天，而取对卦水地比覆象之地水师，故师众也，大有众也。变化不测，精义入神。《学易笔谈二集》，述其一端，余义尚未能尽。

☰☰ 谦　《象》曰：地中有山。
　　按：后天坤艮对宫，坤未艮丑，子正在丑，午正在未，丑二未八。二八易位，天地之数由此匀平，故曰"谦称平"。

☰☰ 豫　《象》曰：雷出地奋。
　　按：豫之立名，与大有与师谦与履同例。履以制礼，礼之本在谦。豫以作乐，乐之本在小畜。孟子曰"畜君何尤"，又曰"一游一豫为诸侯度"，乃深得易象之精意者也。

☰☰ 随　《象》曰：泽中有雷。
　　按：随之立名，取象后天之少女长男，阳动阴随，夫倡妇随。而六爻未尝言夫妇，则重在随时。有孚在道，不以形下之名与器限也。此非熟玩先后天八宫纳甲，及六十四卦，上下变通，未易窥测。

☰☰ 蛊
　　《象》曰：山下有风。
　　按：山风两卦，先天在右，后天居左。立名之取象于先后天自无疑义。爻象多取父母，即后天乾坤之证也。所以谓之蛊者，蛊训事，亦训故。史称三皇五帝之故事，亦云"蛊事"，故曰"干蛊"。阴阳之数，至十八而变化备，蛊次第十八。物之变莫不由于风，实由于虫。巽之风兼今日之所谓空气。空气不可见，于风见之。巽之入，风之无微不入，实气之无微不入耳。虫生于气化，气非有止之者亦不化。上卦艮止，故蛊能变化。物理之精，一名之微，而巨细无遗。非造化之笔，其孰能之！

☰☰ 临
　　《象》曰：泽上有地。
　　按：临为月卦，立名自出于卦候，观象辞自见。临丑月卦，丑数二。丑与子合，为天地始合，故复小临大。

䷓ 观

《象》曰：风行地上。

按：巽坤亦先后天同位之卦。名曰"观"者，观以目。目上下相合，观八月卦，故亦兼取卦候。

䷔ 噬嗑

《象》曰：屯雷噬嗑。

按：先天离，后天震，故曰"噬嗑合"也。明先后天之相合也。

䷕ 贲

《象》曰：山下有火。

按：山以草木为饰。贲无色也。山下有火，草木焚山成贲矣。此由内外两象立名者也。旅之"鸟焚其巢"，象出于贲，所谓上下易之卦也。

䷖ 剥

《象》曰：山附于地。

按：剥为九月卦，当然由卦候立名。阴之消阳以渐，剥与夬相对。履霜坚冰，非至柔变刚，尚不悟其为剥也。

䷗ 复

《象》曰：雷在地中。又曰：复其见天地之心乎？

按：复为一阳来复，立名即取本卦之一爻为主，而兼取卦候。《传》曰"复小而辨于物"。辨之于早，所以能见天地之心也。

䷘ 无妄

《象》曰：天下雷行，物与无妄。

按：妄，《说文》"乱也"。马、郑、王、萧皆作望。以刚自外来为主于内，前人都以变卦释之，而说各不同，未敢妄断。观象辞"君子以茂对时育万物"，则亦有取卦候。故端木氏《周易指》以为对时卦，亦无他书可证，姑阙疑以待博雅君子。

䷙ 大畜

《象》曰：天在山中。

按：艮乾亦先后同位之卦，乾巽以辟卦及后天同位曰"小畜"。故此先后八卦同位者，曰"大畜"。

䷚ 颐

《象》曰：山下有雷。

按：颐亦先后天同位，故取象上下相合。凡颐皆下动而上下动者也。爻取龟息虎视，当为古易相传之象，为今道家修养之秘龠。孔子非道家之学，故以节言语慎饮食言之，而象数亦无不悉合。所谓殊涂而同归也。

䷛ 大过

《象》曰：泽灭木。

按：大过，大者过也。阳大阴小，过者过乎中之谓。大过言大过乎中，即阳过乎中也。此全取象于先天卦位。先天巽兑居乾之左右，皆偏而不中。巽兑皆二阳，所谓阳过乎中。① 大者过也。"大过栋桡"，栋极也，极中也，本末弱则合上下两象而言之。颐中重坤，大过重乾，以结上篇。终以坎主，开后天之局，即以启下篇之端。故离履错然，上下篇相错，六十四卦皆一气呵成矣。

䷜ 习坎

《象》曰：水洊至。

按：八纯重卦，皆不易卦名，独坎曰"习坎"。先儒论议纷如，各有所见，偏以理想者多。坎劳卦也，后天居坤位，坤"不习无不利"，所谓安而行之者也。非生知之圣，讵足语此？圣人立教，首重时习。坎子一始，故特于重坎著"习"字以明立教之旨，亦为全《易》入门之关键也。

䷝ 离

《象》曰：明两作。

按："明两作"者，兼日月而言。月得日光而明，月之明即日之明，故重离以象日月也。离居乾位，而曰"牝牛"，正与《坤·象》之"牝马"对。所谓八卦相错。

䷞ 咸

《象》曰：山上有泽。

按：《序卦》无咸。咸无也。孔子以有立教，故不序咸。卦之立名全取先天卦象。先天兑艮对宫，艮居西北。后天乾位，戌亥无数。咸从戌口，天地姻娶之口，八风不周之方，精义入神，合乾坤之体用而赅之矣。

后天乾居西北，辟卦坤居西北，故曰乾坤合居。后天巽乾对宫，先天兑艮对宫，下篇以巽兑震艮代乾坤之用，而咸居首，神矣哉圣人之笔也！

䷟ 恒

《象》曰：雷风恒。

按：恒兼取先天卦象而言也。先天艮东北，巽西南，与泽山之对宫，适成交线。谓之恒者，对咸而言。咸无而恒，有咸无方体，而恒则"立不易方"。咸速恒久，在数为一正一负，而交相为用者也。后天震巽相连，震出巽齐，长男长女，身修家齐，故有恒久之道。

---

① 先天以体为主，以二阳者为阳卦，二阴者为阴卦。后天以用为主，以一阴为阴卦，一阳为阳卦。观大小过立名，先天卦之方位已明白如见矣。

䷠遯

《象》曰：天下有山。

按：遯亦先后天同位之卦，独不取相合之义，而用相违之道，正与大畜相对。一进一退，同为西北入无之方。大畜为世间法，而遯则出世法也。乾天艮门，戌亥空亡，故曰"遯入空门"。卦象及卦数，皆与今日佛经合。神哉《易》之广大悉备！宇宙之内，无一能外之者矣。

䷡大壮

《象》曰：雷在天上。

按：大壮与无妄，为上下相易卦。立名亦取象卦候。马氏曰"壮伤也"，虞氏说亦同，盖古训也。意较壮盛为深。

䷢晋

《象》曰：明出地上。

按：晋之名，合先后天卦位之象而言也。离为坤阴，坤先天居北，地道卑而上行，丽乾而合明，故曰晋。晋者，进也。

䷣明夷

《象》曰：明入地中。

按：明夷与晋反，天道下济。日在地下，无所谓伤。明夷之伤，因八宫为坎之游魂，坎伤也，为日食象。取象不一，而义必有所由来，岂可执一端而论哉！

䷤家人

《象》曰：风自火出。

按：家人立名，全取后天卦象。雷风风火，皆后天东南相连之卦，故象称言有物而行有恒。卦本二女，而曰"女正位乎内，男正位乎外"，以爻言也。

参看《学易笔谈二集》。

䷥睽

《象》曰：上火下泽。

按：睽之名，亦取后天象。离之与兑为火金相克，爻除初九，位皆不当，阴阳相违，与家人相反。

䷦蹇

《象》曰：山上有水。

按：蹇由本卦内外两象之义以立名也。

䷧解

《象》曰：雷雨作。

按：解之命名，与蹇同例。与屯两象易，难得解矣。

☷☱ 损

《象》曰：山下有泽。

按：损益定名，与泰否同例。

☴☳ 益

《象》曰：风雷益。

按：《象》曰"风雷"，而《彖》特著曰"木道乃行"，此为《彖传》中之特笔，与天道地道人道相并。以天地人之气，非木不通。故天地人三才齐于巽，文不著于巽，而著于益，学者宜深思之。

☱☰ 夬

《象》曰：泽上于天。

按：夬姤皆十二月消息卦，自重在卦候。但夬姤立名，取于本卦上下之一爻，与剥复同例。

☰☴ 姤

《象》曰：天下有风。

按：姤郑氏作"遘"，序剥于复先，而次媾于夬后，与泰否损益同意，圣人之微旨焉。

☱☷ 萃

《象》曰：泽上于地。

按：萃之名，由本卦内外两象及中爻巽艮取义，而皆萃于六四之一爻。

☷☴ 升

《象》曰：地中生木。

按：立名与萃同例。《杂卦传》曰："萃聚而升不来也。"不来者，往而不复之谓。

☱☵ 困

《象》曰：泽无水。

按：下坎为水，而曰"无水"者，坎漏而上泽之水竭也。坎兑亦先后天同位之卦，而困之名，则以"刚掩也"。先儒皆以本卦六爻推寻，义无一当。刚柔相推，由于对象之贲。故在六三一爻。详《学易笔谈》。

☵☴ 井

《象》曰：木上有水。《彖》曰：巽乎水而上水。

按：井之名，出于火雷噬嗑，与困同例。市井相联，往来井井，为六十四卦，阴阳往来之枢纽。更与鼎相通。

☱☲ 革

《象》曰：泽中有火。

按：革之名，取象后天。离火克金，而兑金继离而代之。金曰"从革"，故名"革"。革而信之，己日乃革，中得坤土，故曰"革而当，其悔乃亡"。当者，九四之一爻。四爻变则六爻皆当矣。

☰☰ 鼎

《象》曰：木上有火。《象》曰：以木巽火。

按：《鼎·彖》曰："鼎象也。"亦彖辞之特笔。鼎象在屯，名则仍由内外两象取义者也。又与井对，井性鼎命。略见《学易笔谈》。

☰☰ 震

《象》曰：洊雷震。

按：震先后天方位相连，故《象》言"虩虩""哑哑"，多叠文。

☰☰ 艮

《象》曰：兼山艮。

按：兼山者，别于《连山》也。

☰☰ 渐

《象》曰：山上有木。

按：《序卦》以渐为进，承上文而言耳。实渐之义不限于进。《坤·文言》曰"其所由来者渐矣"。巽之初爻，履霜之渐也。下艮止之，得渐之正，故取女归。亦由本卦两象定名而兼取义于对象者也。

☰☰ 归妹

《象》曰：泽上有雷。

按：渐之吉以艮止也。易为震动，适相反矣。故曰"征凶"。然事有常变，处变得正，亦天地大义所不废。而八宫以雷泽为最终归魂之卦，故以归妹名之。

☰☰ 丰

《象》曰：雷电皆至。

按：丰与噬嗑上下易，亦先后天同位之卦也。而丰之名，则只取象后天。东南震曰出，离曰中，谓之丰者，万物皆相见，生物至盛之时也。

☰☰ 旅

《象》曰：山上有火。

按：旅与贲为上下易之卦，名之曰"旅"。昔人多未详其义，不知亦由八宫取象者也。乾七世游魂为火地晋，归魂火天大有。仍复乾位，若归魂不归，游入离宫，则四爻变为火山，故曰"旅"也。

☰☰ 巽

《象》曰：随风巽。

按：重木而曰"随风"。随对象为蛊，蛊先后甲，巽先后庚，因缘所在，学者最宜注意。

䷹ 兑

《象》曰：丽泽兑。

按：丽，离也。郑氏作离。兑讲学，离明两作，在明明德，大学之始。详《学易笔谈初集》。

䷺ 涣

《象》曰：风行水上。

按：涣，亦以本卦两象之名者也。涣与畜对。

䷻ 节

《象》曰：泽上有水。

按：节亦先后天同位。噬嗑合，同人亲，节者符节，比者比附，特以先后天四正之卦，立此合同节比之名，先后之大义亦显著矣。乃后人犹聚讼不休，何哉！

䷼ 中孚

《象》曰：泽上有风。

按：中孚亦先后天同位之卦。孚者同也，中者巽五兑十，五十居中，故曰"中孚"。

䷽ 小过

《象》曰：山上有雷。

按：小过与大过同例。先天震居坤之左，艮居坤之右，皆过乎中。阴体，故曰小过。

䷾ 既济

《象》曰：水在火上。

按：既未济坎离相交，与泰否损益同例。既济六爻皆当，阴阳定，而易之道穷。故《虞氏易》以乾坤成两既济为凶。

䷿ 未济

《象》曰：火在水上未济。

按：既济则易无可易而穷，物不可穷，故《序卦》以未济终。济者济河也，地天泰冯河，坎离济河，① 济此河也。泰冯河马壮，坎马亟心，立心恒，乾健不息，坤行无疆，皆合先后天之义，通天地人之道。六十四卦往复，皆为此"济"之一字。故《易》者济世之书，孔子赞《易》以济天下万世，后人犹以《易》为教人卜筮之书，岂不痛哉！

---

① 天地际，亦阴阳际。善恶生死，皆此际。故人处天地间，不能逃阴阳之外，即不能不济渡此际。佛经所谓渡也，即济谓已登彼岸，已渡此泰河也。未济离上坎下之位未动，犹未登彼岸者也。此佛经与《易》名异而义皆相通者也。

易楔卷三

卦别第五

《易》之为书，有天道焉，有地道焉，有人道焉。故《易》三画而成卦。立天之道，曰阴与阳。立地之道，曰柔与刚。立人之道，曰仁与义。分阴分阳，迭用柔刚。故《易》六位而成章。三画之卦，因而重之。为六画之卦六十有四。《周礼》："太卜掌三《易》之法，《连山》《归藏》《周易》，经卦皆八，其别皆六十有四。"经卦即乾坎艮震巽离坤兑三画之卦，别卦则六画之卦。三《易》法虽不同，而经卦别卦之数皆同。可见文王以前，早有六画之卦。安得至《周易》始有后天八卦之方位乎？三代而后，师说纷歧，因卦有正反及上下左右相易，而皆别成一卦。故类别日多，称名互异，后人几无所适从。爰择要疏录，并各举其例。以便初学。其名异而实同，或名同而各家之说互异者，名从其朔。要皆由别卦所孳乳，故署曰"卦别"。

内卦外卦

重三为六画，合两卦成一卦。故六十四卦，每卦均有内外之分。卦画由下生，故以下卦为内，上卦为外。泰、否之"内阳"[①]而"外阴"，"内柔"而"外刚"，即《彖传》之自举其例也。

泰䷊ 乾内坤外。故《彖》曰"内阳而外阴，内健而外顺，内君子而外小人"。

否䷋ 坤内乾外。故《彖》曰"内阴而外阳，内柔而外刚，内小人而外君子"。

观泰否两《彖》，内卦外卦之别，显然易明。惟卦有以内外言者，有不必以内外言者。通变无常，各适其当，未可泥一端而论也。

[①] 原底本为"内阴"，据文意改。——点校者注

阴卦阳卦

《系传》曰："阳卦多阴，阴卦多阳。阳卦奇，阴卦偶。"此专指六子之卦言也。后天以用为先，故以少者为主。一阳之震坎艮为阳卦，一阴之巽离兑为阴卦。而先天以体立言，则取多者为主。故兑巽以二阳之卦，合为泽风大过，言阳过乎中也。震艮以二阴之卦，合为雷山小过，言阴过乎中也。乾坤坎离，各得阴阳之中，皆三画卦也。若六画之卦，其阴阳之分，例至不一。有以卦言者，则乾与三男为主者称阳卦，坤与三女为主者称阴卦。有以爻为主者，则以奇爻为主者称阳卦，偶爻为主者称阴卦。自宋以后，诸说纷歧。有以邵子阳仪阴仪立论者，有以辟卦阴阳所生分别者，有以《序卦》之先后分阴阳者，如屯阳蒙阴需阳讼阴之类。虽各言之成理，要皆有当有不当。盖乾坤为《易》之门，六子生自乾坤。八纯而外，余五十六卦。虽各有阴阳之分，必先明其体用，而后有分阴分阳之可言。以体用交互，体阳者用必阴，体阴者用必阳。准此以观，诸家之图说，自可了然矣。

贞卦悔卦

卦之有贞悔，亦如爻之有动静也。悔古作毎。论卦体，则内贞而外悔。言占卜，则静贞而动悔。坤之六三曰"含章可贞"，乾之上九曰"亢龙有悔"，此内贞外悔，经文之自举其例也。《左传》："秦伯伐晋，卜徒父筮之，其卦遇蛊。曰：蛊之贞风也，其悔山也。"亦内贞外悔之一例也。《国语》："秦伯召公子重耳于楚，楚子厚币以送公子于秦。公子亲筮之曰：尚有晋国。得贞屯悔豫皆八。"此静贞动悔之例也。

消卦息卦

《左传正义》曰："伏羲作十言之数，曰乾坤震巽坎离艮兑消息。"虞仲翔氏，即本此十言立说。《荀九家易注》："泰卦曰阳息而升，阴消而降。"虞氏十二消息，复临泰大壮夬乾为息卦，姤遁否观剥坤为消卦。《易》曰："君子尚消息盈虚，天行也。"又曰："天地盈虚，与时消息。"故阴阳往复，此息则彼消，此消则彼息，亦卦义相传之最古者也。卦例图说详下《卦候》章。

往卦来卦

易道阴阳往来，乾圆往屈，坤方来信，往来屈伸。而六十四卦阴阳，与时消息，循环不穷。数往者顺，知来者逆。《序卦》首乾坤终既未济。乾往卦，坤来卦。屯往卦，蒙来卦。至既济往卦，而未济来卦，一往一来，各以其序。顺逆之数，皆天地自然之法象也。

对卦①

对卦者，阴阳相对。如乾对坤，坎对离，屯对鼎，蒙对革，颐对大过，中孚对小过之类。虞氏谓之旁通，来知德氏谓之错卦，《周易指》谓之类卦，皆对卦也。六十四卦相对者八，皆自为一卦。不相对者二十八卦，反之别为一卦，得五十六卦。然不相对者，亦各有其相对之卦。略例如下：

对䷁离䷝颐䷚　䷀中孚䷼乾

卦䷀坎䷜大过䷛小过䷽坤

以上八卦，阴阳相对，反覆不衰，有对而无反者也。

屯䷂　屯对为鼎，而反之则为蒙。　䷃蒙

鼎䷱　鼎对为屯，而反之则为革。　䷰革

余卦类推，有对而又有反者也。

---

① 旁通、错卦、类卦。

覆卦①

覆卦者，一卦覆之而又别成一卦者也。如屯之覆为蒙，需之覆为讼，师之覆为比。六十四卦，除乾坤坎离等八卦，余五十六卦昔覆卦也。汉人亦曰反卦，来知德氏谓之综卦。②

覆　卦

屯　需　震　巽

䷂　䷄　䷲　䷸

䷃　䷅　䷳　䷹

如震反为艮，巽反为兑。而震之与巽，艮之与兑，又为对卦也。余卦类推。若泰否既未随蛊渐归妹等卦，对而兼覆，所谓反覆不衰者也。

---

① 反卦、综卦。
② 来氏谓综者如织布扣经之综，一上一下者也，故名反覆之卦为综。然覆实上下相倒置，非一上一下之谓，综之名殊未确合，故非议者甚多。

交卦①

交卦者，本卦内外两象，交相易位。内卦出外，外卦入内。虞氏谓之两象易，亦有谓上下易者，向无定称。今以其内外交易，故名之曰交卦，取便演讲时之辨识，非敢云确当也。② 交卦之义，互见于经传甚多。略举如左：

履䷉　夬䷪

如天泽履与泽天夬，内外两象，交相易位者也。故履上九曰"夬履，贞厉"。

恒䷟　益䷩

如雷风恒与风雷益，内外两象，交相易位者也。故恒曰"立不易方"，益曰"为益无方"。

各卦以此类推，《彖》《象》之相互见义者，厥例正多，不胜缕指也。

---

① 两象易、上下易。
② 来氏谓综者一上下，以名此卦，或尚相近。惜数百年来称名久混，不能用也。

半对卦

半对者，本卦之内外两象，有一象易为对卦，① 或内或外，均与所易之卦，象义相关。其例如下：

归妹䷵　中孚䷼

如雷泽归妹，外卦之雷易为风，成风泽中孚，是上半之对卦也，故归妹曰"月几望"，中孚亦曰"月几望"。

蒙䷃　困䷮

如山水蒙，外卦之山易为泽，成泽水困，亦上半之对卦也。故蒙曰"困蒙"。

以上为上卦对易者也，名曰"上对"。其下卦对易者，更举例如左：

履䷉　遁䷠

如天泽履，内象之泽易为山，成天山遁，是下半之对卦也。故履曰"履虎尾"，遁曰"遁尾"。

师䷆　明夷䷣

如地水师，内象之水易为火，成地火明夷，亦下半之对卦也。故师曰"左次明夷"，曰"左股"。

以上为下卦对易者也。无论上下卦对易，与所易之卦，象义必相联贯。惟有见于《彖》《象》者，有不见于《彖》《象》者。然虽不见于《彖》《象》，而其意义自在。潜心玩之，必有所得也。

---

① 如乾易坤、震易巽之类。

半覆卦

半覆卦者，与半对卦同例。或内或外，各以覆象所得之卦求之，其义自见。举例如左：

屯䷂　蹇䷦

如水雷屯，内卦之雷覆为山，成水山蹇，即下半之覆卦也。故"屯难也"，"蹇难也"。

无妄䷘　遁䷠

如天雷无妄，内卦之雷覆为山，成天山遁，亦下半之覆卦也。故无妄曰"无妄之疾"，遁曰"有疾厉"。无妄曰"行人得牛"，遁曰"执用黄牛"。

以上下半之覆卦也，名曰"下覆"。其上卦易为覆卦者，为例亦同。更略举如左：

大畜䷙　大壮䷡

如山天大畜，外象之山覆为雷，成雷天大壮，即上半之覆卦也。故大畜"利贞"，大壮"利贞"。大畜曰"舆说輹"，大壮曰"壮于大舆之輹"。

小畜䷈　夬䷪

如风天小畜，外象之风覆为泽，成泽天夬，亦上半之覆卦也。故小畜曰"惕出"，夬曰"惕号"。小畜曰"既雨"，夬曰"遇雨"。

以上上半之覆卦也，名曰"上覆"。覆卦亦称反易，故互见之义，往往相反。如地山䷎谦下覆为地雷䷗复，谦曰"利用征伐"，复曰"十年不克征"，其最显著者也。昔人不解八卦相错，即六十四卦相错之义，每卦只于六爻中摸索，望文生义，宜无从索解者多矣。

上下对易卦

上下对易者,本卦上下两象,自相对易。如泰否既未济之类。象既对易,卦义必自相对。举例如下:

泰䷊　否䷋

如泰否,上下自相对易者也。故泰曰"小往大来"否曰"大往小来",自相对举。既未济言上下例同,不赘。

上下反易卦

上下反易者，本卦上下两象，自相反易，如颐如大过及中孚小过之类。象既反易，卦义亦往往见相反之意。举例如下：

颐䷚　山雷颐，上下两象，自相反易。故《象》曰"道大悖也"。悖字古文本从两或字，正反相对。一字之微，其与卦象之适合精当至此，谓非造化之笔哉！颐之名，取上下相合。而上止下动，非颐亦无以确肖其象。而象之上下，又为反易。玩《彖》《象》六爻，无不各显其义。神矣哉！

大过䷛　泽风大过，亦上下两象自相反易。故象取枯杨生稊、枯杨生华，亦以示反常之意也。

半对半覆以下，古人皆未尝言之。观象玩辞，发见各卦之互见其义，或互见其名者，于卦象无不相关。反覆推求，始知皆由于上下两象，各有正对反对之故。《彖》《象》经传，不啻自举其例，至为明显。遍征各卦，无不贯通。一旦豁然，如拨云雾，而见天日。因广对卦覆卦之意，类别其名，以便讲习之称引。然字累而文不雅驯，殊为歉憾。海内外专精小学名学之君子，能各撰一简赅切当之名，畀垂久远，则著者所寤寐求之，馨香祝之者焉。

之卦

《系传》曰："爻也者，各指其所之。"之，往也，由此往彼也。《左传》蔡墨曰"坤之乾，亦乾之坤"，言八卦阴阳相交，奇偶相易。虞仲翔氏专言之正，谓不当位之爻，① 皆当之而当位。乾之二四六爻不当位，之坤之一三五则当位。坤之一三五不当位，之乾之二四六则当位。名曰"之正"，谓之而得其正也。惟乾之坤，坤亦之乾，则乾坤两卦，成两既济。既济定，阴阳消息，皆止而不行，乾坤几乎息矣。故又以成两既济为凶。必乾初之坤四而上之坤三，然后旁通交变以周六十四卦。初上未动，而二五先行，亦为凶。焦理堂《易通释》，又本此以演为《时行》《失道》各图。要皆一家之言，足备参考。若泥其例以言《易》，多窒碍难通，学者不可不知也。

之卦

右为乾坤二卦之正，余卦类推。惟占家言卦变亦曰之，则不以一爻为限。三爻变至五爻变，皆以所变之卦为之。如乾之剥，家人之睽。一卦变六十三卦，皆谓之曰之卦也。详《学易笔谈初集》。

---

① 如阳爻之二四六，阴爻之一三五。

互卦①

互卦者内外四爻，二至四，三至五，又各成三画之卦一。两卦交互，又成两卦，故汉人谓之互卦。京氏曰："会于中而以四为用，一卦备四卦者，谓之互。"崔氏子元曰："中四爻杂合所主之事，撰集所陈之德，能辨其是非，备在中四爻也。"②

《系传》曰："《易》之为书也，原始要终，以为质也。六爻相杂，唯其时物也。其初难知，其上易知，本末也。初辞拟之，卒成之终。若夫杂物撰德，辨是与非，则非其中爻不备。噫！亦要存亡吉凶，则居可知矣。"

又曰："二与四，同功而异位，其善不同。二多誉，四多惧，近也。柔之为道，不利远者。其要无咎，其用柔中也。三与五，同功而异位。三多凶，五多功，贵贱之等也。其柔危，其刚胜耶？"③

《系传》之言中爻，详矣备矣。字字精实，孕育宏深，不可忽略。即以六爻言，初上及中四爻之时位象数，已划然分明。后儒尚有疑互卦为非圣人之说者，则承扫象之余习，不辨中爻二四三五之说，他更无论矣。《系传》既详备至此，而《左传》之说，尤可为三代言易不废中爻之确证。为图如下：

观　之　否
䷓　　䷋

《左氏传》："敬仲之将生也，周史有以《周易》见陈侯者，陈侯使筮之，遇观之否。④曰：是谓观国之光，利用宾于王。⑤又曰：坤土也，巽风也，乾天也。风为天⑥于土上，山也。"谓观中爻三至五为艮，变否二至四亦为艮，此言互卦之最古者。故《朱子语录》

---

① 中爻、约象。
② 京氏所谓一卦备四卦，以本卦内外两象，更以二至四三者至五，又各得一卦，合为四卦也。
③ 阮氏《校勘记》：其用柔中也"用柔"下有"得"字。
④ 四爻动，偶变奇，风地观变天地否。
⑤ 《周易·观卦·六四》之象辞也。
⑥ 风为天，犹云风变天，即巽变乾也。

曰："互体如屯卦震下坎上，就中四爻观之，自二至四，则为坤。自三至五，则为艮。互体汉儒多用之。《左传》中说占得观卦处亦分明，看来此说亦不可废。"盖其时言易者，皆莫明中爻，而反对互卦。故朱说云尔。

《系传》言中爻谓二五三四，初与上不与焉。因二与五为本卦上下两象之中爻，三为二至四成一卦之中爻，四为三至五成一卦之中爻，故四者皆谓之中爻。然后人之言互卦者，则不仅二三四五，实合初上与二三四五言之。又自五至上，复反至初言之，皆谓之互。故京氏又谓之约象。观《杂卦传》两卦对举，中爻皆成互卦。而自颐以下八卦，皆首尾交互，返归于乾坤坎离四卦。列互卦如左：

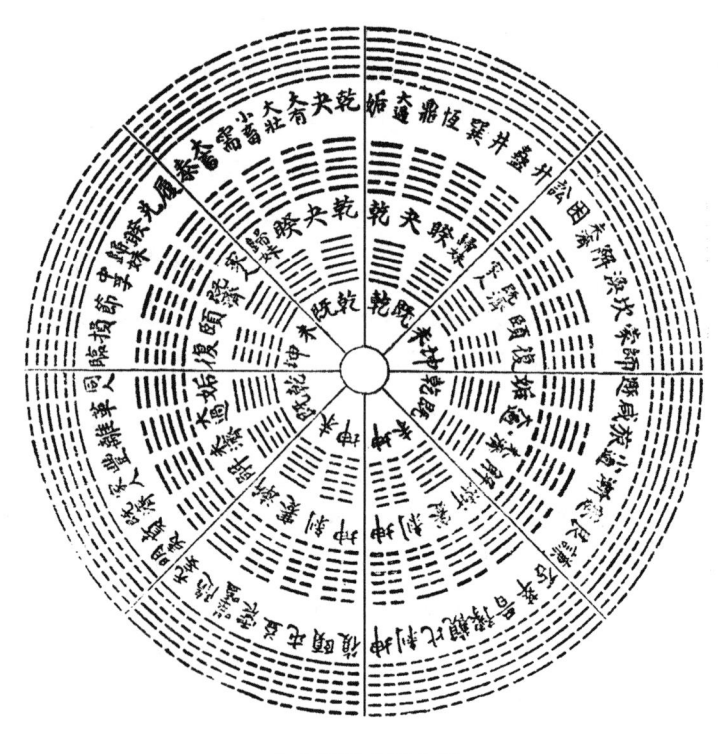

六十四卦交互之图

吴草庐曰："自昔言互体者，只以六画之四画互二卦而已，未详其法象之精也。今以先天图观之，互体所成十六卦，皆隔八而得，①缩四而一。②图之左边，起乾历八卦至睽归妹，③又历八卦而至家人既济，④又历八卦至颐复。图之左边，起姤大过，历八卦至未济解，又历八卦至蹇渐，又历八卦至剥坤。左右各二卦互一卦，合六十四卦互体只成十六卦，又合十六卦互成四卦，即乾坤既未济。学《周易》始乾坤终既未济，以此欤！"

盖统云互卦，不但为中四爻，二至上五至初，亦皆交互成两卦。更以五至上，复由上反之初二三四，亦互成两卦，所以又称约象。《序卦》"剥穷上反下"，即由上反初之一例也。

☳ 泽山咸。中爻为天风姤。五至初，互天山遁。二至上，互泽风大过。若由五至上，更反之初二三四，仍互泽雷随。由四至上，更反至初二，互地天泰，泽山反为雷风，则中爻又，与上下互亦各相反。

☷ 地天泰。中爻为雷泽归妹。五至初，互雷天大壮。二至上，互地泽临。五至上，更反之一二三四，为泽山咸。四至上，更反至初二，为泽雷随。地天泰，反为天地否。即上下易，中爻上下互，相反亦同。

---

① 外一层隔八卦得二卦，即中一层互体之卦名。
② 内层一卦缩外层四卦。
③ 中层睽妹即接乾夬。
④ 家人既济即接睽妹，余卦仿此。

辟卦　月卦

辟卦亦称十二消息卦，与月卦另详下《卦气》章。

包卦

宋儒言《易》，又有包卦之名。包卦者，六画之卦，以上下三画，中包三画。如咸恒为坤包乾，损益为乾包坤之类，亦由互卦推衍而得者也。包卦之名，始于林黄中氏，谓由一卦分两卦，两卦分四卦，一正一反，又得四卦。是即太极生两仪，两仪生四象，四象生八卦也。因朱晦庵力驳之，故其说不行。然言之成理，亦不可谓毫无意义也。后儒如纪大奎等，颇采其说。略举其例，如下图：

☷☰咸　☷☰恒

坤包乾也。

☰☷损　☰☷益

乾包坤也。

六十四卦，皆可以此类推。但咸恒坤包乾也，而咸亦可谓之坎包巽，恒亦可谓之坎包兑。损益乾包坤也，损亦可谓之离包震，益亦可谓之离包艮，其实即中爻之二与四三与五也。他卦上下相推，亦无不如此。特以阴阳内外言之，亦自有此一象。故存之。

像卦

像卦者，合六爻之奇偶观之，像三画之一卦也。《系传》曰："象也者像也。"故谓之像卦。来知德氏谓之大象，如大坎大离之类，实皆像卦也。于卦义均有关系，《彖》《象》可证者甚多。举例如下：

颐☷像离　中孚☲像离

大过☵像坎　小过☵像坎

此来氏所谓大象之坎离，故《序卦》以列于坎离既未济之前也。余卦仿此。重画或单画者例亦同。

大壮☱像兑。雷天大壮无兑，而合全卦观之，有兑象。兑为羊，故象辞云"羝羊""丧羊"。

剥☶像艮。山地剥，合全体观之，有艮象，故重艮，《象》云"孚于剥"。

六爻合观之象，无不各有取义。如咸恒损益，为乾坤互交，而又像坎离者也。故咸恒继坎离为《下经》之首，而损益次十一十二，与泰否等，其义大可见矣。

命卦①

命卦者，昔无此名。青田端木氏《周易指》，据《大传》"系辞焉而命之，动在其中矣"而发其例。凡卦六爻，《象》下所系之辞，言卦名者是也。卦有阴阳，不论其爻之刚柔，爻无卦名。卦阳六爻以阳论，卦阴六爻以阴论。如乾阳卦也，惟九三一爻有卦名，则九三为阳。余以阴论，即命为谦，如坤阴卦也。六爻无卦名，六爻皆以阴论，仍为坤。如屯阳卦也，二五两爻有卦名。二五为阳，余皆阴论，即命为坎。蒙阴卦也，初二四五上有卦名，皆为阴。三爻以阳论，则命为谦。如震六爻皆有卦名，震阳卦，六爻皆阳，命为乾。余可类推。动在其中者，合阴阳两卦之中，阴阳交变。如屯命坎，坎离动在其中，为小过中孚是也。

---

① 动在其中。

声应卦

声应卦，亦发例于《周易指》。同声相应，孔子于六爻《象传》赞语，皆有韵以分阴阳。平为阳仄为阴，如乾分赞三次，曰："阳在下也"，"德施普也"，"反覆道也"，"进无咎也"，"大人造也"，"盈不可久也"，为六阴声是坤卦。又曰："下也"，"时舍也"，"行事也"，"自试也"，"上治也"，"穷之灾也"，五阴一阳是剥卦。又曰："阳气潜藏"，"天下文明"，"与时偕行"，"乾道乃革"，"位乎天德"，"与时偕极"，三阴三阳是泰卦也。坤卦六爻曰："致坚冰也"，"地道光也"，"知光大也"，"慎不害也"，"文在中也"，"其道穷也"。初二四上，皆阳，三四阴，坤应声中孚也。

卦象第六

《传》曰："物生而后有象，象而后有滋，滋而后有数。"是先有象而后有数。而古圣人之作《易》也，仰以观象于天，俯以观法于地。河出图，洛出书，圣人则之。然则八卦之象，皆法天地之象。万物之象，并则河图洛书以定其数者也。八卦之象，始于羲农黄帝，而后代有孳乳。《说卦传》之象，非孔子所创造，必有所受。问礼于老子，象数在其中，故曰"观其会通以行其典礼"。列举之象虽不多，而用无不备。自王弼有"得意忘象"之言，后人未得其意，辄以扫象为扩清芜秽，易学由此荒矣。南宋而后，渐知象之重要，然又未能求诸根本，以邵子大小方圆各图为易象之标准。而《说卦传》八卦之象义，反略焉不讲，或以不解解之。有明来知德氏，研求象学二十余年，颇有发明。然未解者，亦尚什之七八也。前清经师，如黄、毛、朱、王、胡、钱、惠、段、桂、张、焦、端木诸家，各有心得。而是丹非素，不相会通。爰萃众说，择善而从。纵未能尽，参诸《学易笔谈》所述，亦庶几矣。

大象

乾☰，天。天不可见，以日月星辰见之。故蔡墨言"乾之六龙"，皆指星象。天行不可测，由地测之。故天无方无体，乾无方无体。

坤☷，地。地为实质，有体可测，有方可纪。承天而时行，天之用皆着于地。而地代天终，时行物主，静而有常。天地定位，法象备矣。

艮☶，山。高于地者为山，地气乃上通于天而云出也。一阳上覆，万宝蕴藏，山之用也。

兑☱，泽。下于地者为泽，天气乃深入于地而龙潜焉。一阴外见，以阴涵阳，泽之用也。山泽通气，上感下应，人生乃通乎天地。

震☳，雷。雷伏地中，一阳奋出，万象昭苏。见天地之心，为乾之肖子，动万物莫疾乎雷。

巽☴，风。风行天下，阴阳相遇，品物咸章。风不可见，而无微不入。挠万物者，莫疾乎风。雷风相薄，出入无疾。阴阳和，地天泰矣。

坎☵，水。坎本坤体，故水性就下。阳含阴中，气化为质，润万物者莫润乎水。天一之精，万物资生，资此坤中之一元也。

离☲，火。离本乾体，故火性炎上。阴丽于阳，气盛生光，万物皆相见。其精为日，水火不相射而相逮，天地之大用备矣。

天地山泽雷风水火，为八卦之大象，《易》之本也。八卦相错，因而重之为六十四。阴阳相交，变化以生。而象之变易，亦各因时位而异。而要不越此八者之范围也。

本象

昔者圣人之作《易》也，观象画卦，近取诸身，远取诸物，以通神明之德，以类万物之情。而物各有所本，象以象物，亦莫不各有其本。故本象著焉。

乾☰为马。物性马最健，得阳刚之精，昼夜不眠。房星为天驷七星之次，七星为马，于辰为午，故马为火畜。蚕马首龙精，故马蚕同气。在天为龙，在地为马，皆乾行也。

坤☷为牛。牛性柔顺，属土属阴，不动即眠，起先后足，与马相反。牛为大物，故物从牛。坤备万物，故以牛象之。

震☳为龙。乾变震为长子。龙雷同类，龙马同种。马八尺以上曰龙，龙阳物而生于纯阴之地，震象也。

巽☴为鸡。鸡善伏，《九家》曰"应八风也"。风应节而变，变不失时。鸡时至而鸣，与风相应。故有风疾者禁食鸡。鸡将鸣，必动股振羽，故曰"翰音"。

坎☵为豕。豕水畜。《传》言星斗散精为彘，斗星坎地。朱氏曰："亥为豕者直室也，坎之所自生也。"

离☲为雉。雉文采象离。朱氏曰："雉方伏时，东西风则复，南北风则去而不复。坎胜离也。"卜楚邱论明夷之谦曰"当鸟"。鸟者朱鸟也，离之次也。

艮☶为狗。《九家》曰："艮止，主守御也。"艮数三，七九六十三，三主艮。斗为犬，故犬三月而生。斗运十三时日出，故犬生十三日开目。艮火之精，畏水不饮，而以舌舐，斗则以水解也。

兑☱为羊。朱氏曰："兑，说也，羊内狠者。二阳伏于一阴之下也。"项氏曰："未为羊而主兑者，金生于土也。土旺则金生，故坤伏必于建未之月。"

此所谓"远取诸物"也。汉上朱氏曰："说八卦本象也。"

乾☰为首。首为众阳所宗，乾尊在上故为首。《虞氏易》："明夷九三得其大首，乾三之上也。"

坤☷为腹。《正义》："坤能包藏含容，故为腹。坤体中虚，亦象腹。"朱氏曰："坤又为身为躬。按艮为身，言坤之变艮为背，则坤为腹也。"

震☳为足。震动于下，故为足。震为乾初，健行，故称足也。阳起自下，亦足之象。

巽☴为股。《正义》："股随于足，巽顺故为股也。"按：足动而股不动，随足而动，故咸曰"执其随"。巽下偶，亦股之象。

坎☵为耳。《正义》："北方之卦主听，故为耳。"按：坎阳涵阴中，故耳聪内。肾开窍于耳，肾水竭则耳聋，皆坎象也。

离☲为目。《正义》："南方之卦主视，故为目。"按：离阴丽阳中，故目明于外。心开窍于目，仍系于肾而见于外，皆离象也。

艮☶为手。艮动于上，故为手。朱氏曰："艮止者，动极而止也。震艮相反，行者必止，止者必行。疾走者掉臂，束手者缓行。"项氏曰："李椿年号逍遥子，作《周易传》曰：一身之荣卫，还周会于手太阴。一日之阴阳，昏晓会于艮时。在人其象为手。"按：此说最精。证诸《内经》，与震之为足，合观方见。古圣"近取诸身"一节之玄妙精微，非仅以表面之动静，合卦画之阴阳已也。

兑☱为口。郑氏曰："上开似口。"《正义》："兑西方之卦，主言语，故为口。"朱氏曰："艮为鼻。口鼻通气，山泽通也。"

所此谓"近取诸身"也。余氏舒芑曰："八卦之象，近取诸身者，六子以反对。远取诸物者，六子以序对。四者易而坎离不易也。"王氏夫之曰："因此见人之一身，无非乾坤六子之德业所著。由此而推之血气营卫箸骸皮肉之络理，又推之动静语默周旋进退之威仪，又推之喜怒哀乐爱恶攻取之秩序，无非健顺阴阳之所合同。而乘时居位之得失吉凶，应之不爽。君子观象玩占，而于疾眚之去留，言行动作之善恶，皆可因此以反躬自省而俟天命。"按：六十四卦，上下往来，象之变化无穷，要皆以大象本象为准，所谓万变不离其宗者也。初学观象，首宜反覆研求，必得其会通，而后始有变化之可言也。

广象

《说卦传》末章，先儒皆以为广八卦之象，朱子《本义》谓多不可解。且按之于经，亦不尽合，故与《序卦》《杂卦》皆不加注释。汉上朱氏曰："说重卦别象也。六爻变化，其象岂能悉尽，此凡例也。智者触类而长矣。"彭申甫①曰："《说卦》篇，不与《系辞》《文言》一例。盖圣人观河图而定八卦之方位，因以胪列八卦之象，其开章即著明卦之所由立，爻之所从生，而归本于和顺道德穷理尽性以至于命。又申明性命之理，不外阴阳刚柔。其在人则为仁义，而理之所以穷，性之所以尽，则不外乎顺时而已。盖圣人仰观俯察，实见乎《易》之为道，无时无地而不在焉，无人无物而不赋焉。于是分别卦位之性情，而先以人道之广生大生，推而至于穷神而妙万物，近取诸身吾身则全乎《易》也。远取诸物，则一物皆有一《易》也。然犹恐人之泥于物而滞于象也，更推而广之，于一卦各立无方之象以尽其变，俾读《易》者即象可以见《易》，即物可以求象，不滞于理而能妙乎理。此圣人继天立极，所以上承羲文之画之辞。所谓神而明之，不可为典要，唯变所适者也。故圣人假象以明《易》。自后儒执《易》以求象，而《易》反亡矣。"彭氏之言，可谓得观象玩辞之通，为学者指南之针矣。

乾为天。为圜。② 为君。为父。③ 为玉。为金。④ 为寒，为冰。⑤ 为大赤。⑥ 为良马。为老马。为瘠马。为驳马。⑦ 为木果。⑧

---

① 长沙人，辑有《易经解注传义辨正》，书成于同治光绪间，行世未久，故知者不多。
② 朱氏曰：圜者浑沦无端，周而复始也。按：不曰圆而曰圜者，以著浑沦圆转，不滞不息之意也。郑东卿曰：圜者数之本。
③ 君，群之长。父家之。长皆首出之意，人中之元也。
④ 纯粹以精，象玉。坚刚不屈，象金。物中之元也。
⑤ 乾位西北，时为十月，故有寒冰之象。
⑥ 赤为周之色，故以首出之乾象赤。曰"大赤"者，以别于坎也。辟卦乾四月盛阳，赤亦盛阳之色称焉。
⑦ 良马为乾之本象。来氏曰："老，时变也。瘠，形变也。驳，色变也。"其说颇当。
⑧ 木之有果，生生不已。凡果皆圆，故取乾象。程子曰："《说卦》于乾虽言为无，又言为金玉，以至木果，所谓类万物之情也。故孔子推明之曰：此卦于天文地理为某，于鸟兽草木某于身体为某，各以例举不尽言也。学者触类而求之，思过半矣。"

坤为地，为母。①

为布。② 为釜。③ 为吝啬。④ 为均。⑤ 为子母牛。⑥ 为大舆。⑦ 为文。⑧ 为众。⑨ 为柄。⑩ 其于地也为黑。⑪

震为雷，为龙。⑫ 为玄黄。⑬ 为旉。⑭ 为大涂。⑮ 为长子。为决躁。⑯ 为苍筤竹。⑰ 为萑苇。⑱ 其于马也为善鸣。⑲ 为馵足。⑳ 为作

---

① 父之配也。

② 布有衣被天下之功。布者，播也。阳施阴布，与乾对也。

③ 《正义》："取其化物成熟。"张氏曰："釜者，化物而不化于物者也。"蔡氏曰："虚而聚物，故为釜。"

④ 朱氏曰：《易》言"吝"者，十二卦，十三爻，阳爻只居其三。盖阴性贪而敛藏，故"多吝"。啬，则吝之甚也。盖坤之变象也。

⑤ 地道均平。崔氏曰："地生万物，不择善恶。"朱氏曰："乾独阳也，坤阴均之得平。"项氏曰："吝，其静之翕。均，其动之辟也。陶人制物之形者，谓之均。"亦此义。

⑥ 坤为牛，重坤则子母牛。朱氏曰："坤交离也，离'畜牝牛'，母也。大畜艮坤之初为'童牛'，子也。"

⑦ 坤能载物。朱氏曰："地方而载，舆也。动而直方，大也。故曰大舆。"

⑧ 朱氏曰："一刚一柔相错成文。有天而后有地，一不独立二，则为文天。一地二也。"

⑨ 坤育万物，众也。

⑩ 俞氏琰曰："乾圆而曲，坤方而直。故有柄象。"崔氏曰："万物依之以为本。"

⑪ 黑，极阴之色，与乾对也。坤为地。又曰"其于地也"者，坤为黑，其于地乃其一耳。

⑫ 郑氏曰："龙读为龙，取日出时色，杂也。"按：龙，乾象，而用则见之于震。

⑬ 玄黄，天地之离也。震为乾坤始交，故备乾坤之文。

⑭ 王肃曰："旉，华之通名。"虞氏以旉为专，姚信"专，专一也"。《正义》曰："春气至，草木皆吐，敷布而生也。"按：旉者，阳敷于阴。

⑮ 大涂，万物所出，震卯兑西，阴阳往来之路也。震为行，大涂充尽，震行之用者也。

⑯ 程氏曰："阴来阳必决，兑阳中，故决而和。震刚动不中，故决而躁。"

⑰ 《正义》："竹初生之时色。苍筤，取其春生之美也。"

⑱ 朱氏曰："萑苇，震之废气也。"张氏曰："刚为竹，柔为苇。"

⑲ 朱氏曰："《易》凡有震声曰鸣。"程沙随曰："震分乾一体，故为马。得阳之声，故善鸣。"

⑳ 京氏荀氏曰："馵足，阳在下。"《正义》："马后足白为馵，取其动而见也。"朱氏曰："下伏巽，故后足白。"

足。① 为的颡。② 其于稼也为反生。③ 其究为健，为蕃鲜。④

巽为木。⑤ 为风。⑥ 为长女。为绳直。⑦ 为工。⑧ 为白。⑨ 为长。为高。⑩ 为进退。⑪ 为不果。⑫ 为臭。⑬ 其于人也为寡发。⑭ 为广颡。⑮ 为多白眼。⑯ 为利市三倍。⑰ 其究为躁卦。⑱

坎为水，为沟渎。⑲ 为隐伏。⑳ 为矫輮。㉑ 为弓轮。㉒ 其于人也为

---

① 虞氏曰："马白后左足为馵。震为左为足为作，初阳白，故为作足。"徐氏曰："作足，双举前足也。"程氏曰："与薄蹄反。"

② 朱氏曰："乾为首，上发震爻为的颡。《传》所谓的颅也。"虞氏曰："的，白额。"

③ 郑氏曰："生而反出也。"宋氏曰："阴上阳下，故反生。"

④ 究，极也。虞氏曰："震巽相薄，变而至三，则下象究。其究为健蕃鲜，与四成乾故。"参看《学易笔谈》。

⑤ 朱氏曰："震巽皆木。独言于巽者，蕃鲜之时，震刚木，巽柔木。"

⑥ 陆绩曰："风，土气也。巽坤之所生，亦取静于本而动于末也。"按：震巽阴阳始交，天感地应。震动则巽为风，而风之鸣仍是震。

⑦ 翟氏曰："上二阳，其正一阴，使不得邪僻，如绳之直。"按：索，绳也。阴阳交索，坤初索得巽，坤动而直，故为"绳直"。

⑧ 荀氏曰："以绳木，故为工。"朱氏曰："天地变化万物者以巽，而莫见其变化之迹，故巽为工。"木曰曲直。巽，德之制，工也。

⑨ 万物之色尽于七，巽齐万物，七色和一，故为白。详《学易笔谈初集》。

⑩ 阴伏于下，阳升于上，故为长为高。震巽初索皆称长，独著于巽者，震长而大，巽长而高，互文也。

⑪ 荀氏曰："风行无常，故进退。"按：巽居辰巳，辰五巳六，阴阳之中，进退之间也。

⑫ 或进或退，不果之象。乾为木果，巽变其初，故曰"不果"。

⑬ 虞氏曰：臭，气也。风至知气，巽二入艮鼻，故为"臭"。

⑭ 郑作宣发。虞曰："为白，故宣发。"马君以宣为寡发，非也。《正义》"寡，少也。"

⑮ 《正义》："额阔为广颡。二阳在上，故称广。"形见于巽而色著于震，亦互文也。

⑯ 虞氏曰："巽白，离目向上，则白眼见，故多白眼。"

⑰ 巽位居离与震之间，火雷噬嗑，"日中为市"。详《学易笔谈》。

⑱ 朱氏曰："巽三变成震，震为决躁。"

⑲ 虞氏曰："以阳辟坤，水性流通，故为沟渎。"

⑳ 虞氏曰："阳藏阴中。"

㉑ 宋氏曰："曲者更直为矫，直者更曲为輮，水流曲直似之。"

㉒ 乾为圆，坎得乾中爻，半规象弓，全规象轮。旧说多破碎，少可取者。

加忧。为心病。① 为耳痛。② 为血卦。为赤。③ 其于马也为美脊。④ 为亟亟心。⑤ 为下首。为薄蹄。⑥ 其于舆也，为多眚。⑦ 为通。⑧ 为月。⑨ 为盗。⑩ 其于木也为坚多心。⑪

离为火。为日。为电。⑫ 为中女。为甲胄。⑬ 为戈兵。⑭ 其于人也为大腹。⑮ 为乾卦。⑯ 为鳖。为蟹。为蠃。为蚌。为龟。⑰ 其于木也为科上槁。⑱

---

① 《素问》："金在志为忧，水在志为恐。恐则甚于忧，故曰加忧。"
② 火脏在心，坎水胜之，故为心病。水脏在肾，开窍于耳。而水在志为恐，恐则伤肾，故为耳痛。
③ 《正义》："人之血，犹地之水也。赤，血色。"李鼎祚曰："十一月一阳爻生，在坎阳气初生于黄泉，其色赤也。"
④ 阳在中央，脊也。
⑤ 荀氏曰："极，中也。"坎居北子一位，刚动，故亟心。
⑥ 下首者上无阳，薄蹄者下无阳。
⑦ 眚，病也。虞曰："败也。"坤为大舆，坎折坤体故也。
⑧ 坤"黄中通理"，通于坎也。
⑨ 《正义》："月，水之精也。"按：乾阳流于坤，形如日之光被于月体，与离日对也。
⑩ 虞与孔疏皆以水潜行象盗。按：盗，寇也。水之蚀土，如盗之侵掠也。或云：盗与窃古训通。窃浅也。
⑪ 阳刚在中，故坚多心。
⑫ 在地为火，在天为日，阴阳相薄，则为电。
⑬ 上下皆刚，上为胄，下为甲。
⑭ 虞氏曰："乾金离火煅之，故为戈兵。"《正义》："取其刚在外以自捍也。"
⑮ 乾为大，坤为腹。坤丽乾中，故曰"大腹"。
⑯ 详《学易笔谈》。
⑰ 郑氏曰："皆刚在外。"虞氏曰："取外刚内柔也。"朱氏曰："鳖离交巽，巽巳为蛇，蛇或化鳖。为蟹者，巽交离也。蟹连两目，重离也。为螺者，兑交离也。螺生于月，旋也。为蚌者，离交坎也。雀为蛤，雉为蜃，其类也。为龟者，坎交离也。龟游山泽，出入水火，含神负智，得坎离之正。颐损益三卦皆然。"
⑱ 宋氏曰："阴在内则空中，木空中则上科槁也。"《正义》："科，空也。"

艮为山，为径路①。为小石。② 为门阙。③ 为果蓏。④ 为阍寺。⑤ 为指。⑥ 为狗。⑦ 为鼠。⑧ 为黔喙之属。⑨ 其于木也为坚多节。⑩

兑为泽。⑪ 为少女。为巫。为口舌。⑫ 为毁折。为附决。⑬ 其于地也为刚卤。⑭ 为妾。⑮ 为羊。⑯

右八卦为象，共百十有四。所谓举例发凡，非物象之尽于此也。其例有互文者，有对取者，有类及者，有从变者。详《学易笔谈》。

---

① 径路，小路也。卦有大小，震大艮小。震为大涂，艮反震，故为径路。

② 水雷屯"磐恒"。磐，大石也。震象艮反震，故为小石。张氏曰："径，小也。路，大也。万物自此而入，故小自此而出。故大石之小者，有可转之理，乃能动能静者乎？"按：震阳长至艮而极，已寓必反之理，故艮象皆以反动为言。

③ 虞氏曰："乾为门。艮阳在门外，故为门阙。"按：先天艮处西北，阙之地也。

④ 张寰曰："有核曰果，无核曰蓏。"宋氏曰："木实为果，草实为蓏。"郭氏曰："乾为木果，艮，乾之余气也。"

⑤ 俞氏曰："艮以刚止外，卫内之柔。阍人止物之不应入者，寺人止物之不得出者。"按：因上门阙而类及也。

⑥ 指者止也。项氏曰："与坚多节同义。"

⑦ 虞作拘。注曰："指屈伸制物为拘。旧作狗。"朱氏曰："此言为狗者，熊虎之子。《尔雅》曰：熊虎丑其子狗，初生未有文，犹狗也。"马融虞翻郭璞以兑艮为虎，艮居寅位，艮究成兑，故艮为虎子。

⑧ 虞氏曰："似狗而小，在坎穴中，故为鼠。晋九四是也。"郭雍曰："坎隐伏。在君子为隐，在小人为盗。艮之止，利则为狗，害则为鼠，皆一象而二义者也。"

⑨ 马氏曰："肉食之兽，谓豺狼之属。黔黑也，玄在前也。"程迥曰："黔东北方之色，青黑杂也。"按：飞鸟之挚者，喙亦黔，不专指兽也。

⑩ 阳在外故坚多节。

⑪ 虞氏曰："坎水半见。"

⑫ 古巫皆少女以口舌通神者也。故类及之。

⑬ 二象之旧说繁而鲜当，实皆对象。毁折对艮而言，艮为成终成始，艮兑阴阳相反，故兑为毁折附决。对震而言，震为决躁。巽之究为躁，巽覆为兑，故兑为附决。

⑭ 泽涸为地必为刚卤。今日内外蒙古之间沙漠延长万余里，西连新疆之戈壁，号称万里长沙，其左右地皆斥卤，盖为上古以前之大泽久涸成地，不知纪年，而卤质犹在。此确合兑为刚卤之象，甚易见也。曰刚卤者，更含有物质变化作用。以今日化学之分剂准其阴阳正负而研索，尤饶兴味，当别论之。

⑮ 《正义》："少女从姑姊为媵也。"

⑯ 虞作羔，训为女使。郑作阳，谓养无家女行赁炊事，今时有之，贱于妾也。说另详《学易笔谈》。

逸象

《荀九家》逸象

《荀九家易》，八卦逸象，共三十有一，云出自河内女子献《说卦》后，实皆由本经《彖》《象》采取。其未见者，只坤之浆，巽之鹳二象，去留皆无关宏旨。惟荀爽《集解》，去古未远，当有所本。而朱子亦仍陆氏《释文》之旧，附各卦后。今列举如左：

乾之象四：为龙，为直，为衣，为言。

坤之象八：为牝，为迷，为方，为囊，为裳，为黄，为帛，为浆。

震之象三：为玉，为鹄，为鼓①。

巽之象二：为杨，为鹳。

坎之象八：为宫，为律，为可，为栋，为丛棘，为狐，为蒺藜，为桎梏。

离之象一：为牝牛。

艮之象三：为鼻，为虎，为狐。

兑之象二：为常，为辅颊。

孟氏逸象

孟氏逸象，传自焦氏，亦自本经采取为多。间有互异者，以两汉经师，各守师说，传述不同。备录如后，以资参证。

乾为王，为先王，为明君，为人，为大人，为圣人，为贤人，为君子，为武人，为行人，为物，为易，为立，为直，为敬，为畏，为咸，为严，为坚刚，为道，为德，为盛德，为行，为性，为精，为言，为信，为善，为扬善，为积善，为良，为仁，为爱，为忿，为生，为祥，为庆，为天休，为嘉，为福，为介福，为禄，为先，为始，为知，为大，为盈，为茂，为肥，为好，为施，为利，为清，为治，为大谋，为高，为扬，为宗，为族，为高宗，为甲，

---

① 玉或作王。鹄，项氏云："鹄鹤古通用，当作鹤。"

为老，为旧，为古，为大明，为远，为郊，为野，为门，为道门，为百，为岁，为顶，为朱，为衣，为圭，为蓍，为瓜，为龙。

坤为臣，为顺臣，为民，为万民，为姓，为小人，为邑人，为鬼，为形，为身，为牝，为母，为躬，为我，为自，为至，为安，为康，为富，为财，为积，为聚，为萃，为重，为厚，为致，为用，为包，为寡，为徐，为营，为卜，为容，为裕，为虚，为书，为迩，为近，为疆，为无疆，为思，为恶，为理，为体，为礼，为义，为事，为业，为大业，为庶政，为俗，为度，为类，为闭，为藏，为密，为默，为耻，为欲，为过，为丑，为积恶，为迷，为杀，为乱，为怨，为害，为遏恶，为终，为永终，为敝，为死，为丧，为冥，为晦，为夕，为莫夜，为暑，为乙，为年，为十年，为户，为义门，为阖户，为闭关，为盍，为土，为积土，为阶，为田，为邑，为国，为邦，为大邦，为万国，为异邦，为方，为鬼方，为裳，为绂，为车，为辍，为器，为缶，为囊，为虎，为兕，为黄牛，为牝牛。

震为帝，为主，为诸侯，为人，为士，为兄，为夫，为元夫，为趾，为出，为行，为征，为作，为逐，为惊走，为警卫，为定，为百，为言，为讲议，为问，为语，为告，为响，为声，为音，为鸣，为夜，为交，为征，为反，为后，为后世，为从，为守，为左，为生，为尝，为缓，为宽仁，为乐，为笑，为喜笑，为笑言，为道，为陵，为祭，为邕，为禾稼，为百谷，为草莽，为鼓，为筐，为马，为麋鹿。

巽为命，为命令，为号令，为教令，为诰，为号，为号咷，为处女，为妇，为妻，为商旅，为随，为入，为处，为入伏，为利，为齐，为同，为交，为进，为退，为舞，为谷，为长木，为苞，为杨，为果木，为茅，为白茅，为阑，为草木，为草莽，为杞，为葛藟，为薪，为庸，为休，为绳，为帛，为腰带，为绣，为蛇，为鱼，为鲋。

坎为圣，为云，为玄云，为川，为大川，为河，为心，为志，为思，为虑，为忧，为谋，为惕，为疑，为艰，为蹇，为恤，为悔，为逖，为忘，为劳，为濡，为涕洟，为眚，为疾，为疾病，为疾疠，为疑疾，为灾，为破，为罪，为悖，为欲，为淫，为寇盗，为暴，为毒，为渎，为孚，为平，为法，为罚，为狱，为则，为经，为习，为入，为内，为聚，为脊，为要，为臀，为膏，为阴夜，为岁，为三岁，为尸，为酒，为丛木，为丛棘，为蒺藜，为棘匕，为穿木，为校，为弧，为弓弹，为木，为车，为马。

离为女子，为妇，为孕，为恶人，为见，为飞，为爵，为日，为明，为先，为甲，为黄，为戎，为折首，为刀，斧，为资斧，为矢，为飞矢，为黄矢，为网，为罟，为瓮，为鸟，为飞鸟，为鹤，为隼，为鸿。

艮为弟，为小子，为君子，为贤人，为童，为童蒙，为僮仆，为官，为友，为阍，为时，为丰，为星，为沫，为霆，为果，为慎，为节，为待，为制，为执，为小，为多，为厚，为取，为舍，为求，为笃实，为道，为穴居，为石，为城，为宫室，为门阙，为庐，为庸，为居，为门庭，为宗庙，为社稷，为鼻，为肱，为背，为胂，为皮，为肤，为小木，为硕果，为豹，为狼，为小狐，为尾。

兑为妹，为妙，为妻，为朋，为友，为讲习，为刑人，为小，为少，为密，为通，为见，为右，为下，为少知，为契。

右举象至四百四十余，然犹未能尽也。别本坎下有窃象，巽下有系象，兑下有窥象，殆逸之中又有逸欤！

补象

《易》注如《瞿塘来氏集注》等，均有补象，要皆由《彖》《象》十翼之辞，拟议以意增补。然来氏乾之为郊为野等补象均已列《孟氏逸象》之中，而又补之。殆来氏僻居巫峡，得书不易，《孟氏逸象》，或未之见耳。实则《说卦》广象，简而能赅，提纲挈领，各卦《象》《爻》之象，无不可会通演绎，而各得其变化。及根本之所在，必字字而拟之补之，则泥象以言《易》，而《易》反不可见矣。各家补象，爰不复赘录。

参象

参象者，乃八卦阴阳交变，未能以一卦之本象或变象尽之，因参合两卦之象而会通之，其例已见于《广象》。顺德郑氏《易谱》，触类引伸，并证以前史占验之词，列为参象，亦足为初学之隅反也。

离之艮，为火焚山，山败之象。于人为言，败言为谗，故又为谗言之象。

乾之兑，天降为泽，为天子降心逆公之象。

震之离，火反烧木，有女嫁反害其母之象。

巽见艮，为山之材，而之乾有照以天光之象。

坤之乾，又见艮，有廷实旅百，奉之以玉帛之象。盖艮为廷实旅百，乾为玉而坤为帛也。

坤之震，曰安而能杀，为公侯之象。

坤之坎，坤贞也，坎和也。和以率贞，有信之象。

震之坤，震为足，坤静而不动，有足居之之象。震车也，坤马也，又为车从马之象。震为长兄，坤为母，又有兄长之、母覆之之象。又为众，众又归之之象。

乾之坤，君降为臣也，为不终为君之象。乾天子也，变坤三爻皆出于乾，又为三出于天子之象。

坎之巽，为夫从风，风陨妻之象。盖风为陨落物也。

震之坎，在春木旺龙德之时，为废水之气。来见乘加，升阳未布，隆阴仍积，坎为刑狱，为刑狱壅滥之象。

乾之离，为中天出日，有光显之象，

离之艮，为日落西山之象。

艮之离，为山下起日，乃方升之象。

艮之坎，为山岳变海之象。

坎之艮，为深谷为陵之象。

坎月也，变震为雷生明，变兑为上弦之月，变乾为十五夜月，变巽为十八晚初亏月，变艮为下弦月，变坤为晦。

离日也，变震为初出日，变乾为中天之日，变巽为方斜之日，变艮为落山之日，坤知入地矣。

离之坤，曰太阳入地，有退休之象，有伤夷之象。

巽见乾之兑，有花木被马毁折之象。

离之坎，坎来乘物，为月来掩日之象。郭景纯曰："变坎加离，厥象不烛，必有欺蔽之象。"

坎之离，为月往日来。

离甲胄，用兵戈之象也。而之坎知遇险于前，又不成出兵之象。

坤之乾，为自地升天之象。

艮之坤，有舍高就卑，去畸岖从平坦之象。

坎之巽，风还吹水，有波涛之象。

坎之兑，水竭耳聋，臣壅主听之象。

坤之坎，有平地开通之象。

兑之艮，兑口舌讲和，而艮又止之，有欲和不成和之象。

乾之离，为圆器在炉灶之侧。

坎之乾，为云从龙。巽之艮，为风从虎。

震之离，离为矢，而火还烧震木，有张弧反射之象。

离之乾，在乾宫为同复于父，为归宗。

震木之艮，有木入山之象。

坎之震，兑之震，为水泽中木，如逢坎离同位，乃其木是汤药煎煮之象。

坎之艮，为官司刑狱而止不复升矣。

艮之巽，为居其所而风自播而今自行。

五行象

阴阳化合，播为五行。《礼运》曰："布五行于四时，和而后月生也。"五行非质也，实天地阴阳之气。气有盛衰，而时位乘之，而生克变化之迹著也。气不可见，仍见之于八卦之象。圣人作《易》，既极数定象，复发其凡于蛊巽之《象》《爻》。先后甲庚，各举其端，而全《易》卦爻之阴阳五行无不可以此类推。而卦气占候、九宫三式之术数虽繁，亦无能越此范围。列象如右。卦数另详下篇。

☰ 乾金　刚
☷ 坤土　柔
☶ 艮土　阳
☱ 兑金　阴　兑为坎月之精，天泽明水，太阴真水也。
☳ 震木　刚　震得乾阳之初，龙雷之火，太阳真火也。
☴ 巽木　柔
☵ 坎水　阳
☲ 离火　阴

水火木金土，分阴分阳，有柔刚，各有配偶，共为十象，旧称八卦。土金木皆有二，惟水火各一，实未知震兑各具水火之用也。震兑为阴阳出入之门，日月往来之路，不啻五行生化之原，故后天与坎离皆居中位。坎离居先天乾坤之位，震兑即居先天坎离之位。参观《内经》，则阴阳升降，五行生化之作用，更显著矣。

意象　影象

　　意象影象者，日本易学之名词也。经学诸书，自唐开元时传入日本者为多。故日人讲《易》，多宗李鼎祚《集解》，其占筮亦用唐人之揲法。卦象取用，有所谓意象者，如以震为船，巽为剪，离为镜，艮为亭，类取形似，无甚深意义。但象本无方，意动成象，故得意既可忘象，亦能成象。《易》冒天下之道，以八卦相错，阴阳反覆，能曲成万物而不遗者，正以象之变化无尽，而肆应不穷。盈天地间唯万物，生生不已，《易》亦生生不已。万物之孳乳，日积月累，其数量为巧历所不能计，而《易》之八卦，足以尽之。非神而明之，其孰能与于斯？

　　海通而后，西学东渐，名物之繁，百倍于昔。而鼎新革故，索之于《易》，无不各有其数，各有其象。如广象以乾为金为玉，金玉或非伏羲画卦时所有物。而三代以后，既有其物，而即以伏羲所画乾卦之象当之。以三代之时，物质之最精最坚莫金玉若也。而今则金刚石之精粹坚刚，更出金玉之上，自可由金玉而更广之以乾为金刚石。乾之因物付物，仍莫不确合而确肖也。广象以坎为舆，坤为大舆，震为大涂，合坎通坤载震行而定其象，以当时载物之具，莫利于舆，莫过于大舆。而通行之路，莫便捷于大涂故也。今则交通之广，运输之捷，器用日新，几非一名一物所能限。然则占事知来，制器尚象，非由广象更推而广之，安能尽其用哉！以卦言之，小过飞鸟遗之音，固未知今日之有飞机也，而象已确肖之。既未济之曳其轮，未必知今日之有汽机也，而象已不啻曲绘之。古未尝有化学之分剂也，而今日化学各原质之分化轻重，其量剂数无不与八卦之数合。是故但以象言，或犹疑为附会之适相巧合。若更证之以数度，参之以阴阳刚柔之气运，而形质状态，性情功用，无不一一彰明显著。此意象之为用，非经生家钻研故纸，取经传之一名一物，自称补象之足并论也。我国虽无意象之名，而京焦管郭之占象，见于本传及《易林》《洞林》诸书者，其以意广古人之象者，固不胜指数。故特著之，为初学扩其心胸之一助焉。

影象之说，当本于吾国相传之卦影。卦影之术，始于晋唐，而盛于南宋。严君平亦即其俦，今已失传。而日本之所谓影象，类似吾国之伏象。惟不限以震伏巽，艮伏兑，大概与意象略同。说详东京易学讨论会丁巳年发行之易学杂志，亦足供学者之参考也。

易楔卷四

卦数第七

"天一，地二。天三，地四。天五，地六。天七，地八。天九，地十。"又曰："天数二十有五，地数三十。天地之数，五十有五。"河图洛书之数，即此五十有五之数所分布而进退者也。圣人则图画卦，是故卦之数即图书之数，亦即天地之数也。"大衍之数五十，其用四十有九"者，所以衍《易》，即以衍此五十有五之数者也。自宋儒窜易经文，以"天一地二"一节，移置"大衍之数五十"以前，两数遂相混合，并为一谈。异论纷若，左支右吾，卒无是处。汉学家虽力纠其缪，而于两节之数理，亦未能分析清楚，与卦象《象传》相证明。乃沿缪袭误，以迄于今。程朱而后，言《易》者皆崇理论，言象者已不多，言数者尤少。偶有一鳞半爪，又皆似是而非。同人讲习，几于无可取资。爰就所知，略贡刍荛。所憾数学既浅，又荒废日久，自知肤浅已甚。姑引其端，以待专家之续竟其绪也。

先天数

乾一、兑二、离三、震四、巽五、坎六、艮七、坤八之数，邵子《皇极经世》之数，所谓先天数也。相传康节从李挺之氏学《易》三年，未能窥其奥，请益于李，叩其要旨。李乃授以一二三四五六七八之八字，康节言下大悟，恍然于乾兑离震巽坎艮坤之天然位次，与数适合。而阴阳交错，顺逆往来，无不妙合。极深研几，遂得贯澈天人，成《皇极经世》一书。程子叹为内圣外王之学，朱子《本义》，又取其大小方圆各图，弁诸经首。其后言《易》者，即以先天数为易数。于卦爻《彖》《象》之言数者，如"七日""八月""十年""九陵"之类，悉以先天数当之，歧误乃不可究诘。夫邵子先天数，非不合也。特邵子别有妙悟，以一二三四五六七八为主，如算学之数根。乾兑离震巽坎艮坤，只为其数之符号耳，故用乾兑离震巽坎艮坤可也，用日月星辰水火土石亦无不可也。因邵子未尝以此注《易》，但借卦爻以演其数，而所得之数理，变化分合，仍能与《易》相符。所谓殊途同归，法异而实不异也。若以言《易》，则自当以乾兑离震巽坎艮坤为主。先后体用，各有其数。与邵子之数同出天一地二之十数，并图如左：

```
乾 ☰ 一
兑 ☱ 二
离 ☲ 三
震 ☳ 四
巽 ☴ 五
坎 ☵ 六
艮 ☶ 七
坤 ☷ 八
```

邵子先天八卦数

乾一对坤八，合九。兑二对艮七，合九。离三对坎六，合九。震四对巽五，合九。四九合三十六。乾阳三画，坤阴六画，合九。

兑四画，艮五画，合九。离四画，坎五画，合九。震五画，巽四画，合九。四九亦合三十六。八卦相荡成六十四，除乾坤坎离颐中孚大小过八卦反覆不变，余五十六皆一卦反覆成二卦，实只二十八卦。合乾坤等不变之八卦，亦共合三十六卦。三十六者，六之自乘也。故邵子曰"三十六宫都是春"，乃用六藏九，为邵子之独有心得，别具用法。故依此数方位，与五行干支纳甲皆不相合。纳甲之象与乾一兑二之数无关，汉学家力辟先天卦位，而于乾一兑二之数，无能辩驳。偶有言者，亦隔靴搔痒，无当于理。兹另图先天八卦之合洛书河图数如下：

先天八卦本数

圣人则图画卦，卦数即图书之数。图书之一六，皆从下起，阳从一始，阴以六终，皆归藏于北方，未有从上起者。邵子先天数，独悟"易逆数也"一语，故反用图书而逆由乾位起一，藏九不用，为两数之对待。如洛书之藏十，其妙用在卦顺则数逆，卦逆则数顺，故仍不悖于阳顺阴逆之天则。错综变化，而无不相通。若论先天八卦之本数，则自当取则河图，阴逆阳顺，以合于一六二七三八四九之匹偶。而阴阳相对，皆得五数。如雷风一四合五也，水火二三合五也，山泽七八合十五，天地九六合十五，皆五也。仍以五为中枢。而一六为地雷复，九四为天风姤，二七为水泽节，三八为火山旅。所谓布五行于四时，无不合也。和而后月生，此纳甲所以用先天之象，而取后天之数也。此理千余年来，未有发明。由于不知阳顺阴逆之数，以邵氏之数，强解京、焦之《易》，纷纭纠结，遂莫可究诘矣。阳数顺由一始，为一三七九。阴数逆由四起，为四二八六。宋以后，皆以二四六八为阴数之用，此其根本之错误也。阳顺阴逆图数，余于庚申之秋，始由"乾乘六龙"一语悟得"乘六"

之法，绘图以明之。始知极数定象，通变成文，参伍错综，皆在阳顺阴逆。而千余年来，似是而非之注释，均可一扫而空矣。图说另详《易数偶得》。

坤	艮	坎	巽	震	离	兑	乾
☷	☶	☵	☴	☳	☲	☱	☰
二	八	一	四	三	九	七	六
西南	东北	正北	东南	正东	正南	正西	西北

后天八卦数

坎一坤二震三巽四离九艮八兑七乾六。乾坎相连，一与六合。坤兑相连，二与七合。震艮相连，三与八合。巽离相连，四与九合。水火金木之数，各有配合，独阙五十两数。非阙也，坎一离九合十，中央戊己，而坤艮二八，亦合十为丑未，皆五与十土数所分寄，方位与洛书合，而数亦兼符纳甲。其说已详《卦位》章先天纳甲图，兹不赘述。更以数之顺序，并列与洛书参照，则第一章二八易位，二五构精，两图之妙更可见矣。

巽 四		九 离
震 三	五	八 艮
坤 二		七 兑
坎 一		六 乾

后天八卦本数

坎离乾巽震兑坤艮皆相对，与卦位合。惟坤二与艮八之位互易，五运中枢，而十暗寓于八方。所谓通变化而行鬼神者，即在此坤艮易位之妙用。故曰"神枢鬼藏"，向来道家珍为神秘。非入其门奥者，不肯轻泄。实则邵子天根月窟，子正在丑，午正在未数言，已不啻明明揭示，特后人不自悟耳。

先后天八卦合数

先后天八卦，既各有其本位本数，而体用相生，升降变化，由合而分，亦由分而合。是以《易》之《彖》《象》凡涉言数者，亦各有体用之不同。先天八卦本数者，以河图为体者也。后天八卦本数者，以洛书为体者也。先后天八卦合数者，兼先后天之象而纳十干之数者也。此数相传最古，虞氏《易》即用此数也。

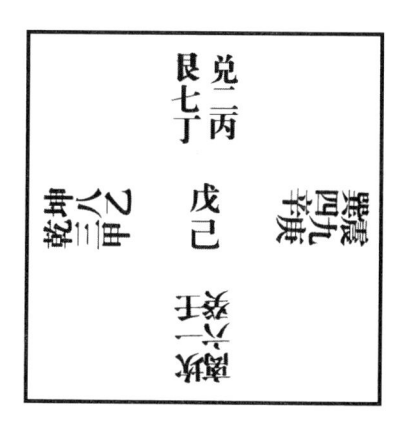

古纳甲图：东方甲乙配乾坤，南方兑艮配丙丁，西方庚辛属震巽，而坎戊离己中央，因壬癸为乾坤兼纳也。此图壬癸居北属坎离，以坎离代乾坤。有作离一坎六者，阴阳互根，亦自可通。并前两图合观之，当知邵子数与《易》之分别矣。

天地范围数

天地范围数，相传即《连山》卦数。因其以艮为始终，所谓"范围天地而不过，曲成万物而不遗"者也。略举例如左：

天一	地二	天三	地四	天五
甲一	乙二	丙三	丁四	戊五
地六	天七	地八	天九	地十
己六	庚七	辛八	壬九	癸十

甲数一	甲木生丙火	艮纳丙 故艮卦之数一 统丑寅二支
乙数二	乙木生丁火	兑纳丁 故兑卦之数二 统酉支
丙数三	丙火生戊土	坎纳戊 故坎卦之数三 统子支
丁数四	丁火生己土	离纳己 故离卦之数四 统午支
戊数五	戊土生庚金	震纳庚 故震卦之数五 统卯支
己数六	己土生辛金	巽纳辛 故巽卦之数六 统辰巳二支
庚数七	庚金生壬水	乾纳外壬 故乾卦之数七 老阳无七七者卦之穷也故易曰六爻发挥三极之道盖庚者更也六十四卦大成七中无卦也
辛数八	辛金生癸水	坤纳外壬 故坤卦之数八 统未申二支
壬数九	壬水生甲木	乾纳内甲 故乾卦之数九 统戌亥二支
癸数十	癸水生乙木	坤纳内乙 老阴无十十者数之终也数至九而止十则过其位也然十即一也十百千万皆一也

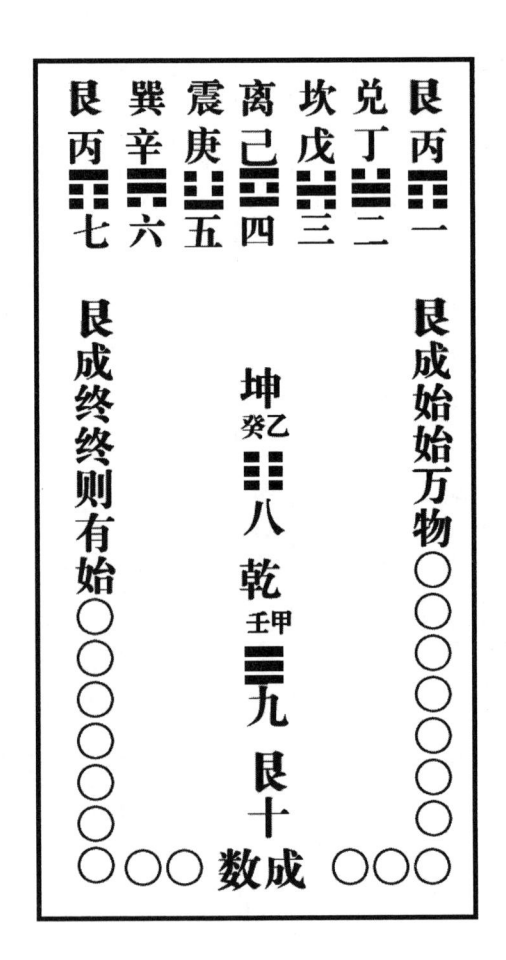

```
          艮丙 ䷀ 一
          兑丁 ䷹ 二
          坎戊 ䷜ 三
          离己 ䷝ 四
          震庚 ䷲ 五
          巽辛 ䷸ 六
          艮丙 ䷳ 七

艮成终终则有始           艮成始始万物
○                    ○
○      坤癸乙 ䷁ 八    ○
○      乾壬甲 ䷀ 九    ○
○         艮十          ○
○○○    数成         ○○○
```

右图始艮一，终艮十，而又以艮七为用，象数体用皆艮，故有《连山》易数之名。虽未必即为《连山》，而其象则兼先后天，数则合河图洛书。与纳甲纳音，融会而贯通之者也。天地万物之数，莫能外于是矣。阳数极于九，阴数极于六。阳，天也。天之用皆见于地，故数至六而体全，得七而六数之用行也。太阴无七，太阴无十，而艮兼用一七十者，一始十终，七则具成终成始之用者也。

八卦成列数

夫《易》开物成务，冒天下之道，如斯而已者，非他，即天一、地二、天三、地四、天五、地六、天七、地八、天九、地十之数也。八卦成列，天地之数，分阴分阳，与八卦并列，而五位配合，五行生布也，干支属也。一始十终，顺往逆来，六十四卦先后天往复循环，周而复始，而数有不周，独阙西北。先天则艮阙，后天则乾无，而盈虚消长，于以无阙，皆出"乾知大始"。冒天下之道，以极天之数，定天下之象，通天下之志，定天下之业，断天下之疑，兴神物以前民用，尽在于斯矣。

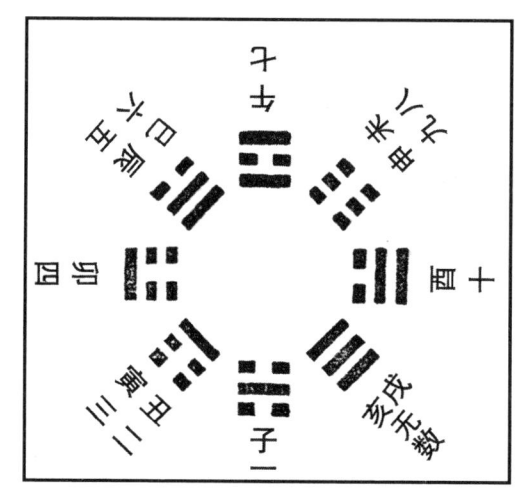

坎子一，艮丑二寅三，震卯四，巽辰五巳六，离午七，坤未八申九，兑酉十，乾戌亥无数。子午南北至卯酉春秋分，寒暑往来，日月出入，先天咸无，后天乾无，皆以无出有。此《易》数之精义入神，《易》道之广大悉备，皆在此八卦成列之时位象数。宋后言《易》，先别门户，争道统，宗宋者以老庄之说为异端，宗汉者以先天卦位为不经，而《易》遂无从言矣。程传号为易学正宗，而程子《自序》，谓予所传者辞也，冀学者由辞以得其意。然《彖》《象》十翼之辞，无一辞一字，不由象数而来。舍象数而言辞，辞乌从得哉！此图之数，前人所未言。清季青田端木鹤田氏始创为之图，简要精当，足与经传相参证。与旧有诸图会而通之，不但于数理之要领可得，而古今来占筮推步之本源，悉在于是矣。

卦气第八

既明方位象数，而气可得言矣。气不可见，显之以象，定之以数，而验之以候。五日为一候，故亦曰卦候。天地阴阳之消息，日月寒暑之往来，万物生成，变化动静，莫不先见乎气。《彖》《象》《系辞》，皆隐合气候而未明言。言气者莫著于京房，遂相传京房卦气，实非京氏所创也。周公之时训与《月令·夏小正》，皆以象数为气候之准，无不与图书卦象契合。京氏特整齐而排比之，以六十卦直日用事，以风雨寒温，定占候灾变，或为京房之法耳。黄粤洲曰："上系七爻，起中孚'鸣鹤在阴'，十一爻起于咸'憧憧往来'。"卦气从中孚至井，八十九阳，九十一阴。咸至颐，八十九阴，九十一阳，与《系传》恰合。而孔子复于咸言"日月寒暑往来，阴阳屈伸"，是必三代已有此卦象气候，孔子故于《系传》及之，否则安有如此之巧合乎？特著录其图，非仅为占卜之用也。

京氏以六十卦当周天三百六十五度四分度之一，每卦值六日七分，故又名为六日七分术。坎离震兑为后天四正，别立为监司，分管二十四气，不入六十卦之内。六十卦之中，更有复临泰大壮夬乾姤遯否剥坤十二卦为辟卦，分领十二月，每月约五卦。始六日曰公卦，次辟卦，次侯卦，则值月中节气交界。次大夫，次卿，以毕一月。周而复始。

卦气起冬至，为中孚之二爻，至七日复卦，十二日复卦毕，第十三十四十五日则屯之内卦当之，约两卦半当一气，约十五爻当十五日也。小寒自屯四起，至谦与睽，亦两卦半也。兹分举其例如下：

兑	离	震	坎	四监司分主一年二十四气
金监令	火监令	木监令	水监令	

兑：上爻大雪 五爻小雪 四爻立冬 三爻霜降 二爻寒露 初爻秋分

离：上爻白露 五爻处暑 四爻立秋 三爻大暑 二爻小暑 初爻夏至

震：上爻大雪 五爻小满 四爻立夏 三爻谷雨 二爻清明 初爻春分

坎：上爻惊蛰 五爻雨水 四爻立春 三爻大寒 二爻小寒 初爻冬至

或谓京房卦气出《易纬》，不足以望先天。然按之《系辞》，既有中孚与咸之前征，而验之气候，又与《时训》《夏小正》合，而邵子河洛先天诸数亦不能不采用其说。图虽别用乾坤坎离，而河洛化工，仍取坎离震兑。盖实始于《连山》历法，四监周度。惟首起艮卦，然则京学之自来远矣。

十月亥	九月戌	八月酉	七月申	六月未	五月午	四月巳	三月辰	二月卯	正月寅	十二月丑	十一月子	十二月辟卦
坤	剥	观	否	遁	姤	乾	夬	大壮	泰	临	复	
阴六	阴五	阴四	阴三	阴二	阴一	阳六	阳五	阳四	阳三	阳二	阳一	

辟卦主一年十二月，自冬至七日后起，阴阳往复，周而复始。朱子曰："是当以一爻分三十分，阴阳进退日一分。如阴剥每日剥三十分之一，一月方剥得尽。阳长每日长三十分之一，亦一月方长得成。故复之一阳，不是顿然便生，乃是自坤卦中积来。从小雪后一日生一分，竟大雪共三十日，生三十分，然后成冬至之一阳。姤之阴亦生于小满，一日一分，积三十日，然后成夏至之一阴。观此知阴阳绝续之际，果无一息之间断也。"列子曰："一气不顿进。"又曰："天道密移，畴觉之哉！"圣人作《易》，仰观俯察，知天地阴阳之运行消息甚微，人无从觉，故以悬象著明之日月，分画八卦，象阴象阳，以《易》道示人，天道斯昭昭矣。更以六十四卦，合周天之度，自疏而密，由略而详。由一年十二月，分日分时分刻，以逮秒忽之微，均可显之以象，推之以数，岂但为吉凶占卜之用哉！圣功王道基于是，百姓日用宥于是。彼自绝于天而言人者固背道，舍人以言天者，岂知道哉！孔子之《易》，明天地人三极之通，而齐之于木道①。坎离秉天地之中，震兑剂阴阳之和，以成位育之功。释道二教，阐咸恒之义，裁成辅相，协乎泰否，所以皆范围于《易》数之内，而莫能外乎！进象数而言气精微之蕴，更非潜心玩索，不能会其通也。

---

① 见于风雷益《象传》"木道乃行"。古今言《易》者均未注意，而道家亦由之而不知致。《易》道大用始终不明，可慨也夫！

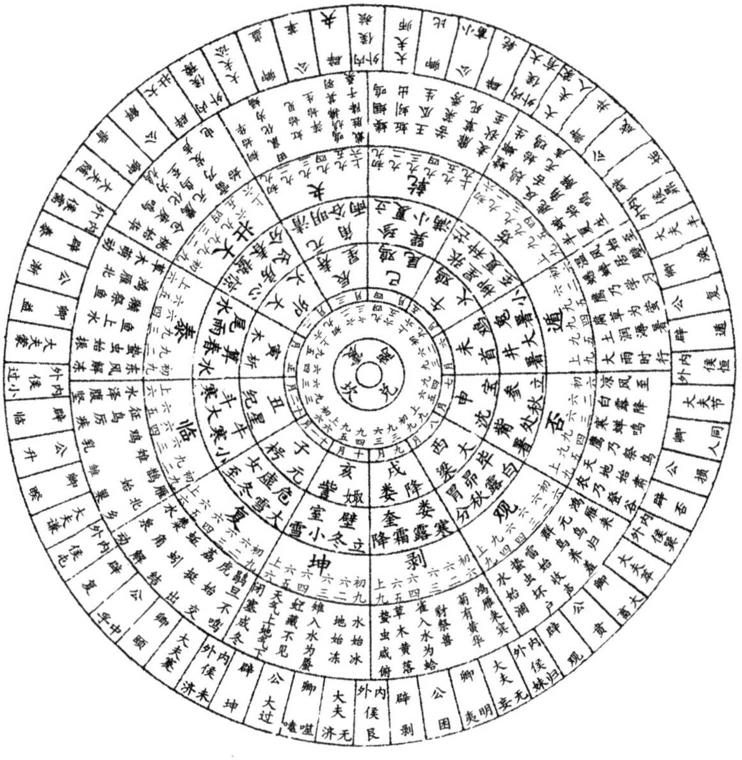

节气（爻位）	本卦	三候（爻位·物候）	值卦·爵·日分
坎初六 冬至 十一月中	复 ䷗	六四 蚯蚓结 六五 麋角解 上六 水泉动	中孚 侯 七日 复 辟 十二分 屯 大夫 十八日二分
九二 小寒 十二月节	临 ䷒	初九 雁北乡 九二 鹊始巢 六三 雉雊	谦 卿 二十八分 屯 侯 十八日二分 复 辟 十二分
六三 大寒 十二月中	临 ䷒	六四 鸡乳 六五 征鸟厉疾 上六 水泽腹坚	睽 大夫 三十日三分 升 公 四十二日 临 辟 四十九分
六四 立春 正月节	泰 ䷊	初九 东风解冻 九二 蛰虫始振 六三 鱼上冰	小过 侯 四十八分 蒙 大夫 五十二日 益 卿 五十四分
九五 雨水 正月中	大壮 ䷡	六四 獭祭鱼 六五 鸿雁来 上六 草木萌动	渐 公 六十六分 泰 辟 七十三日四分 需 侯 七十九日
上六 惊蛰 二月节	大壮 ䷡	初九 桃始华 九二 仓庚鸣 九三 鹰化为鸠	随 大夫 八十五分 晋 卿 九十一日 （下转）二十五分

震初九 春分 二月中 ䷲
- 九四 玄鸟至
- 六五 雷乃发声
- 上六 始电

䷐解 公 九十七日三十二分
䷡大壮 辟 一百三日三十九分
䷶豫 侯 一百九日四十六分

六二 清明 三月节 ䷪夬
- 初九 桐始华
- 九二 田鼠化为鴽
- 九三 虹始见

䷅讼 大夫 一百一十五日五十三分
䷑蛊 卿 一百二十一日六十分
䷰革 公 一百二十七日六十七分

六三 谷雨 三月中
- 九四 萍始生
- 九五 鸣鸠拂其羽
- 上六 戴胜降于桑

䷫夬 辟 一百三十三日七十四分
䷷旅 侯 一百四十日

九四 立夏 四月节 乾 ䷀
- 初九 蝼蝈鸣
- 九二 蚯蚓出
- 九三 王瓜生

䷆师 大夫 一百四十六日八分
䷇比 卿 一百五十二日十五分
䷈小畜 公 一百五十八日二十二分

六五 小满 四月中
- 九四 苦菜秀
- 九五 靡草死
- 上九 麦秋至

䷀乾 辟 一百六十四日二十九分
䷍大有 侯 一百七十日三十六分

上六 芒种 五月节 姤 ䷫
- 初六 螳螂生
- 九二 鵙始鸣
- 九三 反舌无声

䷤家人 大夫 一百七十六日四十三分
䷯井 卿 一百八十二日五十分

易楔卷四

101

上九 白露 八月节 观	六五 处暑 七月中	九四 立秋 七月节 否	九三 大暑 六月中	六二 小暑 六月节 遁	离 初九 夏至 五月中
六三 群鸟养羞	六一 玄鸟归	初六 鸿雁来	上九 禾乃登	九四 鹰乃祭鸟	九五 天地始肃	六三 寒蝉鸣	六一 白露降	初六 凉风至	上九 大雨时行	九五 土润溽暑	九四 腐草化为萤	九三 鹰学习	六二 蟋蟀居壁	初六 温风至	上九 半夏生	九五 蜩始鸣	九四 鹿角解
大畜 卿 二百七十五分	萃 大夫 二百六十八分	巽 侯 二百六十一分	否 辟 二百五十四分	损 公 二百四十七分	同人 卿 二百四十分	节 大夫 二百三十三分	恒 侯 二百二十六分	遁 辟 二百十九分	履 公 二百十二分	涣 卿 二百五分	丰 大夫 一百九十八分	鼎 侯 一百九十一分	姤 辟 一百八十四分	咸 公 一百七十七分

兑初九 秋分 八月中	九二 寒露 九月节	六三 霜降 九月中	九四 立冬 十月节	九五 小雪 十月中	上六 大雪 十月节
剥		坤		复	
六四 雷始收声	初六 鸿雁来宾	上九 菊有黄花	初六 水始冰	初九 鹖旦不鸣	六三 荔挺出
九五 蛰虫坏户	六二 雀入大水为蛤	六三 豺祭兽	六二 地始冻	六二 虎始交	
六四 水始涸		六四 草木黄落	六三 雉入大水为蜃	上六 闭塞而成冬	
			六四 虹藏不见		
			六五 天气腾地气降		
贲 观 归妹 无妄 明夷	困 剥 艮	既济 噬嗑 大过	坤	未济 蹇	颐
公 辟 候 大夫 卿	公 辟 候	大夫 卿 公	辟	侯 大夫	卿
二百八十日二分 二百八十六日八分 二百九十二日六分 二百九十八日三分 三百四日一分	三百十六日六分 三百十七日四分 三百二十三日二分	三百二十八日五分 三百三十四日八分 三百四十日六分	三百四十七日二分	三百五十三日 三百五十九日	三百六十五

按：一卦值六日，共三百六十日，而岁度周，尚余五日四分日之一。每日以八十分计，五日四分日之一，共得四百二十分，每卦应得七分，故合计六日七分，一卦始毕。五日为一候，三候成一气，约一气尽十六爻，为两卦又四爻。是每月五卦，又盈两爻也。故卦气起中孚之二爻。节气有长短，卦爻亦有盈缩。此扬子云《太玄》所以分七百二十九赞，以两赞当一日，以当一岁三百六十四日半，而更以立踦赢二赞，以为坤缩也。

卦气起《中孚·九二》"鸣鹤在阴"。鹤阳鸟也，居汉阴地，阳生于阴之义也。终于颐，"颐者养也"，归养中宫，至中孚复出。斯造化之机轴。孔子赞《易》，以人事言天道，故赞《中孚·九二》曰"天下应之"，曰"天下之枢机"，可谓天人合一。冬烘先生以附会两字抹煞之，吾无言矣。

日行与天度每不相及，因有岁差①。东晋虞喜云："五十年退一度。"何承天云："百年退一度。"隋刘约云："七十五年退一度。"唐僧一行又以八十三年退一度，许衡王恂郭敬皆谓六十六年有余退一度，较前说为近。郑氏《易谱》引环中子说曰："周天三百六十五度四分度之一，是正数也。"邵子《皇极》曰："三百六十五度二十五分七十五秒②。"其二十五分即四分度之一矣，又另多七十五秒，是天过正数外七十五秒也。而岁周止得三百六十五日二十四分二十五秒，是日不及正数二十五秒也。假以天所多七十五秒，补日所少二十五秒，作百秒为一分，则天恰合正数，日亦恰足正数矣。今乃日止二十四分，比天二十五分为欠一分又二十五秒，比天七十五秒为欠五十秒，故天行余一分五十秒也。然则日之于天，每年退一分五十秒，十年退十五分也。六十年则退九十分，再加六年，又退九分，是六十六年，其退九十九分，是一度尚欠一分。以每年一分五十秒计之，则一分当八个月，便是六十六年零八个月，即退天一度也。历法今密于古，当详求之，以定卦值星度之位。庶数自密合，无毫厘厘之差。于万事万物之动静吉凶，胥可以是准之矣。

万氏弹峰曰："乾附于坤，坤归于乾。坤之游魂乾仍归乾，坤仍归坤，坤仍归坤，谓之归魂。"六子互变，震巽二长，乃四孟月之主。五爻变后退归四位，震附于巽，巽附于震为游魂。震仍归震，巽仍归巽为归魂。坎离二中，乃四仲月之主。五爻变后，退归四位。离附于坎，坎附于离，为游魂。离仍归离，坎仍归坎，为归魂。坎离之游魂在乾坤，乾坤之游魂在坎离。此四正互换之卦。艮兑二少，乃四季月之主。五爻变后，退归四位。艮附于兑，兑附于艮，为游魂。艮仍归艮，兑仍归兑，为归魂。艮兑之游魂在震巽，震巽之游魂在艮兑。此四隅互换之卦也，此正《说卦》"神也者"一章，去乾坤而言六子之义，乾坤主一岁之运，一卦管一月。六子为四时之主，一卦管十日。月有值月之卦，日月值日之卦，亦理数自然也。

京氏卦气，出于纳甲。八宫世应，皆与卦气一贯。用八宫纳甲

---

① 今法以日绕地推算亦同。
② 邵子以一度作百分，京氏以一日作八十分，故其数异。

之法，而莫名其义，得万氏著明之。始知其天然之序，不假人为。特录其图如下，与下《卦用》章八宫参看。

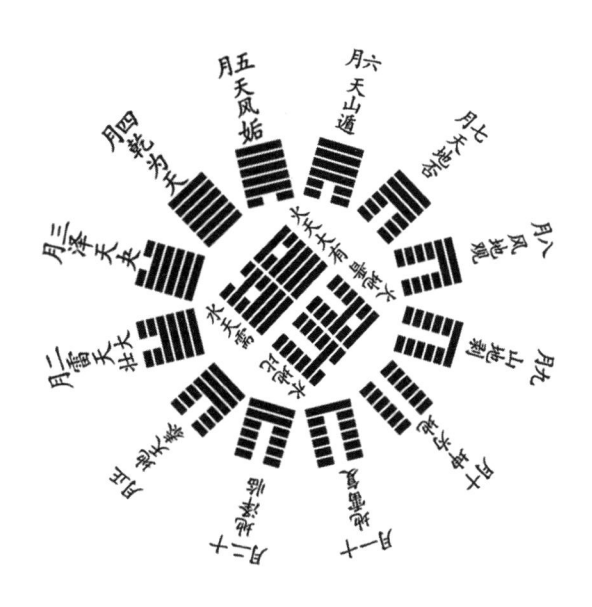

十二月辟卦图

四孟月卦图

四季月卦图

四仲月卦图

卦用第九

八卦名位象数气候既明，而用可得言矣。大用大效，小用小效，大小虽殊，其理则一。《彖》《象》十翼，皆以明用。而无一辞一字，不根于象数。自象数失传，专尚夫辞。乃望文生义，以今概古，论爱恶不出六爻之外，言变化限于两象之中。而《彖》《象》十翼之大义，不明于世也久矣。朱子《本义》，遂以《易》为圣人教人卜筮之书，以占卜为《大易》之本义。后之学者，既宗程朱，又蔑视数学小道而不屑言，是欲渡而去其楫，卒致占卜之用亦无可征验，反不若壬、遁、火珠之术为足凭。《易》道之大，乃尽失其用。举世徒震其名，视为神秘杳渺而莫敢问津。呜呼！是谁之过哉！

行远自迩，登高自卑，乾简坤易，古圣已诏我矣。近取诸身，简之至也。远取诸物，易之至也。故又曰：《易》简而天下之理得矣。天下之理得，而用无不彰。其为用焉，孰大于是？京氏八宫世应飞伏之说，经学家素鄙为术数，而不入于经传。而其为用简易，深合于乾坤之变化。朱子知其用，以囿于世故，不敢昌言，仅取八宫世应歌诀，列《本义》之前，亦与隐名注《参同契》，同一苦心也。程子《易传》，虽自称尚辞，亦不能废阴阳世应之例。术家专取八宫身世游归飞伏之用，而又不明乾坤简易之理，逐末忘本，与经生之有体无用，同一蔽也。

频年讲习，博考周谘，始知三《易》之卦爻象数，同源共贯。京氏之学，实远符《连山》之历数，近合《周易》之变通。稽诸经传，证例正多，爰取为立用之准。有精于术数者，更深求之。以推衍《彖》《象》十翼之辞，其相得有合者，必不止如吾之所知。知无尽而无穷，占卜云乎哉！

乾坤二用

《易》之大用，孔子《系传》，言之详矣。特后儒类以文字释之，致孔子之征言精义，皆忽略读过，而莫名其蕴蓄宏深之妙。果能以孔子之言，一一以八卦之象数证之，则一字一义，无不各有体用之所在，亦无不各与象数相发明，而"为用不穷"一语决非以空言了之者也。八卦之用，皆本于乾坤，后天坎离代乾坤之用，而六十四卦之用，莫不由乾坤而生。孔子曰："刚柔相摩，八卦相荡。鼓之以雷霆，润之以风雨。日月运行，一寒一暑。乾道成男，坤道成女。"天地万物之用，备于是矣①。而又承之以"乾知大始，坤作成物"。《易》之大用，孰逾于是？故乾用九，坤用六。六十四卦，皆乾坤之用，皆九六之用。乾无方体用不可见，故乾九之用，用于坤六。《传》曰："显诸仁，藏诸用。"乾显而坤藏，惟藏而用乃显焉。乾坤象也，九六数也。象数不明，用何由显？为图如左，余卦类推。

端木鹤田曰："乾坤天地一二，始子复一，丑临二。而临二坎爻，其初复一震爻。天地一二子丑数造始②，一主日，二主月。子复一交午七数，为复'七日吉'。丑临二交未八数，为临'八月凶'。故七八正当子丑一二正位。《易》，七八数之正也，九六数之变也。七吉以七而九进为用，午进而七数之正。进而用九数之变，

---

① 雷霆震与艮风雨巽与兑皆相反之卦也，日月坎离与乾坤皆相对之卦也。详玩其象，八卦之用可悟矣。

② 坎震屯。

乾用九是也。八凶以八而六退为用，未退而八数之正，退而用六数之变，坤用六是也。六坎数，九震数，皆天地一二造始数。乾坤卦用七八正爻用九六变，此其数是也。"

晁氏公武曰："余有志学《易》，本好王氏，妄谓弼之外，自有名象者。果得京氏传，而文字颠倒舛讹，不可训知。迨其服习甚久，渐有所窥，今三十有四年矣。乃能以其象数辨正文字，而私识之曰：是书兆乾坤之二象以成八卦，凡八变而六十有四，于其往来升降之际，以观消息盈虚于天地之元，而酬酢乎万物之来者，炳然在目也。大抵辨三《易》，运五行，正四时，谨二十四气，志七十二候，而位五星，降二十八宿，其进退以几，为一卦之主者谓之世。奇耦相与，据一以起二而为主之相者谓之应。世之所位而阴阳之肆者，谓之飞。阴阳肇乎所配，而终不脱乎本，以应显佐神明者谓之伏。起乎世而周乎内外，参乎本数以纪月者谓之建。终之始之，极乎数而不可穷以纪日者，谓之积。会于中而以四为用，一卦备四卦者，谓之互。乾建于甲子于下，坤建于甲午于上。八卦之上，乃生一世之初，分五世之位。其五世之上，乃为游魂之世。五世之初，乃为归魂之世。而归魂之初，乃生后卦之初。其建刚日刚节气，柔日则中气，其数虚则二十有八，盈则三十有六。其可言者如此。"晁氏之说，可谓挈《京易》之纲领矣。兹分列八宫暨飞伏诸例如下，若应与配位五行六神诸说，详下《爻位》《爻数》各章。

八宫卦序[①]

	乾宫	坎宫	艮宫	震宫	巽宫	离宫	坤宫	兑宫
本宫卦	䷀乾为天	䷜坎为水	䷳艮为山	䷲震为雷	䷸巽为风	䷝离为火	䷁坤为地	䷹兑为泽
一世	䷫天风姤	䷻水泽节	䷕山火贲	䷏雷地豫	䷈风天小畜	䷱火山旅	䷗地雷复	䷮泽水困
二世	䷠天山遁	䷂水雷屯	䷙山天大畜	䷧雷水解	䷤风火家人	䷱火风鼎	䷒地泽临	䷬泽地萃
三世	䷋天地否	䷾水火既济	䷨山泽损	䷟雷风恒	䷩风雷益	䷿火水未济	䷊地天泰	䷞泽山咸
四世	䷓风地观	䷰泽火革	䷥火泽睽	䷭地风升	䷘天雷无妄	䷃山水蒙	䷡雷天大壮	䷦水山蹇
五世	䷖山地剥	䷶雷火丰	䷉天泽履	䷯水风井	䷔火雷噬嗑	䷺风水涣	䷪泽天夬	䷢地山谦
游魂	䷢火地晋	䷣地火明夷	䷼风泽中孚	䷛泽风大过	䷚山雷颐	䷅天水讼	䷄水天需	䷽雷山小过
归魂	䷍火天大有	䷆地水师	䷴风山渐	䷐泽雷随	䷑山风蛊	䷌天火同人	䷇水地比	䷵雷泽归妹

---

① 焦氏延寿《易林》卦序亦同。吾年八岁，先君授以八卦曰："乾坎艮震巽离坤兑，盖即《易》京《易》也。"童骏无知，视如玩物。今序此而泫然矣。

八纯卦各以五行所属为主，乾金坎水艮土震木巽木离火坤土兑金，所谓进退以几而为一卦之主者谓之世也。本宫不变，初爻变为一世，至五爻变为五世，上爻六世，即本宫，谓之宗庙不变。初至七世仍以三爻变为游魂，八世下三爻，全复本宫，为归魂。故二世为地《易》，三四世为人《易》，五六世为天《易》，游魂归魂为鬼《易》。

乾坎艮震巽离坤兑之序，决非京氏所创。《系传》曰："乾知大始，坤作成物。"虽乾坤对举，而详玩后天八卦方位，及六十四卦之次序，所谓"仰以观于天文，俯以察于地理。天道下济，地道上行"者，皆足以见八宫之用，即分阴分阳之大义也。八卦东震西兑，东西平衡，若地平线。故巽离坤三阴卦，实处于地之上，所谓地道卑而上行也。而乾坎艮三阳卦，皆处于地之下，所谓天道下济也。上下以震兑为始终，故雷泽归妹曰"天地大义人终始"者，此也。震之始，始于乾，"乾知大始"也。兑之终，终于坤，坤"代终"也。三《易》之卦，爻象皆同，不同者其序耳。八宫之序，或谓出于《连山》，非无所见也。

世卦月卦

世应

《周易》虽无八宫之别，而世应仍所不废。惟《周易》之世应，但以爻论，而京《易》则特重在卦。京氏曰"卦有八世爻分六位，配乎人事，以定吉凶"者，固不仅为占筮言也。《易乾凿度》曰："三画以下为地，四画以上为天。易气从下生，动于地之下，则应于天之上。动于地之中，则应于天之中。动于地之上，则应于天之上①。"

初与四，二与五，三与上，阴应阳，阳应阴，二气感应以相与，此其正也。盖天地之气有终始，六世之位有上下，故《易》始于一②，分于二，③通于三④，交于四⑤，盛于五⑥，终于上⑦。故六爻皆有应，而世取其一。与世对者，则为应也。

䷾水火既济，初阳而四阴，二阴而五阳，三阳而上阴，所谓六爻当位、上下皆相应者者也。既济属坎宫三世卦，三之应在上。

䷿火水未济，既济之反也。六爻皆不当位，而上下刚柔相应，属离宫三世卦应亦在上。

月卦非月建，由世卦生，亦由十二月辟卦生者也。世分阴阳，阳世起子月，阴世起午月，以数不以气。虽以辟卦为纲，而不去坎离震兑，仍以六十四卦配八宫之属也。

---

① 此以上下二象分天地，故不曾人。人秉天地之气以生，一身之阴阳之气亦有感必应。言其精则水火升降，言其粗则脉络之交布，穴气之分行。与夫一身外相所表见者，无不各按其位，而上下相应。如人身上部口面耳目间有痣者，下部相应之位亦必有之，毫厘不爽。此上下相应之最显而易见者也。一卦六爻亦如一身上下相通，如有否隔，即为疵病。天地人物，因无二理也。
② 《易》本无体，气变而为一，故气从下生也。
③ 清浊分于二仪。公武曰：奇偶相与，据一以起二，而为主之相者，谓之应是也。
④ 阴阳气交，人生于中。天地气通，故三阳成泰，而泰为通。
⑤ 原阙，点校者补。——点校者注
⑥ 二壮于地，五壮于天，故如盛也。
⑦ 上则数极，极则反也。

☰ 乾为本宫，上爻六世，阳爻阳世，从初爻子月起数至上爻为巳，故乾为四月卦。

䷶ 丰为坎宫五世卦。五阴爻阴世，从初爻午月起至五爻为戌，丰为九月卦。余类推。

八宫飞伏

世之所位，而阴阳之肆者谓之飞，阴阳肇乎所配①，而终不脱乎本②。

以显应佐神明者谓之伏。故有卦之飞伏，有爻之飞伏。《文言》曰："同声相应，同气相求。"飞之与伏，声气相通，或显或隐，各以类求。《中庸》曰："莫现乎隐，莫显乎微。"此精义入神之论也。后儒以经学自夸，谓孔子未尝言此，指为术数小道，不知"十翼"之言飞伏者多矣。奈学者瞠目视之，皆未见耳。《杂卦传》"兑见而巽伏也"，是明言飞伏之一例。《说卦》"坎为隐伏"，而《离·象》"飞鸟"，亦飞伏之见端。而六十四卦《彖》《象》言之者，更不胜枚举也。

☰乾飞　☷坤伏　☶艮飞　☱兑伏
☲离飞　☵坎伏　☳震飞　☴巽伏

---

① 乾与坤，震与巽，坎与离，艮与兑。
② 以飞某宫之卦，乃伏某宫之位。

月建　积算

　　《京氏易传》以爻直月，从世起建，布于六位。① 乾起甲子，坤起甲午。一卦凡六月，计一百八十日。积算以爻直日，即从月建所止之日起，如姤卦月建起庚午至乙亥②，积算即从乙亥起。上九为一日，周而复始，一卦凡百有八十日。今占家用《火珠林》术，大半出于京氏。惟月建积算，罕有传其法者。后人或以月为直符，日为传符，指六爻所见之支当之，非其义也。此为京氏占法，详晁氏《别录》，说繁不赘录。

　　八纯卦外，一至六世，皆以本宫纳甲为伏，而变宫游归以爻论。详下章。

---

① 惟乾坎二卦从初爻起。
② 姤初爻庚午，上爻乙亥。

八卦五行之用

《说卦》"帝出乎震",及"神也者"两节,皆言后天八卦之用者也。术家言后天八卦皆居旺地,语虽俚而所见甚精。盖帝出乎震之帝,非专属震卦。帝者主也,主权所在,即王也。术家曰旺,即王之用。《太平御览·五行休旺论》曰:"立春艮旺[①],震相,巽胎,离没,坤死,兑囚,乾废,坎休。立夏巽旺[②],离相,坤胎,兑没,乾死,坎囚,艮废,震休。立秋坤旺[③],兑相,乾胎,坎没,艮死,震囚,坎废,离休。立冬乾旺[④],坎相,艮胎,震没,离囚,坤废,兑休[⑤]。"王充《论衡》亦同。盖立冬之候也,得地为旺,旺之冲死,旺所生相,相之冲囚,胎之对废,没之对休。《淮南·坠形训》曰:"五行:木壮,水老,火生,金囚,土死。火壮,木老,土生,水囚,金死。土壮,火老,金生,木囚,水死。金壮,土老,水生,火囚,木死。水壮,金老,木生,土囚,火死。"

春令	木王	火相	土休	金囚
夏令	火王	土相	金休	水囚
秋令	金王	水相	木休	火囚
冬令	水王	木相	火休	土囚
土王四季	金相			

[①] 艮居丑寅之交,立春之候也。
[②] 巽居辰巳之交,立夏之候也。
[③] 坤居未申之交,立秋之候也。
[④] 乾居戌亥之交,立冬之候也。
[⑤] 《唐典》:王、相、胎、没、休、废为八卦之气。

十二卦地支藏用

地支藏用，分晰阴阳，最为精密。周天三百六十有五度四分度之一，历三百六十五日四分日之一而气周，即六十卦三百六十爻之爻周。坎离震兑，分主二至二分，共三百八十四爻。阴阳错综，消息盈虚，无不合矣。藏天干于地支者，即乾体坤用。乾之用九，用于坤六，学者以术家言而忽之。是犹悦琢玉之精美，而贱斧凿为匠器。"十翼"造化之笔，因无斧凿之痕。然不知斧凿之用者，又安识良工之心苦哉！

☷ 子
壬五日三分半，癸二十日六分半，辛长生。

☷ 丑
癸九日二分半，辛三日一分，己十八日六分。

☷ 寅
戊七日二分半，丙七日二分半，甲十六日五分。

☷ 卯
甲十日三分半，乙二十日六分半，癸长生。

☷ 辰
乙九日三分，癸二日一分半，戊十八日六分。

☷ 巳
庚七日二分半，戊七日二分半，丙十六日五分。

☷ 午
午丙十日三分半，己九日三分，丁十三日三分半。

☷未

丁九十三分,乙三日一分半,己十分日六分。

☷申

戊己共七日,壬七日三分半,庚十六日五分。

☷酉

庚十日三分半,辛二十日六分半,丁长生。

☷戌

辛九日三分,丁三日一分,戊十八日六分。

☷亥

戊七日二分半,甲七日二分半,未十六日五分。

易楔卷五

明爻第十

积爻而成卦，故爻为卦之体。爻动而卦变，故爻又为卦之用。卦之体用，具在于爻。《说卦传》曰："昔者圣人之作《易》也，将以顺性命之理。是以立天之道曰阴与阳，立地之道曰柔与刚，立人之道曰仁与义。兼三才而两之，故《易》六画而成卦。分阴分阳，迭用柔刚，故《易》六位而成章。"《系传》曰："《易》之为书也，广大悉备。有天道焉，有人道焉，有地道焉。兼三才而两之，故六。六者非它也，三才之道也。道有变动故曰爻，爻有等故曰物，物相杂故曰文。文不当故吉凶生焉。"又曰："《易》之为书也不可远，为道也屡迁。变动不居，周流六虚。上下无常，刚柔相易。不可为典要，唯变所适。"又曰："爻也者效此者也，象也者像此者也。爻象动乎内，吉凶见乎外，功业见乎变，圣人之情见乎辞。"孔子之所以言爻者，详且备矣。后世言《易》者，既昧于象数，而六虚六位之义，亦泛焉而莫知所指。每卦仅就所见之上下六爻，为承应当否，卦之情其何由见哉！

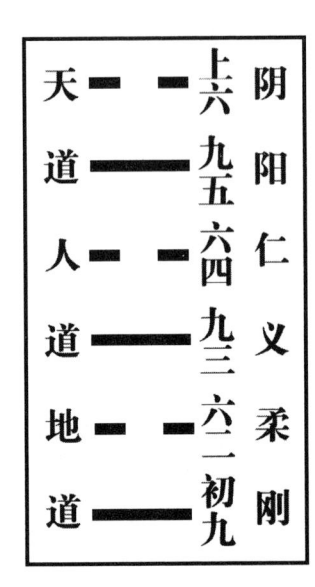

阴阳仁义柔刚		末元亨利贞
天道 ▬▬ 上六		上九 ▬▬ 末
▬▬ 九五		六五 ▬ ▬
人道 ▬ ▬ 六四		九四 ▬▬
▬▬ 九三		六三 ▬ ▬
地道 ▬ ▬ 六二		九二 ▬▬
▬▬ 初九		初六 ▬ ▬ 本

卦气由下生，故以下为初。重三画之卦为六画，仍分三才。阳奇阴偶，阳刚阴柔。以配天地，中爻为人，曰仁曰义。上下进退，为内外两象之中枢。孔子赞《易》，《彖传》以内外两象之阴阳刚柔，释一卦之义。《象传》则专取中爻，联合上下象数，以人合天。六十四卦《象传》，皆曰"君子以"或"先王以"者，即以人事明天地之道者也。天地之道往复不穷，而人事之千变万化，皆在三四两爻之反复。孔子曰"其初难知，其上易知，本末也"，《大过·象》曰"本末弱也"。明六爻之本末，而后一卦之体用可知。而元亨利贞，亦可以阴阳之升降上下而明其序也。

天地人六爻三极
（卦象图）

乾刚坤柔，乾向南离日昼，坤向北坎月
地，刚柔者昼夜之象也
天地变化，乾坤天地进上，乾天退下，变化者进退之象也

端木氏曰：《易》太极含三为一，乾坤上下中，上天极，立在下地极，而中人极。离坎天地中，日月二人象，天地中人道，离坎交中，天地间生人。

天地颠，乾下首，生人出。乾是坎，北极艮背。坤是离，南极巽高。而中极人道，震兑出入，天地大义人之终始。此六爻三极之道也。

爻位第十一

六位　六虚

六位

分阴分阳，迭用柔刚，故《易》六位而成章。六位者，初爻二爻为地位，三爻四爻为人位，五爻上爻为天位。以乾卦例之，初九在地之下，故曰"潜"。九二地之上，故曰"田"。三爻为人之正位，故曰"君子"。四爻不当位，故曰"或"。五爻天位，故曰"在天"。上九在天之上，故曰"亢也"。

位有一定，而爻则变动无常。学者必先知有定之位，定其为阴

```
上阴爻阴位 ▬▬　▬▬  天
五阳爻阳位 ▬▬▬▬▬  天
四阴爻阴位 ▬▬　▬▬  人
三阳爻阳位 ▬▬▬▬▬  人
二阴爻阴位 ▬▬　▬▬  地
初阳爻阳位 ▬▬▬▬▬  地
```

爻位图

为阳，为上为下，而后爻之奇偶当否，可得而言也①。

分阴分阳，迭用柔刚。惟既济一卦，为阴阳柔刚各当其位，故曰"既济定也"。定则不动，不动则不生，而《易》道或几乎息矣。故荀虞均以乾坤成两既济为凶。《序卦》曰："《易》不可穷也，故受之以未济终也。"此以阴阳之位言之也。若以用言，则一卦六爻，惟中四爻得用。初未用事，而上则失位。故《乾·上》曰"高而无位"，《需·上》曰"位不当也"。王弼曰"上下无位"者，指此也。

六虚

《系传》曰："上下无常，周流六虚。"六虚者，即初二三四五上之位也。爻实位虚，爻有上下，而位无变动。爻有柔刚，位有阴阳②，刚柔杂居③，吉凶以著。《参同契》曰："二用无爻位，周流行六虚。"二用者即九与六也。乾九坤六，上下升降，周流六虚，以成六十四卦。故观象者不可仅观所见之六爻。六爻之下，尚有六虚，皆与此所见之六爻相关。爻为飞，位为伏，实易辨而虚难知。必由实而究其虚，庶遇爻而知其用，于《易》之道思过半矣。

八卦正位

爻位六而卦有八，八卦于六爻，各有其当位之爻，曰正位。家人曰"男正位乎外，女正位乎内"，言九五与六二，则但以阴阳言也。阴阳以二五爻为得中得正，乾坤为卦之宗主，亦阴阳之纯体。故乾以九五为正位，坤以六二为正位，坎离为乾坤之交。④ 故坎离之正位，与乾坤同。震以初九为正位，艮以九三为正位，巽以六四为正位，兑以上六为正位。卦各有其正位，故六爻具六子之位。为图如下：

---

① 偶居阴，奇居阳，为当，反之为不当。
② 一三五为阳，二四六为阴。
③ 刚居阳，柔居阴，为当。或以刚居阴，柔居阳，则相杂而文生焉。
④ 坎中之阳即乾爻，离中之阴即坤爻。

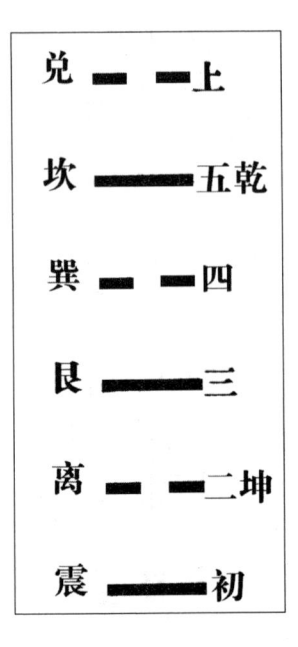

八卦正位图

端木氏曰：天地六爻，坎离既济定位，五多功二多誉，位当也。离坎未济居方，三多凶四多惧，不当位也。有当位而不正者，而正位未有不当者也。而《彖》《象》之言正则以二五，故八卦惟乾坤坎离之为得中得正也。

六爻三极定位，天地定位。六爻上山泽，下雷风，中水火。六爻三极①，下二初地爻地极，雷风恒，天地下极立心恒，坤地极立不易方，二初震巽爻是也，五上天爻天极，山泽损天上极员②，乾天恒无方，中日月斗，三人行，乾极与时偕行，五上艮兑爻是也。四三人爻人极，水火既济，天地中间人，于天地上下初终，首尾续终，中为人极。兼三才而两之，定上下中极，四三坎离爻是也。六爻三极，天地南北居方，六爻辨物辨等。乾坤六十四卦终下坎北极，故曰"初难知"，曰"亦不知极也"。此《易》居方上下六爻三极之道也。

---

① 《系传》曰：六爻之动，三极之道也。
② 损从员。

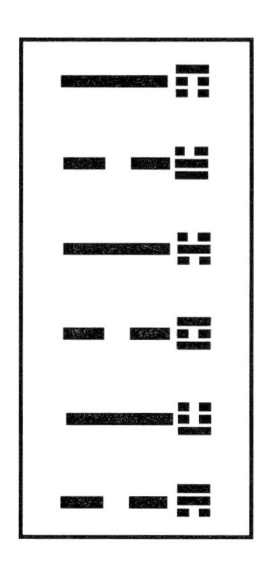

六爻定位图

右图与前图合观，则知爻位之隐见变化，不但卦有飞伏交互，而爻之飞伏交互，亦与卦等也。向之说《易》家，能究心于爻位之义者甚鲜，而于爻位之分，更未有言之者。来知德氏，虽有八卦之正位一图，而注中仍不能用，则以未明爻位之体用有别也。今合二图而一之，并附以说，庶阅者可了然矣。

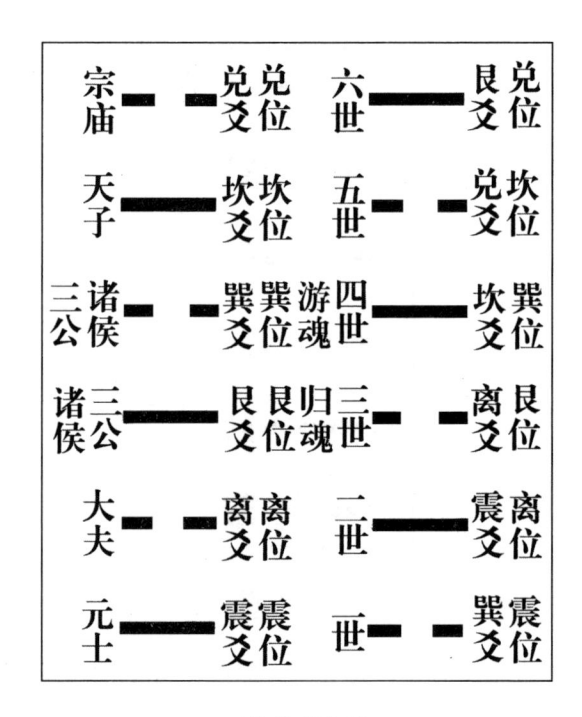

宗庙	▬ ▬	兑爻	兑位	六世	▬▬▬	艮爻 兑位
天子	▬▬▬	坎爻	坎位	五世	▬ ▬	兑爻 坎位
三公诸侯	▬ ▬	巽爻	巽位 游魂	四世	▬▬▬	坎爻 巽位
诸侯三公	▬▬▬	艮爻	艮位 归魂	三世	▬ ▬	离爻 艮位
大夫	▬ ▬	离爻	离位	二世	▬▬▬	震爻 离位
元士	▬▬▬	震爻	震位	一世	▬ ▬	巽爻 震位

爻位体用合图

　　六十四卦三百八十四爻，皆乾坤二用，周流六虚，至既济而全卦之爻位相当。故曰"既济定也"。

　　爻位既明，二用斯章。然乾元用九，纲领全《易》。地道无成，坤之用皆乾之用也。乾无方无体，乾之用皆见于坤之用也。孔子《文言传》郢发乾九用坤、坤六承乾之旨，已极详备。大明终始，六位时成，乃非既济而为未济，其故可深长思矣。

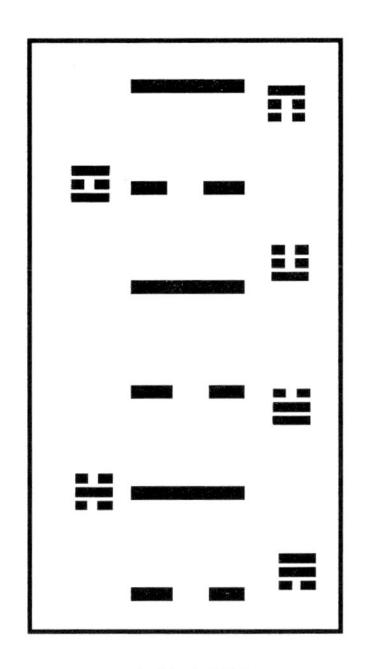

六位时成图

　　乾六位，火本天亲上。离五位，水本地亲下。坎二位，而上下刚柔应位。山泽，艮上位兑三位。雷风，震四位巽初位。而上下六位，巽伏，震起，兑见，艮止，皆中离坎日月象。故曰"大明终始六位时成①"。《上经》始乾坤终坎离，其往来卦十八。《下经》始咸恒终既未济，其往来卦十八。十八为二九数，乃离坎二卦日月终始。离一九，寅数止戌。坎一九，申数正辰。此离坎二九，皆乾用九圆，日月为大明象。乾二九十八卦，《上经》始乾坤，终坎离，大明终始六位是也。离坎二卦，南北终始，皆出入于震兑二卦，东西往来。震一九亥数止未，兑一九巳数止丑。此震一九离出震，兑一九坎出兑，皆乾用九圆。而上、下《经》各往来卦十八，始乾终既未济，乾六位成而坤天下平。此离坎上下六位，南北居方卦大明日月也。上下卦十八终始三十六，是为乾四九出入，南北上下为之极。其卦三十六，皆离坎首尾终之始之。而乾坤上下六十四卦六位，皆此离坎六位终始之。是乾用九乾圆象，而六十四卦以成终成始，乾大明终始，六位时成是也。

---

① 下巽伏，上兑见，即坎象。下震起，上艮止，即离象。

六爻三极，尤重在人。天地之气，以人而通。阴阳之道，以人而和。孔子赞《易》"立人之道"，以合乎天地之正。《京氏易传》：孔子曰"阳三阴四，位之正也"，三者东方之数，日之所出也。四者西方之数，日之所入也。言日月终天之道。故《易》卦六十四，分上下象阴阳也。故奇偶之数取之于乾坤。乾坤者，阴阳之根本也。阴阳之道备著于坎离。坎离者，阴阳之性命也，而其枢要皆在于三四两爻。于此求之，六十四卦之辞义可迎刃而解矣。图附后。

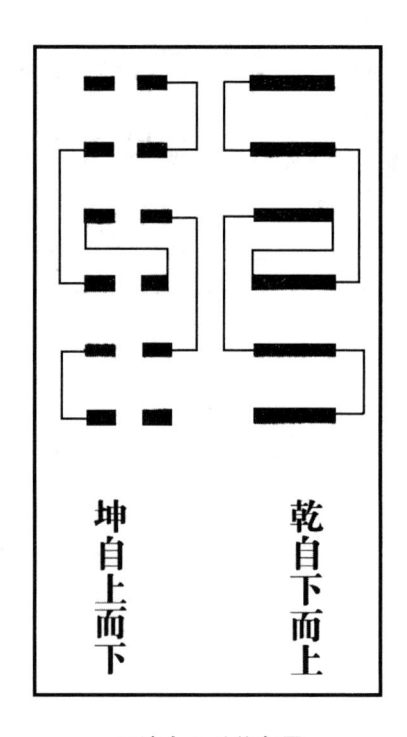

天地人六爻往复图

　　天地人六爻往复，天地上下，在人中爻三四回转。而上下天地爻，乃往复不穷。此乾坤六爻上下应位，二三四五同功异位，皆具此六爻往复中，皆在中人爻回转。人于天地上下，不见首尾，乃中间背脊，其道反复不已。天地往复，其道不穷。孔子六十四卦大象，著六十四"以"字。"以"，古文作㠯，即绾合上下两卦往复回转之象也。

爻象第十二

爻分于卦，卦之象即爻之象。卦由爻变，爻之象亦卦之变象也。《说卦》广象，半为卦变言之。名隶于卦，而重实在爻。六十四卦，《彖》《象》要皆以象之交易变易反易而互变其义，以定其辞。变之所在，即象之所在。所谓"辞也者，各指其所之"是也。变不同，象亦不同。或一爻变，或二爻变，或三爻变。三爻变者，则为对象。以一卦全变，本体之象已不见，所谓伏也。若二爻或一爻变，则变其半而存其半，京氏所以有半象之说也。向来讲《易》者莫明京氏半象之义，往往置之不论。焦理堂氏《易通释》宗虞仲翔氏之说者也，乃驳其半象，不遗余力。谓"坎之半即巽之半，坤之半即艮之半"云云，而不知京说之正谓"坎半即巽半，坤半即艮半"耳。孔子《杂卦》，"震起艮止，巽伏兑见"，即发明离坎变化，乃震艮巽兑起止伏见之作用。《虞注》："小畜密云不雨，谓坎象半见。"即指巽为坎之半耳。惟半象二字，在可解不可解之间。与其谓之半象，不如名之曰爻象为简当而易晓也。一卦六爻，本有风雷山泽水火之爻位。与八卦之正位，有其位即有其象。故仅知卦象，而不明爻象，仍未能尽象义之蕴也。

爻象有正变之分，亦与卦同。如本卦不变，而分爻取象者，则以其位之上下而象异。如震为足，正象也，爻分震之初则为趾。乾为首，正象也，爻分乾之上则为颠，为额，或为项。而六子分乾坤之爻者，亦得推此义以取象。如艮为乾之上爻，亦有首之象。离得坤之中爻，亦取腹象。此不变之变，即广象之义也。

其因本卦已变，而爻即随其变而易其象，则必以其时其位之不同，而各异其义，即各异其象。如离为目，正象也，因变巽而为多白眼。艮为山，正象也，因反为震，而变为陵。巽为鸡，正象也，因反为兑，而称鹤。其余变化，各以类求，未可指数也。

一卦六爻，初爻为足为趾；二爻为胫，为股；三四为心，为腹；上五为首，为面。比例甚多，更论爻而不论卦，可谓专以爻位取象，为爻象之本义矣。

爻数第十三

六位成章，阴阳迭运。位虚爻实，奇偶相生。积爻成卦，数亦相因。复一坎子，震未出用，故曰"复小"。临二丑寅，坤兑数十，故曰"临大"。阴爻无始，阳爻无终。阴阳首尾，往复不穷。故数尽十位，而爻十二。天五地六，以定甲子。八宫六世，三四相重。飞伏隐见，变化无尽，而无不可以数稽之。故爻位与象义既明，必征之于数，而后是非可辨也。

数	地	天	爻	六
十	— —	六	——	
八	— —	五	——	九
六	— —	四	——	七
四	— —	三	——	五
二	— —	二	——	三
		一	——	一

右为阴爻之数　中为爻位之数　左为阳爻之数

阴阳六爻，皆指乾坤。乾父坤母，六子卦皆分乾坤之爻，各得乾坤之一体。象数变化，皆不离其宗。郑氏爻辰，即以乾坤两卦，分十二辰。钟度声律，亦各以此数交错，相生相合，而各得其应得之数。《节·象传》曰："节以制度。君子以制度数，议德行。"若由后儒之说，德行与度数何涉？宋人性理诸书，汗牛充栋，所谓表里精粗无不到者，独无度数以节之。阴阳五行，皆凿空之谈。而所谓异端者，若老子若墨子若庄列诸子，及释家大乘经典，其言之精者，各有数度，各有法象之可征。皆所谓法言，非任意空谈可拟也。故明乎八卦之象数，明乎《彖》《象》十翼无一辞一字之不合象数，而后三代两汉文章之度数可辨。后世之书是否合于度数者，亦皆可辨矣①。

乾简坤易，象数著明。象由微而知著，数执简以御繁。太极由是生两仪，生四象，生八卦，以生六十四卦。而六十四卦仍以一"是②"返本还原。故欲求其"是"，当求诸始。乾坤《易》之始，六爻乾坤之始，一画开天又六爻之始。故言卦数者，必自爻数始。

---

① 扬子云知《易》象数理之精，恐后人不解，乃苦心焦思作《太玄》，以明数。作《法言》，以仿《论语》。非拟经侮圣也，其意欲人之由浅入深，因《太玄》而进于《易》，因《法言》而悟《论语》之法度，用心良苦。乃后人并《太玄》不能解，何有于《易》？读《论语注疏》，更蔑视《法言》。又以朱子纲目"莽大夫"三字作扬雄定评，后世遂存以人废言之成见。《太玄》《法言》乃真成覆酱瓶之物。《太玄》《法言》不足惜，《易经》《论语》法象数度之不明，贻人心世道之忧，良足痛焉！

② 《未济·上六·象》曰"有孚失是"，为全经最后一字。

爻变第十四

先儒言卦变者多矣。虞氏以后，众说纷纭，莫衷一是。虞《易》既无完书，其注及《周易集林》，仅于《李氏集解》中得一鳞片甲，语焉不详。汉上朱氏，据此以定虞氏卦变图，当时已多异议。李氏挺之，有六十四相生及反对两图。朱子《本义》，复有变更。阴阳重出，其为卦乃至一百二十有四。虽称根据《彖传》，而其举例之十九卦，有自一卦来，两卦三卦来者，参差不一，亦不能自圆其说。后之为图者更多，如朱枫林等，更自郐以下无足言矣。虞李二氏之图，皆根本乾坤，其立论自不可磨。后儒如来氏知德，胡氏沧晓，钱氏辛楣，焦氏理堂，各有变通修正，均不能越其范围。然皆爻变，而不尽为卦变也。夫卦者，必一卦尽变，如坤之变乾，巽之变震，斯谓之卦变可矣。若乾变姤夬同人大有小畜履，坤变剥复师比谦豫，则只一爻变。上下之乾坤，固未变焉。且占变知来，因贰以济民行，事物万变，乌能以六十四卦之变，应之而不穷乎？故朱子占法，据《左》《国》所载故事为例，而又自定前十卦后十卦之别，以补其未备。无论其所谓前后十卦者，即其卦变图百二十四卦之次序，决非古人所有。即能相合，而上下二编彖辞象辞并计，亦只四百四十八变，再加合两卦象辞，亦仅五百十二，乌能悉应所占之事，而定其吉凶？其无当可断言也。《周官》太卜所掌三《易》，自别有占法。而文周上下二编之《彖》《象》，特其纲领。孔子"十翼"，但示人以观象玩辞，为进德明道之本，未尝为人言占卜之方也。"大衍"一章，明象数之根本。揲蓍求卦，以尽变通之义。引伸触类，以尽天下之能事。亦非专为卜筮而言也。自"挂一""再扐"之义不明，自唐以后，异说纷起。如刘梦得、张辕、庄绰、程伊川、朱元晦、张理、郭兼山诸家，议论不一。要皆书生之见，无当于事，无与于《易》。故历代精于占筮者，皆屏不用，徒留为经生家聚讼之资而已。[①]故兹编于卦变之说，概弃不录。卦变皆由爻变，言爻变即所以言卦变

---

① 沈氏需时眇言，据天地之数由大衍求一之术，证以微积分，合而定揲四之义，与《易》象数皆能确合。俟参考仪象诸书，更试验得实，当别为一书详之。

也。卦变可图，爻变则非图所能尽也。略图示意，阅者以意会之可耳。

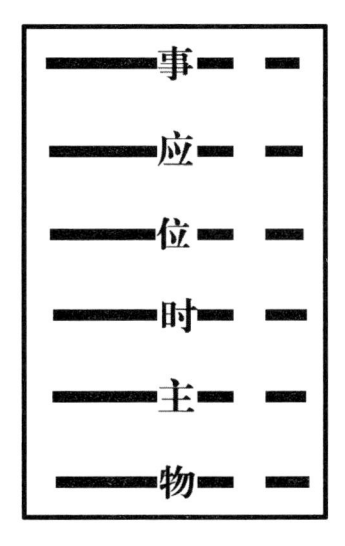

```
▬▬▬  事  ▬ ▬
▬▬▬  应  ▬ ▬
▬▬▬  位  ▬ ▬
▬▬▬  时  ▬ ▬
▬▬▬  主  ▬ ▬
▬▬▬  物  ▬ ▬
```

爻变略例

爻分阴阳奇偶二者而已。卦有六爻，乾坤十有二爻而已。一爻变至二三四五六爻俱变，一卦之变，六十有四，四千零九十六而已。四千九十六，亦乌足尽万事万物之变哉！故爻之变，有时有位，有主有应，有物有事，而数与象，犹不预焉。如同一卦也，卦不变，爻亦不变。而时与位六者有一变，则利害情伪，已迥乎不同，此不变之变一也。更有爻不变而象数已变者，如七与九，皆阳也。六与八，皆阴也。七八易九六，爻之阴阳如故，而数与象，均各不同。此不变之变二也。故《易》曰：动则变，变则通。动之机甚多，不必爻之动而卦始变也。朱子曰："坤初之变为复，非顿然而变也。自小雪起，一日变一分，至冬至而始成复之一爻。"知言哉！惟其变由微而显，由显而著，至见于象，而阴阳始判，吉凶始见耳。仅知卦爻之变，而不知不变之变，不足以言卦，不足以言爻，并不足以言变也。上图略举其例，非事物之必初上，主应之必二五。六爻皆具此六者，而六者又各有变化之不同。如今昔时也，盛衰亦时也，月建日符亦时也。位则有方位，有地位，有贵贱之位。千态万状，何可数限？但概之以动，察之以几，知几其神，而《易》始可言矣。

爻辰第十五

先天八卦，以阴阳升降，应日月之晦朔弦望，于是乎有纳甲。因而重之，为六十四卦。卦有六爻，卦纳干而爻纳支，于是乎有爻辰。辰者天度十二宫之次舍。而地支之十二，与天度相应者也。汉人言爻辰者，有郑氏，有京氏，其说不同。郑氏以乾阳坤阴，十二爻顺逆交错，以应十二月。而又以六十四卦之爻，合乾坤，分二十八宿之度数、星象合卦爻之象，以释经。其书久佚，仅自《李氏集解》，及各经注疏采集其说，但存其梗概而已。有清戴氏棠，据《甘石星经》《开元占经》等书，按六十四卦之《彖》《象》《系辞》，有以星象名义，或形似相类，援郑例而补之，名《爻辰补》。然于经义象数，均未有当，无足采焉。京氏纳辰为古今术家所遵用，证之于《彖》《象》十翼，多能相合。有与经义相发明，为经学家所不能道者。始知黄帝五甲六子三元九宫，实探阴阴造化之秘，明天人之际。以济世利民者，固不仅卜筮之用也。康成生于汉季，施、孟、梁丘之《易》，已多失传。独费氏，因其说简约而独存。康成亦有所不足，故采取残缺之纬书，兼及五行律历星象，以释卦爻，固费《易》之所无，或亦三家之遗义也。惜其书又亡。致三代之《易》，不能尽见于今。犹幸京《易》虽亡，而八宫世应纳音纳甲之数，犹得贯通，得与《周易》相参证。乃学者又畏其繁琐，目为芜秽，必尽弃之，以自诩扩清之功，《易》道又何自明哉！

京氏六爻纳辰图

卦纳甲而爻纳辰，京氏以阳顺阴逆，交错为用。以乾坤为纲，六子分乾坤之爻，以次相推。仍以本宫为体，而六爻所纳之支，视其与本宫生克，以为亲疏远近利害之分。图如下：

木宫震	土宫艮	水宫坎	金宫乾
土　庚	水寅丙	水子戊	土　壬
金申庚	水子丙	土　戊	金申壬
火午庚	土　丙	金申戊	火午壬
土辰庚	金申丙	火午戊	土辰甲
木寅庚	火午丙	土辰戊	木寅甲
水子庚	土辰丙	木寅戊	水子甲

木宫巽	火宫离	金宫兑	土宫坤
木卯辛	火巳己	土未丁	金酉癸
火巳辛	土未己	金酉丁	水亥癸
土未辛	金酉己	水亥丁	土丑癸
金酉辛	水亥己	土丑丁	木卯乙
水亥辛	土丑己	木卯丁	火巳乙
土丑辛	木卯己	火巳丁	土未乙

阳卦纳阳，于阳支皆顺行。阴卦纳阴，于阴支皆逆行。乾内纳甲，外纳壬，支起子，子寅辰午申戌顺行。坤内纳乙，外纳癸，支起未，未巳卯丑亥酉逆行。阴阳交错，以相合为用者也。故乾生震，震为长子。长子代父纳庚，而六爻之支，与乾全同。子寅辰午申戌皆顺行也。坎中男，得乾中爻，乾内中寅，坎纳戊，故初爻自寅起，为戊寅、戊辰、戊午、戊申、戊戌、戊子也。艮少男，得乾之上爻。乾内三辰，艮纳丙，故初爻自辰起为丙辰、丙午、丙戌、丙子、丙寅也。坤生长女为巽，长女代母，而纳不起于丑，而起于未，与震袭乾不同者，此男女之别，阴阳之分。女以出为归，故自内出外。由四爻起未，五巳上卯，而反

至初为丑二为亥三为酉也。离为中女,得坤中爻,故于外中五爻起未。兑为少女,得坤上爻,故于外上起未,皆未巳卯丑亥酉,与巽同例也。季彭山不知阴阳之别,妄改坤起乙丑。又有不分阴阳,不知本末,妄改乾为甲子、甲戌、甲午、甲寅、甲辰者,皆绝无意义。学者不可好奇喜新,为所误也。

六十四卦,八纯卦外,一世至六世,皆取本宫纳甲。见者为飞,不见者为伏。游魂归魂十六卦,不取本宫为伏。分举爻位如下:

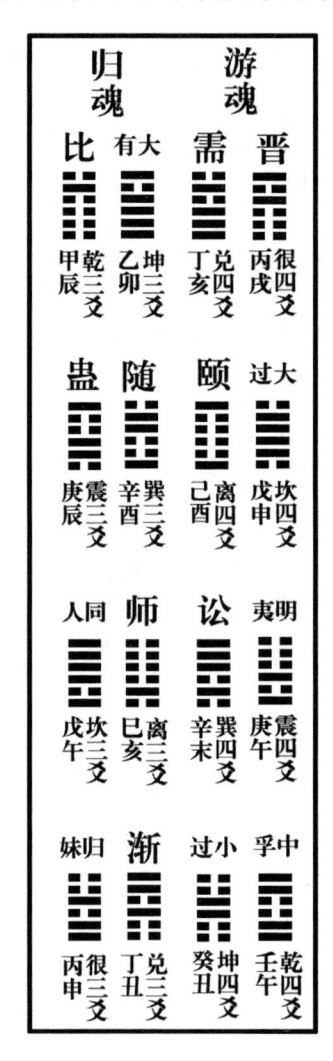

归魂		游魂	
比	大有	需	晋
甲辰 乾三爻	乙卯 坤三爻	丁亥 兑四爻	丙戌 艮四爻
蛊	随	颐	大过
庚辰 震三爻	辛酉 巽三爻	己酉 离四爻	戊申 坎四爻
同人	师	讼	明夷
戊午 坎三爻	巳亥 离三爻	辛未 巽四爻	庚午 震四爻
归妹	渐	小过	中孚
丙申 艮三爻	丁丑 兑三爻	癸丑 坤四爻	壬午 乾四爻

晋以艮为伏,而取艮四爻者,以游魂仍为四爻变。而晋上之离,由剥上之艮变来者也。故不以本宫不以对宫而取艮。大有下卦之离,由晋下卦之坤变来者也。归魂为三爻,故取坤三。余卦仿此。

郑氏爻辰图

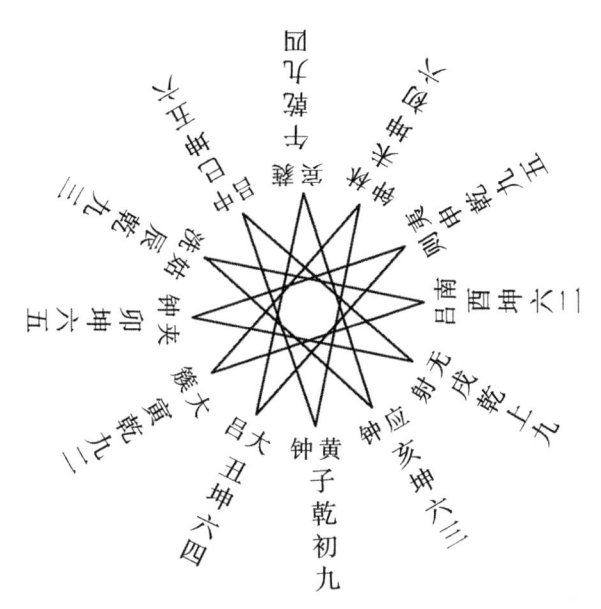

郑氏爻辰，亦以阴阳六爻，相间用事。乾辰子寅辰午申戌，其次与京氏同，而坤则为未酉亥丑卯巳与京氏异。盖阴阳虽间一位，而皆顺行。盖以十二律相生为据也。他卦分乾坤之爻，亦分乾坤之辰，不论纳甲。

爻征第十六

征者,用之见乎外者也。寿阳阎氏《爻征广义》,详于郑氏爻辰,殊于实用无征焉。六爻制用,肆应不穷,皆以五行阳干阴支为纲领,以生克刑害少壮盛休废类别去取,以征吉凶。以其与卦爻象数,相为统系,足以推六十四卦变化往来之迹。且有与经传互相发明者,亦初学所不可不知者也。爰取《京氏易》与《易纬》诸书之著录者,分隶六爻,征爻用,亦以存古义也。至推演条理,今密于古,术家所习用,更毋庸备述焉。

六亲①

京氏曰:"八卦鬼为系爻,财为制爻,天地为义爻,福德为宝爻,同气为专爻。"此五者,今术家谓之六亲,盖与本身为六也。相传甚古,义简而赅,言占者所不能废。朱子《周易本义》,以周孔之《易》为教人卜筮之用,而焦京之言卜筮者,反悉废之,仅以六爻之动静为占,宜其无征验之可言也。兹以京说为主,而以近世皆用者附之。非敢谓援古证今,亦发其凡而已。

专爻一　　同气为专爻
陆绩曰:同气兄弟也,如金与金,木遇木之类。
今称兄弟
宝爻二　　福德为宝爻
福德子孙也。我所生者也。如金与水,水与木是也。
今称子孙
义爻三　　天地为义爻
天地父母也,生我者也。如木为水生,水为金生。
今称父母
制爻四　　财为制爻
财者我所制也。如木克土,土为木之财是也。
今称妻财
系爻五　　鬼为系爻
系者束缚之意,制我者也。如火克金,火即金之鬼也
今称官鬼

五者与本身为六。今称六亲者,义亦近古。亲者族也。类族辨物,举一起例,凡言兄弟,则比肩者可类;言子孙,则后我者可类;言父母,则庇我者皆其类;言妻财,则奉我者皆其类;言官鬼,则制我害我者皆其类。远近不同,则亲疏自异。而为利为害,爰有重轻之别。是在察其爻之所在,而鉴别之,非可概论也。

---

① 亲者,族也。《易》曰"类族辨物",先辨诸爻。

六神①

神也者,妙万物而为言。过化存神,有非可以迹象求之者。六亲征其实,六神征诸虚。周流六虚,无乎不在。渺焉漠焉,将何从征?曰阴阳之气,布为五行,其几甚微。《传》曰:"本于阴阳而立卦,阴阳变化,而神寓也。"此六爻之神所由名,要非泥其名以为实者也。

震东方木	木之神青龙	甲乙日起青龙
离南言火	火之神朱雀	丙丁日起朱雀
兑西方金	金之神白虎	庚辛日起白虎
坎北方水	水之神玄武	壬癸日起玄武
坤艮中央土	土之神勾陈螣蛇	戊己日起勾陈螣蛇

《传》曰:"前朱雀而后玄武,左青龙而右白虎。"古者五行各有专官,官世其守,功德在民,民不能忘。即假人名以神号,举其名知其用,所以便事也。吉凶神煞之名,皆此类也。必求其人以实之,愚也。必妄其名而斥之,亦讵足为智哉!六壬、太乙、遁甲之言神,举可隅反矣。

---

① 神者存也。成性存存,阴阳不测,假定其名,亦犹类族辨物之意也。

六属

六属者以五音分属六爻,即本于纳音。纳音与纳甲相表里。属之于爻,仍随八卦之纳甲以定其数也。举例如下:

子午属庚	震初爻也庚	子午
卯酉属己	离初爻也己	卯酉
寅申属戊	坎初爻也戊	寅申
辰戌属丙	艮初爻也丙	辰戌
巳亥属丁	兑初爻也丁	巳亥

不言乾坤,六子之爻,皆乾坤之爻也。《说卦》"神也者"一章,不言乾坤,非特六子之用,皆乾坤之用。而所谓神者,即乾坤之阴阳不测,周流六虚者也。纳音之说似浅而实深。精微之理,非可以迹象求之。谓之音者,乾坤爻辰左行右行。间辰六位,即六律六吕,相生之所本,故以分属六爻,各纳其辰,而谓之纳音。今术家占筮推演及风角堪舆诸家,均不能废纳音以为言,而莫知其所由来。因备六爻所属,并列《内经》及扬子云、抱朴子诸家之图于后,庶阅者可悉其始末矣。

纳音始于黄帝,今《内经》所载最详。京氏六十律与甲子分配,自是古法。盖以一律纳五音,十二律纳六十音。《内经》五音,始于金,传火传木传水传土。阳律阴吕,隔八相生。葛稚川曰:"一言得之者,宫与土①。三言得之者,徵与火②。五言得之者,羽与水。七言得之者,商与金。九言得之者,角与木。故子午九,丑未八,寅申七,卯酉六,辰戌五,巳亥四也。"扬子云《太玄》以火土木金水为序,与《内经》不同。甲子乙丑金者,言甲乙子午其数九,乙庚丑未其数八,甲乙子丑积数三十四,以五除之余四,故为金。

---

① 所属者即一言而得。
② 如戊去庚三位,故曰三言。下仿此。

余仿此数，列下图：

一言宫属土	庚子庚午 己卯己酉	辛丑辛未 丙辰丙戌	戊寅戊申 丁巳丁亥
三言徵属火	戊子戊午 丁卯丁酉	己丑己未 甲辰甲戌	丙寅丙申 乙巳乙亥
五言羽属水	丙子丙午 乙卯乙酉	丁丑丁未 壬辰壬戌	甲寅甲申 癸巳癸亥
七言商属金	甲子甲午 癸卯癸酉	乙丑乙未 庚辰庚戌	壬寅壬申 辛巳辛亥
九言角属木	壬子壬午 辛卯辛酉	癸丑癸未 戊辰戊戌	庚寅庚申 己巳己亥

葛稚川纳音图

甲子乙丑三十四金	甲申乙酉三十水	甲辰乙巳二十六火
丙寅丁卯二十六火	丙戌丁亥二十二土	丙午丁未三十火
戊辰己巳二十三木	戊子己丑三十一火	戊申己酉二十七土
庚午辛未三十二土	庚寅辛卯二十八木	庚戌辛亥二十四金
壬申癸酉二十四金	壬辰癸巳二十水	壬子癸酉二十八木
甲戌乙亥二十六火	甲午乙未三十四金	甲寅乙卯三十水
丙子丁丑三十水	丙申丁酉二十六火	丙辰丁巳二十二土
戊寅己卯二十七土	戊戌己亥二十三木	戊午己未三十一火
庚辰辛巳二十四金	庚子辛丑三十二土	庚申辛酉二十八木
壬午癸未二十八木	壬寅癸卯二十四金	壬戌癸亥二十水

扬子云积数纳音图

按：甲己子午九，乙庚辛未八，丙辛寅申七，丁壬卯酉六，戊癸辰戌五，己亥四①。黄梨洲先生《象数论》所评议者，颇多未当。其谓甲子乙丑金者，甲九子九，乙八丑八，积三十四，以五除之余四故为金。

---

① 己亥对宫亥空为虚，己与虚对为孤，己亥者孤虚之数也。

其数则是，其术则非也。故于丙寅丁卯，丙七寅七丁六卯六积二十六，以五阴之余一故为火，便不成文矣。金四为一当为水，何以为火？而犹曰余准此将无一能合者矣。盖纳音得数之算法，当以大衍为本。以大衍之数五十去一，除去甲己子午之积数，余则以五除之，得一则属水，水生木，其纳音为木。丙寅丁卯之为火，当以积数二十六，除大衍五十去一，余二十三，以五除之余三，属木，木生火，故纳音为火。甲子乙丑之积三十四，以除大衍去一余五，五属土，土生金。非三十四余五余四之谓也。

纳音纳甲，与天干地支，皆始于黄帝。盖自伏羲画卦，利用宜民，至神农黄帝，文明日进，变化益繁。非单纯八卦之象数所能济用，故益之以阴阳五行。天五地六，迎日推历，布算测地，以尽八卦之用。所谓"穷则变，变则通，通则久"。纳甲取先天，法象乎日月，仰以观于天文也。纳音以先天合后天，取数于阴阳十二消息，以布五行，俯以察于地理也。故京孟之《易》，悉本于此。朱元升《三易备遗》推衍纳音最详，己亥数伏，一六相合，以为即《归藏》之数，非无见也。

运气第十七

运气升降由于气,气之盛衰由于数,数之进退在乎人。圣人作《易》立人极以明人道,言天言地,皆为人言而为人谋。人在天地中,为善为恶,为君子,为小人,皆在人之自为。而气机之感召,阴阳进退,而数即随之而消长。积气成运,积运成象,为殃为祥,皆视所积。积之以渐,非一朝一夕之故。及其至焉,则为泰为否。君子小人之消长,似乎天实为之,命实定之。呜呼!天岂任其责哉!《易》以象设教,善恶吉凶,无不备著于象。而以阴阳五行生合升降,为之节度。法象于天地,而示人以进德修业之天则,各有数度。此君子以人合天之本,而古圣人经纬天地,燮理阴阳之大用,皆备于此焉。后儒不察,空言性命,而莫知其象,莫悉其数。反以圣人示之阴阳气运,为小道,为术数,弃置不言。不知《易》以道阴阳,卦象彖爻无论矣,即孔子之"十翼",亦无一言无一字,不与阴阳度数相密合。观于纳甲纳音,而后知五运六气,皆出于八卦,在在足与《易》象《易》数相发明。欲知《易》之蕴者,不可不深察焉。图附后。

五运图

此主运也。客运则以本年所属五行作初运，轮流而布。

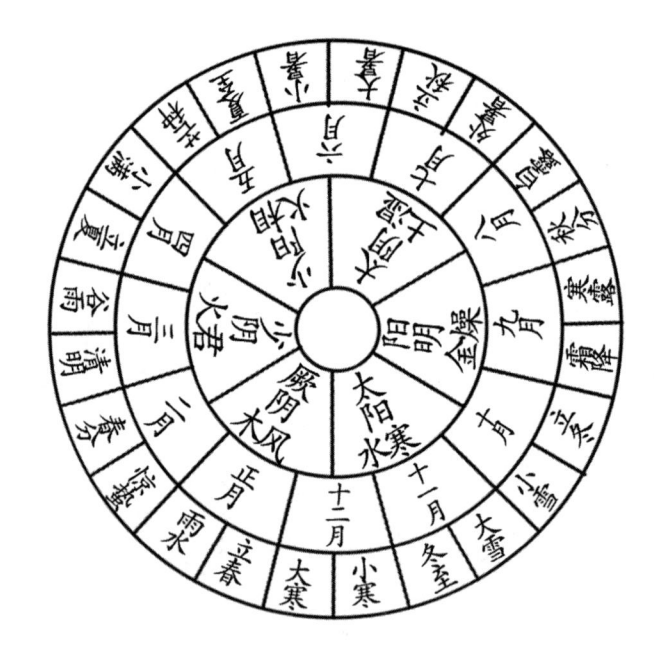

六气图

是为《月令》之气,年年定局不易,谓之主气。至于客气,则从年司天,自正南位起轮布,看主与客相临,其气相得则和,不相得则害。

五运六气,天地阴阳之橐钥,其传最古,今惟《内经》言之最详。圣人作《易》,法象乎天地,近取诸身,远取诸物。而天地万物,皆范围乎运气之中。所谓造化之机,与吾人身心性命,息息相关。民胞物与,岂空言所济！读董子《春秋繁露》、《淮南鸿烈》、扬子《法言》,当知鄙言之非妄也。

易楔卷六

正辞第十八

《系传》曰："开而当名辨物，正言断辞，则备矣。"故断辞必先正言，正言必先辨物，辨物必先当名，名称其实为当。名而当，则举其名而物之大小情伪毕见矣。盈天地之间唯万物，物各有其名，不能悉举也。而《易》以《彖》《象》《爻》三者赅之，以三者举其纲，而八卦六十四卦之名无不当，天地万物胥可以名辨而别之。拟之后言，议之后动，而正言断辞如视之掌矣。

顾不曰名，而概之以辞者，以《易》之所谓名，皆假名也。本无是物，而以象拟之。无是事，而以象言之。圣人设卦观象，大而天地风雷，小而虫鸟沙石，常则家人夫妇，怪则鬼车狐尾，皆假设此物比事，拟诸其形容，象其物宜，以明阴阳造化之妙用，而定人事之吉凶，故曰"系辞"。辞焉者，各指其所之。有名辞也，有动辞也，有状辞及介辞也，未尝不可辨而晰之。第《易》道通变，其辞亦通变。有名辞而兼作动辞者，有动辞或兼状辞之用者，如乾为木果，变巽则为不果。雷风相薄，而《系辞》曰"茅之为物薄"。用一字而面面皆通，立一义皆头头是道。苟泥其辞而不察其象，察其象而不究其理，而系辞之意终不可得。故必欲执一例以求之，则六十四卦皆死物矣。然则《易》之辞果无例可求乎？曰是在学者之神而明之，变而通之，无定之中，亦未始无一定之轨则可循。旨远而辞隐，是在虚其心以求之，潜其心以会之而已。

　　《易》以道阴阳,故《传》曰"一阴一阳之谓道",又曰"立天之道,曰阴与阳",举天道而地道人道一以贯之矣。盖刚柔仁义,亦无非一阴一阳之对待也。而六十四卦,而三百八十四爻,亦无非一阴一阳之对待也。故孔子于乾之初九曰"阳在下也",于坤之初六曰"阴始凝也",即为六十四卦三百八十四爻之举例发凡,以明九之皆为阳,六之皆为阴。而《易》之《彖》《象》十翼,均无非阐明阴变化作用,故先以对待之辞举例如下。

动静

乾"其静也专,其动也直",坤"其静也翕,其动也辟"。动静二字,直阴阳所由判,吉凶所由生,如水火互相为根。昔儒"阳动阴静"之说,与太极动则为阳,静则为阴之说,辞意似均未圆满。阴阳如环无端,动静亦如是也。

刚柔

《杂卦传》"乾刚坤柔",《说卦》曰"立地之道,曰柔与刚",又曰"分阴分阳,迭用柔刚",《系传》"动静有常,刚柔断矣",又曰"刚柔相摩",又曰"刚柔相推,而生变化",又曰"刚柔者昼夜之象也",又曰"刚柔相推,变在其中矣",又曰"刚柔者立本者也",又曰"知柔知刚,万夫之望",又曰"上下无常,刚柔相易"又曰"刚柔杂居,而吉凶可见矣",又曰:"柔之为道不利,远者其要无咎,其用柔中也。其柔其危其刚胜耶?"《周易》用刚,故曰"乾元用九,而天下治"。阳刚而阴柔,亦犹以阳统阴之义也。齐小大者存乎卦,阳大阴小,在八卦,坤小乾大,艮止巽齐,是为大与小不齐也。止而齐之,则大通于小,小进于大。衰多益寡,故泰否"小往大来",与"复小临大",皆无非于万有之不平者,而求其平,此《易》之微旨也。

《否·上九》"先否后喜",蛊之"先甲后甲",巽之"先庚后庚",说者谓阳先阴后,阴宜后而顺承阳。不顺阳而先阳,则迷而失道。阳宜先阴,不先而反后,则失时失道,此一义也。自康节之学行,又有先天后天之说。言汉学者,攻击之不遗余力,然其数理精确,且皆出于天然,不加造作。而按之于经,胥有征验。近儒端木鹤田,作《周易指》,以先后天说《易》,逐爻推寻,如按图索骥,字字吻合,尤为发前人所未发。较虞氏之旁通,更为直捷而少枝节也。

顺逆

《坤·象传》曰"乃顺承天",又曰"后顺得常"。《说卦》曰:"坤顺也。"坤顺承天,则天逆行,顺逆交,错而四时错行。日月代明,而天地之道乃成。阳在阳中阳顺行,而阳在阴中则逆行。阴在阴中阴顺行,而阴在阳中则逆行。大明生于东,月生于西。日行东陆则为秋,日行西陆则为春,阴阳非交互不能成其用也。五行顺行则生,逆行则克。有生无克,不能成物。有逆无顺,不能生物。故逆生顺死,其旨甚微。故曰"《易》逆数也"。

内外

《泰·传》曰："内阳而外阴，内健而外顺，内君子而外小人。"《否·传》曰："内阴而外阳，内柔而外刚，内小人而外君子。"《明夷·传》曰："内文明而外柔顺。"《家人·传》曰："男正位乎外，女正位乎内。"此以卦之上卦为外，下卦为内也。《杂卦传》曰："睽外也，家人内也。"言虞氏学者，以家人与睽分属内外，则以旁通之两卦而言。睽与蹇旁通，睽为外则蹇为内。家人与解旁通，家人为内则解为外。内其故也，外其新也。内其躬也，外其邻也。盖以五已正位者为内，五未正位者为外。无妄，刚自外来而为主于内，亦以无妄之九五自睽来。以明睽为外，既成无妄，则为主于内，以明无妄为内也。无妄五刚，睽五柔，此兼刚柔言内外也。《周易指》："以凡言内者，皆因家人。言外者，皆因睽。"《坤·文言》："直其正也，方其义也。君子敬以直内，义以方外。"亦取象家人与睽，即《易》言内外之凡例也。

往来

《系传》曰："往者屈也，来者信也。一往一来谓之变，往来不穷谓之通。"盖阴阳以往来始成其变化，故日往月来，月往日来，大往小来，小往大来，往来而得其道则吉，失道则凶。卦例：由内而之外为往，由外而之内为来。八卦、六十四卦，皆此一往一来，以经纶运转而不穷。八卦，乾圆往者屈，而坤方来者信。由乾圆往者，东南西北也。由坤方来者，西南东北也。六十四卦，则乾往坤来，屯往蒙来，以迄于既济未济，皆此往来也。此以卦言者也。其以爻言者，如"往得中也"，"往有功也"，"刚来而得中也"，"刚来而文柔也"，要皆指二五而言。详于虞氏之旁通。

上下

　　上者，⊥也。下者，丅也。上天下地，而中为人。故《易》经文言"上下"者，仅小过一卦，曰"小过亨利贞，不宜上宜下。大吉"。《传》曰："不宜上宜下，大吉，上逆而下顺也。"盖《易》者，圣人寡过之书。五十学《易》，可以无大过，而小过或不免也。小过之中二爻，正当六画卦之人爻，所谓"立人之道，曰仁与义"者此也。故乾之三四两爻①，特著无咎。"无咎者，善补过也。"惟明乎此上下，则得乎中，而过可免矣。故《乾·文言》曰："本乎天者亲上，本乎地者亲下。"于九三、九四，皆曰"上不在天，下不在田"，又曰"上下无常"。《杂卦传》曰"离上而坎下也"，《益·象传》曰"损上益下"，《损·象传》曰"损下益上"，皆以损益得宜，以蕲合乾坤坎离之中，而上下交泰②，以成既济者也。故明小过之上下，而六十四卦之上下，均可以言矣。

---

① 小过爻也。
② 乾坤交成泰。

方圆

《说卦》"乾为圆"，《荀九家》"坤为方"，《系传》"蓍之德，圆而神。卦之德，方以知"，《坤·六二》"直方大"，《系传》又曰"无穷尽，无方体"，又曰"是故神无方而《易》无体"。盖圆者，神也。方者，体也。乾为天为圆，无体故无方。坤为地，有体故有方。旧说"圆象天，方法地"，简言之，则曰"天圆地方"，"奇圆耦方"。近人知地球之为浑圆而非方也，于是曲为之说曰"天圆地方"，言其德非言其体也。而不知《易》之所谓"圆而神，方以知"者，明明指蓍与卦，未尝谓天之德圆与地之德方也。而乾圆坤方，则确不可易。第所谓方者，即西南东北之方，非谓地体之为立方形也，又何必曲为之解哉！圆无尽而方有尽，故度圆者必以方。玩"乾其静也专，其动也直""坤其静也翕，其动也辟"二语，则方圆之妙用已阐发无遗。近世几何形学之界说，皆不能出其范围矣。

进退

《系传》曰："变化者，进退之象也。"刚柔相推而生变化，故进退与往来不同。《序卦传》曰："晋者进也，遁者退也。"又曰："渐者进也。"《杂卦传》云："遁则退也，需不进也。"《说卦传》曰："巽为进退。"《巽·初六》："进退利武人之贞。"《观·六三》曰："观我生进退。"《乾·九四·文言传》曰："进退无恒。"上九："知进而不知退。"盖阳进阴退，由内而之外进也，由上而之下退也。进而当，则为得为吉。进而不当，则为失为凶。是皆由阴阳变化而生，故曰"变化者，进退之象也"。

远近

《系传》曰："远近相取，而悔吝生。"近与迩同义。《系传》言"远近"者三，言"远迩"者二。《震·象》"惊远而惧迩也"，《蒙·六四》"独远实也"，《剥·六四》"切近灾也"。余或单言远单言近者，要皆指爻位而言。盖爻之相得者宜近，不相得者不宜近。故《传》又重言以申明之曰："凡《易》之情近而不相得，则凶。或害之，悔且吝。"又曰："二与四同功而异位。二多誉，四多惧，近也。柔之为道不利，远者其要无咎，其用柔中也。"故论爻之远近以明吉凶，有就本卦之爻位论者，有就变卦之爻位论者。本卦之爻位，以承乘、与比、相应、相合者，为近。否则为远。变卦之爻位，则他卦之爻一变而即得者为近，须再变三变而始到本卦者为远。凡卦爻之言远近者，皆含此二义，不可不审也。

新旧

《易》用九用六。九六变也。变则新，故《系传》曰"日新之谓盛德"，《大畜·象》曰"刚健笃实辉光，日新其德"。鼎"取新也"，革"去故也"，随"无故也"。故六旧之义也。《讼·六三》曰"食旧德"，《井·初六》曰"旧井无禽"。食旧德，则贞厉。"旧井无禽"，则不食，皆去旧而宜从新者也。此外如噬嗑之"噬腊肉"，大壮之"壮于前趾"，乾为"老马"，曰"老"，曰"前"，曰"腊"，亦皆旧之义也。远近以位言，新旧以时言，变通者趣时者也。趣时则日新，是以《杂卦》曰"大畜时也"。

死生

"生生之谓《易》",《易》之道本生生而不已者也。然不能尽其道,即不能有生而无死。《系传》曰:"原始反终,故知死生之说。"故《檀弓》曰:"君子曰终,小人曰死。"终则有始,而死则不能复生,此君子小人之别也。经之称"生"者二卦:观之"观我生""观其生",大过之"枯杨生梯""枯杨生华"是也。称"死"者二卦:离之"突如其来如,焚如死如弃如",豫之"贞疾恒不死"是也。盖乾为大生,坤为广生。大生故"资始",广生故"资生"。而所以资始而资生者,实惟"大哉乾元,坤顺承乾",坤元亦统于乾元。《文言》曰:"元者善之长。"于人为仁。元从二儿,仁亦从二儿,于乾坤二象为二五之中。豫之"恒不死",《象》曰"中未亡也"。困之六三以阴乘阳,以柔掩刚,是贼仁害义,昧其天良者也。故《系传》曰"死期将至"。中未亡者,终则有始。亡其中,则生亦幸。所谓行尸走肉,待死而已。

有无

　　《易》以有立教者也。《易》有太极，是生两仪。四象八卦，而定吉凶以生大业。故《序卦·上传》曰"有天地然后万物生焉"，《序卦·下传》曰"有天地然后有万物，有万物然后有男女，有男女然后有夫妇，有夫妇然后有父子，有父子然后有君臣，有君臣然后有上下，有上下然后礼义有所错"，皆以明有之义也。《下经》首咸，《序卦》不言咸，咸无也。不言无而言有，此即《易》之开宗明义也。然《序卦》不言咸，而《系下传》于"憧憧往来朋从尔思"一爻，推阐"往来屈信"之理。而以穷神知化归之，圣人之意亦可见矣。《传》曰"书不尽言，言不尽意"，故圣人立象以尽意。

　　书所未言者，自当求之于言外之意。意有未得者，当索之于所立之象。自象学不明，或空言以说理，或执经而忘象。更以门户派别之故，互相攻击，入主出奴，是丹非素，而《易》道遂晦盲终古矣。须知《易》固以有立教，然有无实相对待，言有而无可见。孔子犹虑后人之以辞害意，而不能通也，故特表咸之九四一爻，以明同归殊途之旨。盖立教为中人以下说法，而精义入神之道，则非言所能尽。而立象尽意，是在中人以上自悟之耳。故卦象乾为无，自无而有，由坎出震，而生生之道乃循环而不已。咸为无，君子以虚受人，而穷神知化之学，始曰进而不穷。乾之无，天极也。咸之无，人极也。通天地人谓之儒，贯通三才而返本穷源，则仍必以契合乎天为止境。故六十四卦统归纳于一乾，而"大哉乾元乃统天"。明乎此，则后儒断断于有无之界者，均可涣然而冰释矣。

　　此外如尊卑、贵贱、幽明、始终、多寡、善恶、利害、穷通、迟速、安危、治乱、存亡、寒暑、昼夜、燥湿、俯仰、平陂、虚实、辟翕、分合、轻重、微显、厚薄，与夫天地、日月、男女、礼乐、仁义，凡相对待者，皆一阳一阴之义，未可悉举。所谓"因贰以济民行，以明得夫之报"者也。孔子"十翼"以"乾刚坤柔"终篇，取五十六卦一一以对待明义，而又于《系传》特著其例，曰"乾坤为《易》之门"。得其门而入者，可知所自矣。

　　对待之辞曰"对辞"，而非对待者曰"单辞"。单辞者，凡以为对辞之用也。且单辞亦往往含有二义，辞繁非可悉举，兹略举如左。

中

《易》道尚中。凡过乎中者，大过小过，皆变化之进退之以求合乎中。盖人为天地之中，故以中立人之极，而阴阳刚柔始各得其正，而无所偏倚，而后尽《易》之能事也。中有虚实二义：实者有形，以所处之位言之，如卦之二五两爻是也。虚者无质，以至当之主义言之，如卦之主爻是也。盖一卦之主爻，有时在二五，有时不在二五。如比以五阳为主，同人以五阴为主者，主爻在爻位之中者也。复以初阳为主，小畜以四阴为主者，主爻不在二五之中者也。故曰"中无定在"。以二五为中者，如天平倚点居正中，重心与中心，同居一位。不在二五之中者，如秤杆之倚点，视重点力点比例之差，求得其力点与倚点距。重点与倚点距，相等之所在，即中心之所在也。孟子曰"子莫执中"，执中为近之。执中无权，犹执一也。盖即如天平之中也。《易》道之中，即孟子所谓权，可以前后移动，以求合力点重点与倚点相等之中者也。

时

孔子之道曰"时"曰"中"，后人称为"时中之圣"，要皆推本于《易》道。于《蒙·彖》赞曰："蒙亨，以亨行时中也。"蒙以养正，圣功之始。然《易经》之言时者，惟《归妹·九四》曰"迟归有时"，他无见也。孔子赞《易》，始于时字多所发挥，而于《系传》总揭其义曰"变通配四时"，又曰"变通莫大乎四时"，又曰"变通者趣时者也"。于《丰·传》曰"天地盈虚与时消息"。合而观之，孔子言"时"之旨趣，具可见矣。故于乾之九三曰"与时偕行"，于上九曰"与时偕极"。损益皆曰"与时偕行"，随曰"随时"，节曰"失时"，革曰"明时"，无妄曰"对时"，睽蹇皆曰"时用"，豫姤旅皆曰"时义"，坤曰"时发"，贲曰"时变"，而于《艮·象传》总揭其义曰："时止则止，时行则行。动静不失其时，其道光明。故君子进德修业欲及时也。"此可谓孔子于《易》独得之秘，而为天下万世指迷者也。

若以时论时，则亦含有二义：一曰有定之时。如天之四时，时有定候，非人之所能变更，是惟顺承乎天，所谓后天而奉天时者也。一曰无定之时。如人事之有轻重缓急，而阴阳五行各有始有壮有究，或损或益，或行或止，所谓观乎天文以察时变者也。故时有以盈虚消息言者，泰否剥复之类是也。有以事言者，讼师噬嗑颐之类是也。有以理言者，谦履咸恒之类是也。有以象言者，井鼎之类是也。

位

《系传》曰"卑高以陈,贵贱位矣",又曰"列贵贱者存乎位"。《说卦传》"天地定位","《易》六位而成章",此皆指卦位与爻位而言也。《系传》曰"危者安其位者也",又曰"德薄而位尊",此则由爻象而拟议之爵位之位也。故"位"字亦有此二义。帝出乎震,震东方也,至艮东北之卦也。此八卦之方位。卑高以陈,贵贱位矣,则上下卦①之位定。上卦为高,下卦为卑,贵宜卑而贱有高矣。列贵贱者存乎位,则卦爻二五,五贵而二贱。王弼谓中四爻有位,初上无位者,即此位也。《易》六位而成章,则分阴分阳,迭用柔刚。所谓阴阳之位,初三五为阳位,二四六为阴位。阳居阳,阴居阴,为当位。反之为不当位。位从立从人,所谓"立人之道曰仁与义",故三画卦与六画卦,皆分天地人三位。而孔子赞《易》则专言人道,天位地位皆以人居之,必能合乎仁义之道,方能与天地参而无惭此位也。

---

① 即外卦内卦。

德

《易》之言德，亦分二义：

一曰卦德。《系辞》"杂物撰德"，又曰"阴阳合德，刚柔有体，以体天地之撰"，此卦德也。夫乾天下之至健也，德行恒易以知险。夫坤天下之至顺也，德行恒简以知阴。健顺乾坤之德也。推之震动巽入，离丽坎陷，艮止兑说，皆其德也。而入用即谓之材。象者材也，故亦谓之卦材。

一曰道德。《说卦》曰"和顺于道德"，《系传》曰"天地之大德曰生"，又曰"以通神明之德"，又曰"默而成之不言而信存乎德行"，皆道德之德也。德有大小，必与位称。无德而据位，谓之窃位。德薄而位尊，其形渥凶。《易》之兴也，其于中古。去古已远，降而言德。《系辞下传》七章之三陈九德，即孔子以《易》设教，而示人以立德之方也。

变

《系传》曰"道有变动，故曰爻"，又曰"爻者言乎变者也"，又曰"一阖一辟谓之变"，又曰"刚柔相推而生变化，变化者进退之象也"，又曰"参伍以变，错综其数。通其变遂成天地之文，极其数遂定天下之象。非天下之至变，其孰能与于此"，又曰"《易》穷则变，变则通"，又曰"变而通之以尽利"，又曰"变动不居，周流六虚。上下无常，不可为典要，唯变所适"。系辞之言变，详且尽矣。盖宇宙以变而久存，亦以变而日新。无时不变，无境不变。特其迹甚微，人自不知觉耳。

通

　　《易》穷则变，变则通。故"变通"二字，往往联缀而言。《系传》曰"一阖一辟谓之变，往来不穷谓之通"，又曰"化而裁之谓之变，推而行之谓之通"，又曰"变通配四时"，又曰"无思也，无为也，寂然不动，感而遂通天下之故"，又曰"唯深也，故能通天下之志"，又曰"通乎昼夜之道而知"，又曰"观其会通以行其典礼"，又曰"体天地之撰以通神明之德"。合变通而观之，而《易》之所以为《易》可见矣。而《序卦传》曰"泰者通也。物不可以终通，故受之以否"，《杂卦传》曰"井通而困相遇也"，《系传》又曰"困穷而通"，《乾·文言》曰"六爻发挥旁通情也"，《坤·文言》曰"君子黄中通理"。合而观之，而《易》可通矣。

当

适其可之谓当。凡变也通也，变而通之以尽利，无非由不当而变通之以求其当而已矣。止于至善，位之当也。当其可之谓时，时之当也。阳九阴六之位当矣，而时不相得，或情不相得，则仍有未当。故《象传》有以当位之爻而言位不当者，如需之上六等类是也。变通之最大者，莫过于革。《革·象传》曰"革而当其悔乃亡"，而当之义可见矣。

交

易者交易也。非交无以为易，故交者《易》之妙用，亦不啻为《易》之代名辞也。《系传》曰"君子安其身而后动，易其心而后语，定其交而后求"，又曰"无交而求，则民不与也"。盖《易》以明道，而道在人。人在天地间，决不能离群而独立也。近则男女夫妇父子，远则君臣朋友，无不有所合也。有合则必有交。人在天地间，又不能绝物而自养也。小则日用饮食，大则养生送死，无不有所需也。有需则必有交。甲有所需于乙，乙有所需于甲，丙有求合于丁，丁有求合于丙，于是交相为需，交相为养，而人事以兴。故《易》象以阴阳明之。阴交于阳，阳交于阴，大有之"无交害"，随之"交有功"是也。《家人·传》曰"交相爱也"，《睽·传》曰"交孚无咎"，故必相爱相孚，而交之道始可久。天地交则泰，否则天地不交万物不生，人道息矣。西人曰"互助"，惟《易》之"交"足以尽其义也。

几

吉凶悔吝生乎动，而欲动未动之前，则为几。《系传》曰"知几其神"，又曰"几者动之微吉之先见者也"。《乾·九三》"终日乾乾夕惕若"，《文言》曰"知至至之可与几也"。《屯·六三》曰"君子几，不如舍，往吝"，《豫·六三》"介于石不终日"，《系传》曰"见几而作，宁用终日"。盖乾九三为人爻之始，动静所生，吉凶著焉。理欲之界，人禽判焉。孟子所谓"人之所以异于禽兽者几希"，即此几也。周子所谓"诚无为，几善恶"，亦此几也。复之初九"不远复，毋祗悔"，孔子曰"颜氏之子，其庶几乎"。故几者，《易》道精微之所在。尧舜之心传，曰："人心惟危，道心惟微。"几者，动之微，即此道心之微也。君子知几，即在"不远复"之"反复其道"。故《文言》又曰"终日乾乾，反复道也"。圣人丁宁告诫之意，亦可谓深切而著明矣。"夫《易》，圣人所以极深而研几也。唯深也，故能通天下之志。唯几也，故能成天下之务。""几事不密则害成"，是以"君子洗心退藏于密"。

至

《乾·彖传》曰"大哉乾元",《坤·彖传》曰"至哉坤元"。大无限量,而至有际极。大也,至也,圣人赞《易》开始之第一字也。即此一字,已将乾坤全体之精神分量,概括无遗。并将乾坤两卦之方式作用,分析明白。挈全《易》之纲领,泄造化之神秘。《系传》曰:"《易》其至矣乎!"圣人之情见乎辞矣。大者何,由小以至大也。非至无由显其大,非大无以极其至,故至亦有大义。家人、丰、涣,皆云"王假"。假,大也,至也,皆坤之义也。《坤·初六》"履霜坚冰至",履通谦,谦履相错为临遁,故《临·六四》曰"至临"。《坤·六四》"括囊",括,亦至也[①]。而《临·彖》"至于八月有凶",谓临至遁也。由此至彼,必上有所承,故必须承乎乾元,始得止于至善,而为坤元,为至哉坤元,为至道,为至德。为至当不易,失其所承,则为失道,为迷。《复·上六》"迷复凶",《传》曰"至于十年不克征",故得道则曰"朋至[②]",失道则曰"寇至[③]","朋至"则"得其友[④]","寇至"则"伤之"者至矣[⑤]。履和而至[⑥],则非坚冰至,则积善必有余庆。《系传》曰:"劳谦,君子有终,吉。劳而不伐,有功而不德,厚之至也。"又曰:"藉之用茅,何咎之有?顺之至也。"顺与厚,皆坤德也。《文言》曰:"坤,至柔而动也刚,至静而德方,后得主而有常,含万物而化光。坤道其顺乎?顺天而时行。"赞坤元无余蕴矣。故《易》者,天下之至精,天下之至变,天下之至神。皆"至哉坤元"之至,故"不疾而速,不行而至"。

---

① 见《毛诗·王风·传》。
② 解。
③ 需。
④ 损。
⑤ 益。
⑥ 履通谦,则阴阳和。

道

《说卦》曰："昔者圣人之作《易》也，将以顺性命之理。是以立天之道，曰阴与阳。立地之道，曰柔与刚。立人之道，曰仁与义。兼三才而两之，故《易》六画而成卦。分阴分阳，迭用柔刚。故《易》六位而成章。"《系传》曰："《易》之为书也，广大悉备。有天道焉，有地道焉，有人道焉。兼三才而两之，故六。六者，非它也，三才之道也。"又曰："六爻之动，三极之道也。"此《易》道也。经之言"道"者四：《复·象》曰"反复其道"，《小畜·初九》曰"复自道"，《履·九四》曰"履道坦坦"，《随·九四》曰"有孚在道，以明"，皆在《上经》，已将道字发挥净尽，故《下经》不复赘言，以俟后人之触类旁通而已。《传》之言"道"者，曰"一阴一阳之谓道"，又曰"形而上者谓之道"。一阴一阳，变化往来，生生不已。以阳易阴，以阴易阳。乾道成男，坤道成女。阴阳反复，一阴则反其道，一阳则复其道。故《复·象》曰"反复其道"，而《乾·九三·传》亦曰"反复道也"。盖阳以统阴，失其统则亢，亢则宜复。阴以承阳，失其承则迷，迷则宜反。反而不复，有阴而无阳，失道也。复而不反，有阳而无阴，亦失道也。"终日乾乾"之反复，已复而欲其反也。"七日来复"之反复，已反而欲其复也。反而不复，则其道穷。复而不反，则其道困。穷而知变，困而知通，通变随时，损益得中，圣人之道也。知周乎万物，而道济天下，故不过，而《易》之道尽矣。

《传》称"得中道"五，①"未失道"二，②"其道穷"四，③"失道"三。④ 由阳而阴，小人之道也，否也。由阴而阳，君子之道也，泰也。

---

① 《离·六三》，《既济·六二》，《夬·九二》，《蛊·九二》，《解·九二》。
② 《睽·九二》，《观·六三》。
③ 《比·象》，《蹇·象》，《坤·上六》，《节·上六》。
④ 《坎·初六》《上六》，《渐·九三》。

命

有天地而后万物生焉。万物生于天地间者，莫不有命。盖当其未生之前，本无是物也。乃忽而受气成形，以有是物，形成于地，气受于天，果孰使之然者？是则所谓命也。圣人设卦观象，以明万物之理，即以卦爻之变化往来，以示各有定命之所在。所谓设辞以明之也。《乾·象》曰"乾道变化，各正性命"，可见命之所自来。即由乾道之变化，乾非坤无以变也，乾变坤化而乾道斯成。亦如男子必得妇生子，而始有父道也。故曰"一阴一阳之谓道"，分于道之谓命。经之称"命"者六卦，《否·九四》"有命无咎"，《讼·九四》"复即命"，《革·九四》"改命吉"，《师·九二》"王三锡命"，上六"大君有命"，《泰·上六》"自邑告命"，《旅·六五》"终以誉命"，《传》则曰"受命"，曰"顺命"，曰"舍命"，曰"改命"，曰"申命"，曰"致命"，曰"凝命"。《易》之言命，略具于是矣。

盖卦之变化，以正性命者，惟二五。乾二之坤五，其例也。二五之精，妙合而凝。故鼎曰"正位凝命"。命分于道，则道有变化，命亦有变通。受命者，得于天也。凝命者，全其体也。顺命者，顺其正也。舍命者，察其几也。申命者，行其事也。致命者，遂其志也。改命者，革其故也。《诗》曰："维天之命，于穆不已。"穷理尽性以致于命，故曰"不知命无以为君子也"。孔子五十而知天命，其亦在学《易》以后乎？

理

《说文》:"理,治玉也。从玉里声。"孔子系《易》于"理"字约分二义。《说卦》:"和顺于道德而理于义。"此理字与和字相针对。和之义为合,理之义为分。分理之理,即治玉之理也。盖物质之坚致,而仍有条理可分者,无过于玉。坚则固,致则密。既固且密,则最不易分者,亦无过于玉。故以理为治玉之名,又广其义为处分万事。万物之名,《易》道广大,必分而析之,分而又分,析而又析,而后其精微者乃可得而见。亦如今之治化学者,于一物之体质,必分而析之,至于分无可分,析无可析,而所得者,即为此物之原质矣。故邵子之加一倍法,亦即分析法之还原者也。物理数理,皆有迹象可求,分而理之尚易。至理于义,则精微之至矣。其下文"穷理尽性以至于命",此理字则为名词,而非动词,即指性分中所有之理。故郑康成注《乐记》曰"理犹性也",朱子注《中庸》曰"性即理也",竟以理与性,相为转注。然详加研究,则终有未安。未可以大儒之说,遂附和之,而以为确当也。盖性固有理,不能谓理即性,性即理。犹物各有理,不能谓物为理,谓理为物也。先儒此种训诂,贻误后学最多。是在学者之自有领悟,愈讲解而纠缠愈甚矣。《坤·文言》曰"君子黄中通理",与《乾·传》"利贞者,性情也",呼吸相通。苟于此领悟而有得焉,于明理之学,思过半矣。

性

分于道之谓命，分于命之谓性。心生为性，有生斯有命，有命斯有性，性命恒相联属。故《易》言命而不言性。孔子赞《易》，则曰"乾道变化，各正性命"，又曰"穷理尽性以至于命"，又曰"一阴一阳之谓道，继之者善也，成之者性也"。言性之本源，可谓明白晓畅矣。后之言性者，约分三类：孟子，言性善；荀子，言性恶；告子，言性无善无不善。各明一义。性善之说，于立教为宜，故后世多宗之。其实曰善曰恶，已为性之所见端，未可谓之性也。告子无善无不善之说，殊未可厚非。孔子曰"性相近，习相远"，亦此意也。宋儒因回护孟子之说，于是创为义理之性，气质之性，以分别善恶。谓生而善者，义理之性。习而恶者，气质之性。益支离而不可通矣。

情

情者，性之动也。所谓人生而静，天之性也。感于物而动，性之欲也。故性与情亦恒相联属。《易》言欲而不言情。孔子赞《易》，曰"利贞者，性情也"。《白虎通》曰："性者，阳之施。情者，阴之化也。"《论衡》曰："性生于阳，情生于阴。"《说文》："性，人之阳气，性善者也。情，人之阴气，有欲者也。"皆性情并举。性贞于诚，而情则有诚有伪。《系辞》曰"设卦以尽情伪"，又曰"爻象以情言"，又曰"吉凶以情迁。凡《易》之情近而不相得，则凶或害之悔且吝"，又曰"六爻发挥，旁通情也"。观旁通而情可见矣。

教

　　教以立人，道以立己，己立立人。故《易》之为书，无非道也，无非教也。卦之言教者三：坎"习教事"，临"教思无穷"，观"观民设教"，而要以"蒙养"为立教之始。孔子更广其义：于渐，曰"居贤德善俗"；于蛊，曰"振民育德"；于无妄，曰"茂对时育万物"。于是今世谓之文明教育之事业，而《易》无不备举矣。而其博大精深之教义，则尚非今世物质文明之教育家，耳目思想所能及。当于卦爻内详论之，兹未遑悉举也。

用

《易》者，用世之书也。故以有立教，亦以用立教，亦即以中立教。有贵乎能用，有而不能用，则与无等耳。然非无不能明有之用，非用无以尽有之功，非中无以尽用之妙，故曰"有"，曰"用"，曰"中"。此《易》之界说也。必明此界说，而后《易》可得而言。《易》六十四卦，无一非用，而以乾坤用九用六发其凡。用六而曰以大终，则六亦九之用，故以乾元用九而天下治，以竟《易》之全功。《乾·九二》"庸言""庸行"，言行君子之所以动天地也。而曰"庸"者，庸者用也，明用之非中不立也。

以

以，用也。孔子传《易》，以明大用，于六十四卦之《象传》明之。"天行健，君子以自强不息。""地势坤，君子以厚德载物。"六十四卦皆此以一字挈其纲，即"五十以学《易》"之"以"，亦即"以《易》传教"本旨之所在也。盖《象传》者，释内外两卦之用也。《象传》则取两卦之中，合上下之义而贯串之。两卦之中者何？即三四两爻，所谓中爻所谓人爻，者是也。故曰"若夫杂物撰德，辨是与非，则非其中爻不备"。而二四三五同功，三四于六爻为人位，"立人之道"立于此。孔子之六十四"以"字，亦发明于此。明乎此，则庶乎可尽《易》之用。虽吉凶有命，而悔吝可免矣。故《易》于乾之九三九四两爻，特著曰"无咎"。

之

　　之者，《易》之用也。爻有变动，故曰"之"。"辞也者各指其所之"，有所之而吉凶见焉。之字作屮。屮者一生三也。《易》者，一阴一阳。动有所之，而用生焉，则二生三也。故曰"一阴一阳之谓道"。之而当，则得道。之而不当，则失道。《无妄·传》曰："无妄之往，何之矣。"何之则道穷，是以君子慎其所之。

孚

旧说"孚，信也"。坎为信。凡卦言"有孚"，皆指坎，似是而实非也。孚果指坎，何以中孚无坎象？孚固有信之一义，然信字不足以尽孚也。孚从爪，从子，象鸟以爪抱子。鸟子为卵，爪子以象抱卵，有化育之意。中孚卦象，实以巽五兑十，乃五十五数之中，于五行为土。土主化物，故曰中孚。其曰"有孚"者，"有"谓大有。火天大有，离也。孚，则指坎。坎离居南北之位，合乾坤之中，维中能孚，故曰"有孚"。有则大，孚则化，"有孚"者，即《中庸》所谓"大德敦化"也。凡《易》之道，一阴一阳，必阳孚于阴，而阴孚于阳，而后阴阳和，而成化育之功。人品有君子小人，泰、否，君子小人之相消长者也。遁曰"君子吉，小人否"，观曰"小人无咎，君子吝"。必君子能孚小人，则小人亦能化为君子。所谓"有孚颙若"，下观而化，则先否后喜，天下受福矣。若不能用观，则成大壮。义非不正，理非不直也。而刚以反动，小人用壮，君子用罔。羝羊触藩，天下被其祸矣。乾元用九，必有孚而始致其用。故孚有信义，有化义，有容义，又有合义，有感义。所谓精义入神之用，以孚字尽之矣。非统全《易》而详察之，又乌知其妙哉！

以上单辞，略举一隅，可见经传字无虚设。或一字而含数义，或数卦合用一字，无不脉络贯通。潜心体玩，均有线索可寻。此外有字以类从，因意义相同，而互见于各卦而相贯串者，可谓之类辞，如则法律一类也，克伐征一类也，速疾遇一类也，需缦须濡一类也，怠缓徐慢裕一类也。凡同乎此者，皆以义相类者也。如弟娣娣涕一类也，颀仇九一类也，轮纶一类也。凡同乎此者，皆以形声相类者也。相类之字，于卦爻之变通意义，皆有关系，均可互相印证者也。其单辞之外，更又缀属一字，或二字，或三四五字，以成一名辞，或成一句者，可谓之类句。如由颐、由豫，甘节、甘临，频复、频巽，艮其腓、咸其腓，困于酒食、需于酒食，我心不快、其心不快，同人先号咷而后笑，旅人先笑而后号咷之类，亦无不互相联贯。如密云不雨、帝乙归妹、用拯马壮吉、不富于其邻，完全相同之一句，或二句，分见于两卦或三卦者，则更为显而易见。具详于焦理堂氏之《易通释》，兹不赘述也①。

举单辞、对辞、类辞、类句，经传之概略，已可见矣。而正言断辞，尚有数例，更举如左。

---

① 《易通释》偏于旁通之正立言。有未可尽通化学者，以意逆之，勿以其辞云意也可。

称号

号者，名也。称其名使与实相称，亦当名辨物之意也。孟长卿曰："周人五号，帝，天称，一也。王，美称，二也。天子，爵号，三也。大君者，兴盛行异，四也。大人者，圣明德备，五也。"

以上五者，皆经之特称。孔子赞《易》，更广其义。

曰"先王"。豫，"先王以作乐崇德"。

曰"后"。泰，"后以裁成辅相之道"。

经称爵号，王之下有三：

曰"公"。大有，"公用享于天子"。解上六，"公用射隼"。益六三，"告公用圭"。六四，"告公从"。鼎九四，"覆公餗"。

曰"侯"。屯，"利建侯"。豫，"利建侯"。晋，"康侯"。

曰"子"。明夷，"箕子之明夷"。鼎，"得妾以其子"。

言公、侯、子而不及伯、男。或曰："此殷制也。文王演《易》于纣之世，故从殷制。"

正名之称有六：

曰"大人"。一人为大。孟子曰："大人者，不失其赤子之心者也。"《文言》"与天地合其德"一节，孔子赞大人也至矣。

曰"君子"。乾为君，震为子。乾震为无妄，君子者。无妄之称

曰"小人"。天大，地大，人亦大。与天地参，故大。违反天地之道，则曰小人。

曰"恶人"。睽"见恶人"，人而见恶于人，曰恶人。于象，离为恶人。

曰"寇"。寇者悖逆之词。于象，坎为寇。

曰"匪人"。匪同非。"比之匪人"，"否之匪人"，失人道，故曰"匪人"。孟子曰："无恻隐之心，非人也。无羞恶之心，非人

也。无辞让之心，非人也。无是非之心，非人也。"

孔子赞《易》，更广其义。

曰"圣人"，曰"贤人"，曰"盗"，亦曰"暴客"，曰"吉人"，曰"躁人"，曰"诬善之人"。

名当而辞可断矣。爻有等，故曰"物"。辨物当名，名不等也。正言，言不等也。故断辞亦不等。凶至吉为七等：

凶，厉，悔，吝，无咎，无不利，吉。

凶不若厉，厉不若悔，悔不若吝，吝不若无咎，无咎不若无不利，无不利不若吉。

学易笔谈初集

学易笔谈序

　　海宁先生之于《易》，得异人传授，又博极诸家传注，故能竟委穷源，而独见其大。先生于书，无所不读，故能探颐索隐，钩贯于新旧之学，而独得其通。昔尝闻之先生曰：《易》始于包牺氏，备于神农、黄帝，大明于文王、周公、孔子。汉人去古未远，其卦气、飞伏、阴阳、消息，皆有所授受，非能自创。孔子赞《易》，专重人道，以明立教之旨。故三陈九德，以人合天，而筮法仅略言及之。朱子乃谓"《易》为圣人教人卜筮之书"，岂知方耶？然河、洛为《易》象所取则，汉学只诋为伪造，朱子独取以冠经首，是其卓识，亦有不可及者。又曰："道家祖黄老，渊源悉出于《易》。"其七返九还，六归八居，度数与卦象悉合无论矣。所异者佛产印度，耶稣生于犹太，而《华严》之乘数，《金刚》之相数，一八、三六、百零八之数，及"七日来复""十三见凶之数"，亦无不得。仅以素所闻于先生者，弁诸简端，并志其缘起如此云。

中华民国纪元八年九月
后学狄楼海拜手敬序

学易笔谈述旨

《易》道至大，《易》理至赜；辛斋之愚，何敢妄谈？顾念吾师忍死犴狴，克期以待，密传心法，冀绵绝学，又曷敢自弃？丙辰出狱，爰搜集古今说《易》之书，惟日孳孳，寝馈舟车，未尝或辍。丁巳以后，国会蒙尘。播越岭峤，议席多暇。两院同人，合组研几学社于广州之迴龙社。谬推都讲，计日分程，商兑讲习。虽兵戈扰攘，而课约罔闲。讲义纂辑，得书若干，名曰《易楔》。而晨昏余晷，切磋问难，随时笔录者，又积稿盈尺。同人艰于传写，乃谋刊印。厘为四卷，名曰《笔谈》，盖纪实焉。己未庚申，由粤而沪。同志之友，闻声毕集。风雨一庐，不废讨论。以续前稿，又得四卷，另为《二集》。借阅传钞，恐多遗失。适前印之书，久已告罄。同人请合两《集》与《易楔》《易数偶得》《读易杂记》诸稿，均以聚珍板印行。始于壬戌八月，至十月抄，《笔谈》八卷工竣。爰纪颠末，并述旨如左。

一、承学之士，不废笔札，谈论所及，择要缀录，聊以备忘。除《初集》第一卷，于临印时略有增减，以明源流外，余悉随时编订，并无先后次序。

一、讲《易》与诂经不同。诂经当有家法，有体例，义不容杂。而讲《易》则以阐明卦爻象数之原理原则，但以经文为之证明。故凡与象数有涉，足与《易》道相发明者，博采旁搜，不限时地，更无所谓门户派别也。

一、《易》本法象于天地。乾易坤简，易知易能，虽见仁见智，各随学识之深浅而异，要无不可知之理。自象义不明，学者无所适从，几视《易》为绝学，而不敢问津。致《易》简之理，日即湮晦。本编有鉴于斯，立说皆取浅显明白，务期尽人能解，不敢以艰深文浅陋也。

一、孔子赞《易》，身逢乱世，行危言逊。有因时忌不能显言者，不得不以微言大义，隐寓于象数之中，与春秋同一例也。后人不察，悉以文字求之，孔子忧天悯人之苦心湮没尽矣。历代学者，如邵康节，如刘青田、黄姚江，均抱此隐痛而未敢昌言者也。鼎革以后，世虽乱而言可无讳。发历圣之心传，弥前贤之遗憾，维世道而存绝学，不可谓非千载一时之良机。剥极必复，时乎不再，幸我同人勿自暴弃以负天心也。

一、卦因数衍，数缘象起，象由心生。《易》准天地，广大悉备。虽人事递演，世变日繁，要不能出乎此象数之外。故洲殊种别，文字语言，万有不齐，维数足以齐之。宗教俗尚，各有不同，惟数足以同之。两千年来，数学失传。宋后言《易》者，往往以邵子先天数为《易》数。数理繁赜，固非短札所能尽。然于旧说之显然抵牾者，不能不援据象数以为商榷，非敢故翻成案也。

一、占筮固《易》之一端，而圣人修《易》以明道，实非尽为占筮。孔子赞《易》，绍述文周，以人合天，兢兢寡过，岂导人于趋吉避凶哉！朱子以占筮为《易》之本义，未免偏见。而《大衍》揲蓍之法，自唐以后，于挂一再扐两端，立说互歧。往诸数理，并多遗憾。未敢盲从，以误后人。

一、至诚之道，虽可前知，惟道本一贯，学无躐等。必正心修身，能尽人之道以合天，斯天人契合，感而遂通，百世可知。初无二理。若一知半解，妄谈祸福，自欺欺人，实学《易》之大戒。兢兢自箴者，窃愿以此勉人。

一、尽性至命，乃易学之极功。孔子之圣，犹韦编三绝，但云寡过，罕言性命。后生末学，更宜践履笃实，下学上达。同学讲习，窃本斯旨。《初集》刊布，朋自远来，往往以只言象数，不谈身心性命相责。但愚尚以象数之未能尽明为憾。果象数通解，则身心性命之理，胥在其中，更无待言说为也。

一、形而下者谓之器，形而上者谓之道。凡有形可指者皆器。

道本于心，未可以言尽焉。故八卦因重，羲农法天以垂象；两编"十翼"，周孔立言以明道。然未可遽执卦象经传以为道也。譬诸升高必以梯，而梯非高。求饱必以饭，而饭非饱。宋后讲《易》，开口言性理，言道统，是犹指梯而称高，看饭而说饱也。今之谈道者，无宋人之学，而立说更高出宋人。自误误人，更不待言。愿学者共明斯旨，各求实学，返诸身心。勿好高骛远，循前车之覆辙焉。

一、洁净精微之学，非潜修静养，未能深造。劳人草草，敢言心得？惟汇积年涉猎所得，聊供同学参考之便。深望海内鸿硕，时加匡正。幸得学与年进，尚拟续，以供采择。

一、世道陵夷，圣学中绝。人欲横流，罔知纪极。谨愿之士，苦身心之无所寄托，蒿目时艰，恒怀消极。或附托西教，或皈向佛门。而仙灵神鬼，导引修养，及飞鸾显化之坛宇，遂遍于域中。影附风从，是丹非素。不知我国固有之学，贯澈天人，足以安身立命。保世滋大，概群藉而罗万有者，悉在此一画开天，人文肇始之《易经》。存人道，挽世运，千钧一发，绝续在兹。弘道救世，责无旁贷。惟我同人，自奋勉焉。

岁在壬戌冬至之月
海宁杭辛斋补识于海上寄庐

学易笔谈初集卷一

上古之《易》

上古之世，无所谓《易》也。但后世之《易》，实本于庖羲，故《周官》掌太卜者有"三《易》"之称。因周以《易》名，遂追谥《连山》《归藏》皆谓之《易》。余所谓上古之《易》者，亦援斯义而追称之耳。

溯自庖羲一画开天，其时虽文字未兴，而结绳为治，已有等秩伦纪之可观。《系传》称仰则观象于天，俯则观法于地，观鸟兽之文与地之宜，近取诸身，远取诸物，于是始作八卦，以通神明之德，以类万物之情。其条理井然，而观法于地暨观鸟兽之文与地之宜，已能将地之所有，分析观察，颇如近世科学家，区地文地质学为二类。此岂欧洲人所谓上古时代野蛮酋长之可比拟哉！以佃以渔，虽未脱游牧之风，而政治亦已斐然可观矣。况八卦成列，有形，有象，有声，实已备具文字之作用。因而重之为六十四卦，益之以变化，固已肆应而不穷矣。此庖羲之《易》，所以为我中国文化之初祖也。

庖羲氏没，神农氏作。斫木为耜，揉木为耒。耒耨之利，以教天下。日中为市，致天下之民，聚天下之货，交易而退，各得其所，是已由游牧时代而进于农商。且规模宏远，政教并行。又尝百草以御疾灾，民无夭折，创制显庸，泽及万世。然其时文字未兴，所赖以为政治之具者，实维庖羲所遗传之卦象。度神农氏必有所增益而变通之，是名《连山》。相传以重艮为首，经卦皆八，重卦皆六十四者也。故神农为炎帝，亦号列山氏。

　　神农氏没，黄帝尧舜氏作。通其变使民不倦，神而化之使民宜之。《易》穷则变，变则通，通则久。盖至是文明日进，制器尚象，人事日繁。而旧有之八卦，不足以应用。于是广卦象为六画，而文字以生。益以天干地支，而阴阳五行之用愈精。吹律定声，民气以和。而礼乐以兴，本黄钟以定度量权衡。治历明时，定璇玑玉衡以齐七政。绝地天通，百官以治，万民以察。而《易》之为用，益无乎不备。故黄帝之《易》曰《归藏》，以坤乾为首者也。尧舜继黄帝之后，于变时雍，垂衣裳而天下平。今读《系辞下传》之二章，上古进化之历史，与三《易》之源流，可概见矣。此上古之《易》也。

中古之《易》

夏易《连山》，盖继述神农氏者也。商易《归藏》，盖继述黄帝氏者也。周曰《周易》，或曰"祖述尧舜"。孔子曰："《易》之兴也，其于中古乎？作《易》者，其有忧患乎？"虽指《周易》，以文王与纣之事当之。然帝降而王，德不如古。神禹受命，开家天下之局。汤武革命，《易》揖让而征诛，均不能无惭德焉。故三代之《易》，皆可谓之中古，所谓"于稽其类其衰世之意"邪？上视羲皇，已不无今昔之感矣。

三代之政纲本于《易》

制度文物，皆出于《易》。故曰"观其会通以行其典礼"。《易》在三代，不啻为政治之书。夏宗《连山》，其礼乐政刑胥以《连山》为则。殷宗《归藏》，其礼乐政刑胥以《归藏》为则。故纪历有人统地统天统之殊。而尚忠尚质尚文，亦各有所专重。盖变通损益以蕲合于时宜，而成一代之制。必统系分明，而后纲举目张，有条不紊。今夏殷之制不可悉睹，而《周礼》一书，虽经窜改，而周家之典章文物，犹可得其梗概，足与《周易》相印证。自秦汉以降，目《易》为卜筮之书，政失其纲也久矣。

学术之派别出于《易》

我国学术,约可分为三派:曰儒,曰道,曰墨。其余诸子百家,名类虽多,要无不可以此三派归纳之。道家宗老氏,而实导源于黄帝,故相传曰"黄老"。墨家出于禹,而实滥觞于神农。《孟子》有为神农之言者许行,主并耕之说,亦墨之别派也。儒家集大成于孔子,《论语》曰:"文王既没,文不在兹乎?"则孔子固自承为继续文王者也。故儒家之学出于《周易》,道家之学出于《归藏》,墨家之学出于《连山》,各有所本。自汉而后,虽罢斥百家,独崇儒道,而道与墨之学,亦实有不可磨灭之精神。历代之治,舍其名而用其实者,不可枚举。至于今日,儒术亦扫地尽矣。而老氏墨氏之学,则因与欧西之哲学,及其他科学之相契合者颇多,崇尚新学之士,渐有取而研究之者。礼失求野,循末反本,则吾文明初祖之羲《易》,或尚有大明之一日乎?

孔子之《易》

《易》者，明道之书也。五帝之治天下也以道，三王以德，五霸以功。世运自帝降而王，王降乎而霸，道之不明也久矣。孔子生当衰周，五霸之功已杳，浸浸乎由功而降而尚力。至惟力是尚，弱肉强食，人道或几乎悉矣。故孔子赞《易》以存道，又以道之未可骤几焉，乃取中爻以明功，陈九卦以崇德。① 循序而进，由功而德，其庶几乎与道近矣。

---

① 见《系下传》第七章。

两汉易学之渊源

孔子传《易》于商瞿。商瞿字子木,其行事不见于《论语》,盖孔子晚年之弟子也。商瞿授鲁桥庇子庸,子庸授江东馯臂子弓,子弓授燕周丑子家,子家授东武孙虞子乘,子乘授齐田何子庄。凡六传,而周灭于秦。秦焚书,而《易》以卜筮独免。汉兴,田何以齐之公族徙杜陵,号杜田生。授东武王同子中,及洛阳周王孙、丁宽,齐伏生。王同子中授淄川杨何,丁宽授同郡田砀王孙,王孙授沛施雠,兰陵孟喜,琅邪梁丘贺,是为三家之《易》,皆立于学官置博士。

施雠授张禹,及琅邪鲁伯。禹授淮阳彭宣,沛戴子崇平。鲁伯授琅邪邴丹、伏曼容。

孟喜授同郡白光少子,沛翟牧,及焦延寿。延寿授京房。

梁丘贺传子临,临授五鹿充宗。充宗授平陵士孙、张仲方,邓彭祖子夏,齐衡咸长宾。

东莱费直,治《易》长于卜筮,无章句,徒以《彖》《象》《系辞》《文言》,解释上、下《经》。传琅邪王璜子中。同时沛高相治《易》,与费略同,亦无章句,说阴阳灾异,自言出于丁将军。授子康,及兰陵毋将永。高氏费氏之学,皆未立于学官。

汉代易学,以施、孟、梁丘三家为盛。京氏专言灾异,高氏亦与京略同。至东汉传施学者,有刘昆,及子轶。传孟学者有洼丹鲑,阳鸿任安。传梁丘学者,有范升、杨政、张兴、及子鲂,皆不甚显。至汉季独费《易》盛行,若马融、郑玄、荀爽、陆绩、刘表、宋衷诸人,皆习费氏古文《易》。孟学独一虞翻,施梁之学无闻矣。

晋唐间之易学

魏晋以后，王弼之《易》，盛行江左。弼为刘表之甥，表固治费《易》者。弼之说《易》，不尽宗费，屏弃象数，专以玄理演绎，自谓得意忘象。又分《系》《彖》《象》诸传于经文之下。学者以其清隽新颖，且简便而易学也，靡然宗之。由是施雠、梁丘诸家之《易》尽亡。费氏之古本，亦为所淆乱，而尽失其本来面目矣。然弼年二十有四即死，《系辞》《说卦》三篇，均不及注，后人以韩康伯注续之。永嘉之乱，中原板荡，经籍散失。李唐统一，掇拾烬余，虽六经本文幸而未阙，而两汉以来各家之师说传注，已十亡其七八矣。孔颖达疏《易》，复崇王而黜郑。太学肄业，一以王注为本，古《易》遂不可复见。赖李鼎祚《集注》，掇拾残阙，搜集汉注至三十余家。窥管一斑，全豹之形，似尚可约略而得。后之言汉学者，莫不循是蹊径，以为登峰造极之基。至满清中叶，王、[1]惠、[2]张、[3]焦[4]诸家，皆精研汉学。单辞只义，不惜殚毕生之全力以赴之。郑氏虞氏之《易》，始差堪董理。而施雠、梁丘之学说，终不获复见于世也。惜哉！

---

[1] 念孙。
[2] 栋。
[3] 惠言。
[4] 循。

宋人之易学

宋人讲《易》，自司马温公以至程子，大抵皆不出王弼范围。周子《通书》，发明太极图，为理学之宗，与易学尚无其关涉也。自邵康节创为先天之说，取《说卦》"天地定位"一章，安排八卦，谓之先天卦。以"帝出乎震"之方位为后天卦。又以乾一兑二离三震四巽五坎六艮七坤八，为先天八卦之数。更反刘牧九图十书之说，以五十五数者为河图，四十五数者为洛书，为八卦之所自出。于是太极两仪，四象八卦，而十六，而三十二，而六十四。立说与汉人完全不同，不啻在易学中另辟一新世界。然当其时，并未盛行。如温公、程子，皆与邵为老友，且极推重其为人，称为"内圣外王，孔孟没后之一人"，而未尝取其说以讲《易》。其反对如欧阳文忠诸人，更无论矣。至朱子撰《周易本义》，取河图、洛书与先天、大、小、方、圆各图，弁诸卷首。又另著《易学启蒙》以阐明之，而后邵子之先天学与《易经》相联缀。历宋元明清，皆立诸学官，定为不刊之程式。后之学者，几疑此诸图为《易经》所固有矣。虽汉学家抨击非难，不遗余力，而以其理数出自天然，推算又确有征验，终非讨生活于故纸堆中者，空言所能排斥也。故宋之易学，能有所发挥，独树一帜与汉学相对峙者，自当首推邵氏。

朱子《本义》，颇能矫王弼以来空谈玄理之弊，而注意于象数，故取用邵子之说颇多。顾未能会通全《易》，博采两汉诸家之说，以明圣人立象之意。又泥于门户之见，不敢畅所欲言，而以圣人以卜筮教人一言，为立说之本义。此何异以璇玑玉衡为定南北方向之用，不亦陋乎？

两宋《易》家之著录者颇多，以当时镌版业已发明，流传较易。今《四库》所存，及刊入《通志堂经解》，与《惜阴》《聚珍》诸丛书者，尚有六十余种。而纳兰氏又汇辑诸儒语录别集，暨佚书之单辞剩义，为《大易萃言》八十卷，可谓极宋学之大观已。

元明之易学

　　元明两代之言《易》学者，无甚发明。著录者大抵盘旋于程朱脚下为多。元之熊与可、胡一桂、熊良辅、王申之、董真卿，明之黄道周、乔中和，皆其杰出者也。然皆有所依傍，不能成一家之言。黄道周之《易象正》《三易洞玑》，虽以天象历数阐明易理，而艰深奥衍，流传不广。惟来知德氏崛起川中，以二十九年之功，成《来氏集注》一书，风行大江以南，三百年来未绝。虽其错综之说，颇贻人口实。然取象说理，浅显明白，惟恐人之不易索解，恒罕譬曲喻以明之。视故作艰深以文其浅陋者，自胜一筹。初学者得此，尚为善本也。

胜朝之易学

有清一代，经学之盛，远过宋明。其治易学专家，如刁氏包、①李氏光地、②胡氏、③胡氏渭、④任氏启运、⑤惠氏奇、⑥惠氏栋、⑦万氏年淳、⑧姚氏、⑨张氏、⑩彭氏，⑪皆能独抒己见，各有心得。而顾亭林、毛大可、钱辛楣、王引之、江慎修、段懋堂、王兰泉诸氏，虽不专治《易》，其音韵训诂考据，于吾《易》亦多所发明。至若焦氏循⑫之《通释》、纪氏大奎⑬之《易问》与《观易外编》，一则宗汉学，而能串合六十四卦之爻象，无一辞一字不相贯通；一则讲宋学而能阐发性理，与六十四卦之爻象变通化合，尤为历来讲《易》家之所未有。端木国瑚⑭后起，更冶汉宋于一炉，一一以经传互证，无一辞一字之虚设。视焦纪二氏为更上一层，允足以殿全军而为胜清一代易学之结束矣。

---

① 蒙吉。
② 厚菴。
③ 晓沧。
④ 朏明。
⑤ 翼圣。
⑥ 仲孺。
⑦ 定宇。
⑧ 弹峰。
⑨ 配中。
⑩ 乘槎。
⑪ 申甫。
⑫ 理堂。
⑬ 慎斋。
⑭ 鹤田。

历代《易》注之存废

两汉之《易》注，永嘉而后，已无完书。虽经历朝好古之士，探讨搜辑，然皆东鳞西爪。除《李氏集注》外，其能集合成书者，不可概见。济南马氏，[①] 旁搜博采，更于《太平御览》《永乐大典》与《说文》《尔雅》《文选》《水经》诸注，傍及《内经》《道藏》之所称引者，悉为编次，共得《易部》之逸书八十余种。承学之士，亦可略得其梗概矣。魏晋以降，其完全无缺者，推王弼注为最古。今与孔颖达之《正义》，陆德明之《音训》并传，与《程传》《朱义》，皆历代官书所刊布，士林所奉为金科玉律者也。其余唐宋诸家之《易》注，世罕单行。赖《津逮》《汲古》《旷照》《汉魏》诸丛书刊布，而以后之聚刻丛书者，必以《易》为甲部之冠。孤本秘录之藉此仅存者，为不少矣。纳兰氏之《通志堂经解》，辑刊《易》注至四十余种，尤为各丛书之所未有。而胜朝《经解》正、续两编，选录当时之《易》注，亦皆卓然可传之书也。综计清《四库全书》，《易部》所藏，都一百五十二种。其存目著录而无书者，约三倍其所藏之数。辛斋自学《易》以后，历年购求，所得已有四百六十三种。计《四库》所藏之一百五十二种购求未得者，尚有二十九种。《四库》存目所录已购得者，有七十八种。《四库》编录于道家及术数类者，如《皇极》《洞林》《三易洞玑》等计三十余种，余皆为丛书及家刻单行之本，而写本及辛斋所手抄者亦六十余种，为日本人所著述者三种。嗣在广东上海苏杭扬州，陆续又得一百五十余种。前后都六百数十种。以视历代《经籍志》，及陈东塾《朱竹垞》所著录者，曾不逮十之三四。然以现世所有者而论，则所遗已无几矣。

[①] 竹吾。

日本之易学

日本文学，皆我国所津逮。故我国已佚之书，而日本尚保存者甚夥。黎氏《古逸丛书》所刊，未能尽焉。光绪甲午以后，我国新进，厌弃古学。而笃旧之士，又墨守糟粕，不能发挥精义，与新理相调和，而资利用。致精义入神之学，日就澌灭。清季以国立大学，求一完全经师而不可得，致羲经竟任缺席。鼎革以后，竟公然废弃经学，而隶于文科之下，亦可谓臻晦盲否塞之极运矣。而日本既厌饫于物质文明之利，更反而求诸精神。虽举国喧嚣于功利竞争之途，而学术之研究，尚不忘初祖。仍有多数之学子，从事于《易经》。东京有易学会，有易学演讲所，有《易学讲义》之月刊。其占筮亦尚用古法。我国二千年来失传之揲蓍法，经学巨子所未能决其用者，彼中随处可购得揲蓍之器也。惟蓍不产于日本，则以竹代之。礼失求野，不仅维系易学之一助也。辛斋会购其《易学讲义》，其取象悉宗汉学，大抵取资于《李氏集解》者为多。有所谓影象意象者，则为彼所扩而充之者也。有《易学新讲义》，为我国北宋人之著述。《四库》有其书，外间已乏刊本，亦为日本所印行。而近出之《高岛易断》，于明治维新以后五十年间，内政外交诸大事，均有占验论断，亦可觇彼国之所尚矣。

美国图书馆所藏之《易》

美国国会图书馆，以四十万金镑，专为购买中国书籍之用。除前清殿版各书，为清政府所馈送外，其余所采购之汉文书籍，亦有数千种之多。皆为日本人所贩运，直接购自中国者无几也。友人江亢虎君，现为其汉文部之管理员。丁巳夏间回国，邂逅于沪上。云彼中所藏《易部》，亦几有四百种。因嘱其将目录钞寄，以较辛斋所藏者未知如何。然彼以异国之图书馆，而其所藏，视本国《四库》所有，至两倍有半，殊足令人生无穷之感也。

汉宋学派异同

自来言《易》者，不出乎汉宋二派。各有专长，亦皆有所蔽。

汉学重名物，重训诂，一字一义，辨晰异同，不惮参伍考订，以求其本之所自。意之所当，且尊家法，恪守师承，各守范围，不敢移易尺寸。严正精确，良足为说经之模范。然其蔽在墨守故训，取糟粕而遗其精华。且《易》之为书，广大悉备；网罗百家，犹恐未尽；乃株守一先生说，沾沾自喜，隘陋之诮，云胡可免？

宋学正心诚意，重知行之合一，严理欲之大防。践履笃实，操行不苟。所谓和顺于道德而理于义，穷理尽性以至于命者，亦未始非义经形而上学之极功。但承王弼扫象之遗风，只就经传之原文，以己意为揣测。其不可通者，不惮变更句读，移易经文，断言为错简脱误。此则非汉学家所敢出者也。

元明以来，两派对峙，门户攻击之陋习，虽贤者亦或不免。甚者以意气相争尚，视同异为是非。不但汉学与宋学相争讼也。同汉学焉，尊郑者则黜虞，是孟者则非荀。同宋学焉，而有洛蜀之辩驳，朱陆之异同。其下者更或依巨儒之末光，蒙道学之假面，为弋名干禄之具者，尤不足道矣。

坊本《易经》之谬

国学沦亡，书局尽废。承学之士，求一善本之经书，已不可得。近日坊间石印之《易经》，其谬误尤甚。校对之疏略，姑置不论。序文则《程传》也，目录之标题则《本义》也。目录之卷帙则《程传》也，首列河图、洛书，及先后天八卦六十四卦各图，亦《本义》也。而上、下《经》与《系传》之篇第，则又皆《程传》也，其注则又皆《本义》也。可谓极参伍错综而莫明其妙者矣。观其封面所署，则又曰"监本《易经》"。推求其故，则谬误相仍，已非一日。盖明刻永乐之监本，固程子之《传》与朱子《本义》并列者。而篇第章句，悉依《程传》，而以《本义》之注，录于《程传》之后。清刻《易经》传义音训亦犹是也。后以考试功令，专重《朱义》。坊贾射利，为节减篇幅计，以去《传》留《义》，而篇帙则仍未之改。明嘉靖间苏州学官成某，复即是本而刊布之，成此非驴非马之怪象，公然流布。读者既不求甚解，而所谓教育部教育厅教育会者，皆熟视无睹，不加纠正。呜呼！易世而后，将不知经书之为何物矣！

讲《易》家之锢蔽

历来讲《易》家，无论其为汉学，为宋学，而有一宗牢不可破之锢蔽：即将"经学"二字横梗于胸中是也。埋其庞然自大之身于故纸堆中，而目高于顶，不但对于世界之新知识、新思想，深闭锢拒；而于固有之名物象数气运推步之原本于《易》者，亦皆视为小道，而不屑措意。凡经传所未明言，注疏所未阐发者，悉目为妄谈，为异端。排斥攻击，不遗余力。而不知《易》之为书，广大悉备。上自天地之运行，下及百姓所日用，无不弥纶范围于其中。孔子赞《易》已明白言之，曰"书不尽言，言不尽意"，故圣人立象以尽意，变而通之以尽利，鼓之舞之以尽神。是书之所未言者，固当求之于意。意有所未得者，当求之于象。象有所未尽者，当变通之以尽其利。而《易》之道始应用而不穷。今乃尽反孔子之言，曰"吾言义不言利"，曰"得意而忘象，得象而忘言"。目光之盘旋，不出于书外一寸。此《易》道之所以终古长夜也夫！

今后世界之《易》

《易》穷则变,变则通,通则久。黄帝尧舜,通其变使民不倦,神而化之,使民宜之。盖民之情,恒厌故而喜新。厌则倦,倦则精神懈弛,而百事皆堕坏于无形。此蛊之象也,故君子以振民育德而变化之。蛊成随,则元亨而天下治。随元亨利贞而天下随时,随时之义大矣哉!今之时何时乎?五洲交通,天空往来,百矿并兴,地宝尽发。所谓万物皆相见,其重明继照之时欤!离火之功用,遍于坤舆,极则为灾。或致突如其来如焚如死如弃如之占,果能神而化之,变通尽利,则将由物质之文明,而进于精神之文明。是明出地上,火地为晋,受兹介福①之时矣。《易》道于此,必有大明之一日。吾辈丁兹世运绝续之交,守先待后,责无旁贷,亟宜革故鼎新,除门户之积习,破迂拘之谬见。以世界之眼光观其象,以科学之条理玩其辞,集思广益,彰往察来,庶五千年神秘之钥可得而开。兴神物以前民用,必非尼父欺人之语也。

---

① 《晋·六二》。

新名词足与经义相发明

物生而后有象，象而后有滋，滋而后有数。民物之孳乳无穷，而象数之递演而递进，递进而递繁，无有止境。故在黄帝之时演《易》，伏羲之八卦已不足用，乃益之以干支。文王演《易》，干支已不足用，乃益之以《彖》《爻》。孔子赞《易》，则《彖》《爻》又不足以尽世变物情，乃益之以系辞"十翼"。今距孔子之世又三千年矣！世界大通，事物之纷纭繁变，十百倍蓰千万于古昔。而所用之文字，乃不能随世事递演递进以应所需。且小学中绝，音移义晦，经典固有之字，因废置已久，不复为人所识者，十殆四五。故说《易》者，往往于《易》之一字一义，累千万言之解释，而仍不能明。然必待小学既明而说《易》，又如临渴掘井，不能济目前之用，且不能令多数之学子尽通小学焉。则虽说亦如无说，而《易》仍不能明。则不如假世界通用之名词以代之，以补文字之阙憾，而阅者亦《易》于了解也。岂非《易》之一助乎？如《易》言"坤其静也翕，其动也辟"，而翕与辟之义，以旧文字释之，则翕为聚也合也，辟为开也。一开一合，字义虽尽，而于《易》言辟翕之妙用，仍未著也。若假新名词以解之，则辟者即物理学之所谓离心力也，翕者即物理学所谓向心力也。凡物之运动能循其常轨而不息者，皆赖此离心向心二力之作用。地球之绕日，即此作用之公例也。以释辟翕，则深切著明，而阅者亦可不待烦言而解矣。不仅名词已也，新思想与新学说，足与吾《易》相发明者甚多。而经学家见之，必又曰穿凿附会，诬蔑圣经，则吾其奈之何哉！

俗义诂经之流弊

今日所用之字，犹数千年前之字也。然形式虽未改，而精神则非复数千年之旧。音与义，类皆变易。任举一字而衡论之，若此者盖比比焉。其仅音变而义未变者，如"下""无"等字，于诂经尚无出入。其训义变易者，虽古音尚存，于经义已不可通矣。如君臣二字，古训但为主从之别。降及汉魏，犹为普通尊人卑己之谦辞，未尝专属诸朝廷也。自宋以后，则专以君为尊无二上之天子，臣为庶司百职之官僚，而君字遂神圣不可侵犯矣。官字之古训，亦仅为专任职司之名，并未含有尊崇高贵之意。人之耳目口鼻舌曰五官，言其各专所用，不能彼此互代也。故手足则曰肢而不称官，其义甚明。自汉后天子曰县官，曰官家，而官之义遂混。后世官之权位浸大浸崇，而官字渐成尊崇高贵之称。今之俗尚，凡物美者，辄加一官字以为标帜，其去官字之本义，不可以道里计矣。于是龙飞九五，遂为帝王之祥；惟辟作威，亦附卦爻之义。兢兢乎僭越之虞，凛凛乎生杀之柄。如《周易折中》者，《易》竟为专制帝王之护符矣。非以今义释经阶之厉哉！

大宝曰位

《下系》一章，"天地之大德曰生，圣人之大宝曰位，何以守位曰人，何以聚人曰财，理财正辞，禁民为非曰义"，意义本相联贯，而文字亦紧相衔接。乃中间插一"位"字，便为上下辞意之梗。宋儒遂改"何以守位曰人"之"人"字为"仁"，以回护"位"字，而与下"聚人"一句又不相贯。于是吕氏本又改从古本作"人"，而曲为之说，亦终不可通。其实误不在"人"字而在"位"字。"人"字不当改"仁"字，而"位"字当改作"仁"字。盖"仁"字与"位"字形式相近，以致传讹。古训相传，"所宝惟仁"，未有以位为宝者也。况以位为天下之公器耶？则不必宝；以位为一人之私有耶？则不能宝。晋文之答秦使曰："亡人无以为宝，仁亲以为宝。"讵作《易》之圣人，见出重耳下哉！①

---

① 按：此说初创，同人善其新颖，怂恿存录。嗣阅张之锐氏《易学阐微》，立说相同，更以自信。但数年以来，研究数理名象，觉此"位"字"人"字皆文所应有，实不当轻议更改。此次重印，原拟将此条削去。惟前书既已传布，不能追改，特存之而附注原委，以志吾过。并令阅者得更进一层之研究，未始不足为"筌蹄"之一助焉。

元字之精义

《彖传》曰："大哉乾元！乃统天。"此"元"字，即"元亨利贞"之元。旧注"元始也"，《本义》"元大也"，何休《公羊》注曰"变一而为元。元者气也，无形以起有形，以分造起天地，天地之始也"。邵子亦曰"元者气之始"合观诸家之说，于"元"字之精义，尚有未尽。辛斋以为举"元亨利贞"并言之，为乾之四德。而"元"之一字，不但可包举"利亨贞"三字，并可举全《易》而一气贯注，故曰"大哉乾元乃统天"。超乎无始，以立乎天地之先者也。《文言》"乾元者始而亨者也"，此元字乃天之元焉。《坤·彖》"至哉坤元"，乃地之元也。《文言》"元者善之长也"，则人之元也。善之长，即仁义礼智之仁。仁从二从人，元亦从二从人，故仁为人之元。所谓天经地义，简言之即天良也。盖物各有元，大而天地，小而飞潜动植各物，均莫不具有此元。得之则生，不得则死。顾元之为元，无声无臭，无形质可见，而其功用所著，亦几非言语笔墨所能摩写而形容之。然元不可见，而仁可见。仁不可见，而仁之寓于事物者可见。古人造字，其精义往往互相钩贯。而即物定名，亦无不各寓其意。如果实核中之质体，名之曰仁，已可见矣。而元亦即可因仁而显其用。如果核桃曰桃仁，杏曰杏仁，而桃与杏之元，即在此仁之中。果核之所以能滋生者，实赖有此仁，赖有此仁中之元。吾于西人之纪载得一说，足为斯义之确证。西人于埃及地中，掘得四千年之古尸，尸腹中往往实以林禽及小麦等物。以保藏之非常完密，故均历久久而不坏。取林禽及麦而播种之，仍能发荣滋长，与新者无异。此无他，以其元之尚存在也。若其元已失散无存，则虽当年之果核，种之亦不能发生。因此可证明物各有元之理，而人元所存，则惟此天良。天良不灭，生机亦不灭。天良渐灭，则亦无元之果核，已无萌生之望。虽幸而生，亦行尸走肉而已。剥之上九，"硕果不食"，即此仅存之天良也欤！

嫌于无阳

《坤·上六·文言》："阴疑于阳必战，为其嫌于无阳也，故称龙焉。"注疏与各家讲解，均未能明悉。郑注"嫌"读如"群公慊"之慊，或作溓。溓，杂也。以嫌作杂字解。杂于无阳，语亦费解。《九家》作兼，谓阴阳合居，故曰"兼阳"，则"无"字又为赘文。王弼云"为其嫌于非阳而战"，《正义》谓"阴盛似阳为嫌，纯阴非阳，故称龙以明之"。说各不同，其未能畅发经旨则一也。辛斋按：阳本无尽，坤之上六为纯阴之候，近乎有无阳之嫌。今可举例以明之：五月初五日，相传为端午节，又曰端阳节。九月初九日，曰重阳日。而十月曰小阳月。夫五月，于卦之消息为姤，一阴始生，端者始也，当曰"端阴"，何以称之曰"端阳"？九月，于卦为剥，硕果仅存，阳已将尽，乃何以称之曰"重阳"？十月于卦为坤，爻辰正值坤之上六，纯阴无阳，何以曰"小阳"？此正扶阳抑阴之意，为其嫌于无阳也，故称"端阳""重阳""小阳"焉。则坤上之"嫌于无阳"，其义可比例而得，不待烦言而解矣。

阴阳

《易》数，以阳统阴者也。《易》象，以阳变阴者也。《易》义，扶阳抑阴者也。故阳大阴小，阳贵阴贱。凡对待之字，几无不以此为例。顾何以立天之道，不曰"阳与阴"，而曰"阴与阳"？又曰"一阴一阳之为道"，又曰"分阴分阳"？辄以阴居先而阳居后，必曰阴阳，无言阳阴者，其义何居？曰：此即天地之在义，而《易》道之妙用也。天尊地卑，《易》之序也。乃乾天颠下首而周乎地之下，坤地有常而高举于天之上。于是地天泰，四时成。天德不为首，而地道代终。一阴一阳，往来升降。至三阴三阳水火既济六爻皆当位，乾坤定矣。反之为一阳一阴，至三阳三阴，乃火水未济。六爻皆不当位，离坎不续终，而为男之穷矣。

阳卦多阴，阴卦多阳

《系传》曰："阳卦多阴，阴卦多阳。其故何也？阳卦奇，阴卦偶。其德行何也？阳一君而二民，君子之道也。阴二君而一民，小人之道也。"此章阐明《易》道阴阳之大义，为全《易》之关键。辨卦爻阴阳之德行，数理之体用，乃学者入手之纲领。故设为问答以明之。阳卦者，震、坎、艮，皆一阳而二阴。阴卦者，巽、离、兑，皆一阴而二阳。乾坤为各卦之原，且纯体不易，其阴阳易知，故不在此设问之列。历来注《易》家，于"一君二民""二君一民"之义，异说纷歧，莫可折衷。皆因泥于一二之数联属君民，故无论如何曲折迁就，终不可通。孙氏取郑康成氏《礼记·王制》注云："一君二民，谓黄帝尧舜。地方千里，为方千里者百。中国之民居七千里，计七七四十九方千里。四裔之民，居五十一方千里。是中国四裔，二民共事一君。二君一民，谓三代之末，以地方五千里。一君有五千里之五，五五二十五，更足以一君。二十五始满千里之方五十，乃当尧舜一民之地。故曰二君一民。"可谓极迂回曲折之致，而不敢谓其确合经义。至《朱子语类》，谓"二君一民，试问一个民而有两个君，看是甚么样"，则尤为滑稽矣。宋人讲解大意与朱子略同。其实孔子语意，甚为明白。"一君二民"，谓君得其一民得其二也。"二君一民"，谓君得其二民得其一也。"一""二"两字，不过表示多寡之意。故下文曰"君子之道""小人之道"，经义显豁呈露，无待曲解。何以时历三千年，经无数之经师大儒而迄未讲明？是可怪也。

见伏动变

见伏动变，谓之四通。"见"者，即本卦所独动之一爻也。① 见之下，即为"伏"。② 见显而伏隐，所谓由其可见，推其所不可见，故有见即有伏。见者动，动必有所之。之者往也，动之始也。有所之而之其所，则见者伏而伏者见，所以为变也。于八卦之象，兑见巽伏，震起艮止，而八卦之循环变化，悉在其中。故即以此而推之于爻，则亦不外此四者。而爻之性情才用，亦胥可见矣。见知现在，伏知将来。覆以穷其相反之情，变动中爻以尽其曲折之妙。故动而之于伏曰"动"，通变而存其位曰"变"。通一爻而有四卦之通，是以能该隐显，极常变，以周知天下之务。

见伏动变，循环迭更。如坤初为见，则乾初为伏，而姤复包其中。如复初为见，则姤初为伏，而乾坤又包其中。至其性情之同，则伏与动变，均与可见之爻互相发明。阴阳动静，流行不息，无往而不还隐而不见之理。故伏卦者，即见卦之所托以变动者也。动在内卦，则阴下而阳上。动在外卦，则阴上而阳下。是阴阳所生之阴阳，所以有少阴少阳之别。变在内外卦者反是。见伏为交，则动变为之摩荡矣。

一爻而具四爻之通，如乾二独动，则坤二伏矣。③ 师二为动，则同人之二为伏矣。故设卦观象，不可泥于一卦一爻。古人一家之学，虽未必能通贯全经，而一无障碍。如孟氏之旁通，京氏之飞变，虞氏之之正，邵氏之加倍四分，均各有独到之处。但证之于经传而合者，固皆有可取。而足与经义相发明，由博反约，慎择精审，是在学者之神而明之，非言之所能尽者矣。

---

① 如地雷复，则复之初九即为见。
② 如复内为震，震下即伏巽。
③ 乾"利见大人"，坤"直方大"。

八字命爻

胡氏煦《周易函书》，原文多至一百余卷。后虽节录为《约注》《约存》《别集》，尚有三十余卷，亦《易》说之大观矣。其全书纲要，以《系传》开而当名辨物一语为主。谓伏羲先天图，以黑白二色分别阴阳，皆连贯若环，至文王始开而为八卦，开而为六十四卦，以为发千古未有之秘。其实周子太极图，阴阳相互，分为三层。胡氏所绘之先天、小圆、大圆图，即由周子太极图衍而成之。又拆之为八卦六十四卦，谓为文王所开，其牵强固不待智者而知，即其本书中亦往往不能自圆其说。盖八卦不但有其象，尚有其数。若以黑白二色分别阴阳之爻，将一九四六之数，亦以黑白二色代之乎？其诬不待辨而明矣。然其于《易》理，致力颇深。融合汉宋，时有心得，瑕不掩瑜。三书之可取者甚多。其八字命爻之说，尤为详人所略，语极精到，大有畀于初学，特约其大意如左。

圣人命爻之义，有十二样笔法：阴阳各六，九六分称是也。然其因卦论爻，因爻论卦，而三百八十四爻之义，已各各迥别。顾此十二样笔法，要其寓意止有八字：初、上、九、六、二、三、四、五是也。

何以初命为初，上命为上也？曰：圣人立卦，止于三爻，不以两画，不以四画，其妙正在于此。何也？以天下之物，各有其位。位之所乘，各有其时。时与位合，而参差不齐之数出焉。圣人设卦立象，凡以考时之所值，位之所乘而已。然时有三候，位有三等，故立卦亦止于三爻。何云时有三候？曰：此概辞也。今但取一时，铢铢寸寸而较之，虽累百千万，不足尽此一时之数矣。譬自盘古开天以及尧舜，其中历年原不可考。今以三候约之，曰此古之初，此古之中，此古之末，则无不可以意会者。① 又一岁十二月，今亦以三候约之，为岁之初，岁之中，岁之末，亦无不可心意会者。下至时日亦然。是流行之机，或远或近，或舒或促，皆无有踰此三候者

---

① 近世科学家研究历史地质等学者亦概用此法。

也。何云位有三等？曰：此亦概辞也。今但取一物铢铢寸寸而数之，累千百万，不足尽此一物之位矣。譬若立五尺之竿于此，以三等约之，上者上，中者中，下者下，尽之矣。又立千尺百尺之竿于此，亦以三等约之，上者上，中者中，下者下，尽之矣。是形器之属，或高或卑或广或狭，均无有踰此三等者也。况上古民淳事简，以三候约时，以三等约位，得其大概，已可共喻。后世知识日开，人事日繁，一岁之候，分而为月，又分而为日，又分而为时刻分秒，细分之至于毫厘丝忽之不可尽。其于位之大小长短，亦复如是。皆其细已甚者也。至约以三等三候，曾有出圣人之范围者乎？凡有位者必有时，于是乎有上之时，中之时，下之时。凡有时者必有位，于是乎有初之位，中之位，末之位。圣人欲以卦象尽天下之物，则不得不体物象所自具之时位而命之爻。所以三爻之设，决不可以增减也。然就三爻而立之名，则取时必遗位，取位必遗时。圣人知阴阳必偶，而物生必先气而后形，于是乎立为重卦。以时而命内卦之初，明乎气之肇端，于此始也。以位而命外卦之上，明乎形之成质，于此定也。周公释爻，每兼时位，职是故也。时阴而位阳，时虚而位实。时由乾出，位由坤始也。

　　流行不息者时，乾道之动用也。故不可定之以位。镇静而有常者位，坤德之静体也。故不可定之以时。卦爻刚柔，悉出乾坤。无一卦一爻无刚柔，则无一卦一爻无动静，则无一卦一爻不具此时位者矣。然时出于乾，而阴爻亦得言之；位出于坤，而阳爻亦得言之者，此又乾坤相须之大用，不可偏废者也。

　　言初而不言中末，言上而不言下中何也？曰：《易》为上古之书，文字初起，不能不简而赅，使人便于传习，而深致其思。后世文字既繁，遂连篇累牍而不止，反不若古人之简而能赅其要也。如屯卦继乾坤而居《序卦》之首，曰刚柔始交。刚柔者，乾坤也。交者，刚柔之互也。始者赅六十二卦之辞，圣人知六爻各一其时位，而又不能合一时位，乃赅以一字，即以初字著其时之理于下，而以上字著其位之理于上，各从其所重而定之云尔。乾以始之，故举其端而言初。坤以终之，故竟其委而言上。又使知卦既有初，则其为中为末举可类推。既有上，则其为中为下举可意想也。又使知上与初对，则上字原可以赅末。初与上对，则初字原可以赅下。皆简而能赅，引端而无待竟委者也。《周易》卦爻，文字所不能赅者，而象无不可以赅之。象固不可限量也。

　　内卦为来，外卦为往。初则来之始，上则往之极也。用一初字，是欲人溯源于太极。用一上字，是欲人知极则必反也。有往则必有反，有来则必有初。如人从何处来，则必有最初发足之地，非仅向发足时考之也。是要穷到地头，知其来自何处耳。缘爻象从来之处，非可易察。故孔子曰"其初难知"。若其既有所往，自无往而不反之理。今以一字说到极处，而必反之理即在其中。由其上之已无可加，则往到极处，已显而易明。故孔子曰"其上易知"也。

　　今以上之一字例诸初，则初当曰下。以二三四五之序次例诸初，则初当曰一。乃不曰下不曰一而特命为初，此正圣人寓义之最精处。因《易》之卦爻，原本先天，在阴阳未判之先，浑然一太极耳。逮一画开天，自无出有，乾元一亨，万物之始，悉资于此。但形质未成之先，止有气耳。气机初萌，实托始于乾元，毓灵于太极。方斯时也，既无实质可指以定其位，非考之以时，曷由辨乎？顾时有三候而初则气机之方萌，方从太极天心流衍而出，故特用一"初"字，以发明卦爻所从出源头。而"来"字之义，亦即寓于"初"字之中。《象》以内卦称"来"，即从"初"字出也。凡物既有初，则此后岂有穷尽？故不言中末，是初之重于中末也。位既定于上，则下焉皆其所统。故不言下中，是上重于下中也。八卦本于太极，而太极无象可求。故以两仪初成之爻，命之曰初。为其有形可睹，自此一爻而始。故二三四五皆纪之以数。乃初之一爻，非数所能始，以有太极在其前也。巽以伏卦而取震象一阳未生之始，亦曰无初，是正有无分界之始，亦即此初字之义也。缘其分位，本属两仪，又不得上侵太极之一。论其成质，实居有形之最先，又不得连太极而序之。以下侵中爻之二，故以初命爻。使人探本穷源，由其能来之故。而追索于所以有初者，果何在耳？

　　以初爻之义例诸上，则上当曰末。以二三四五之序例诸上，则上当曰六。今不曰末不曰六而特命为上者，言乎其爻极于此止于此也。盖立卦定于三爻，重卦止于六画。伏羲画卦至六爻，已成六十四象，足以备天下万事万物之理。六爻之外，无以复加。圣人即寄无以复加之义，于最后所成之一爻，而命之为上，言此外已无可上也。二三四五纪之以数，而上独非数者，以数之所衍，原无终穷之时。即上之一位，亦非数之所能极也。然以九二六二之类比之，而初之九六，何独在下？盖因乾元之亨，先气后形；而气之将至，则无形可执。今观揲蓍求卦之时，分二挂一，揲四归奇，明知此爻之形体，必将有成，则是此爻已有其初矣。然气至而形未著，则阴阳之体犹未可定，故不能定之以位，而但可考之以时，而称之为初。必待三变既足，察其数之多少，有阴阳老少之可辨，乃始有九六之可称矣。譬若妊娠将娩，当胞胎乍转，业已知其生之初矣。然分别男女，必待既生以后，审其形体而后能定。是时之可征者在先，而形之可观者在后。故九六在初字之下也。

二三四五别之以数，不与初上同类，何也？曰：圣人立卦之法，取象于天地之化育。上爻覆之于上，天也。初爻承之于下，地也。其中所有，则资始资生之化，所称为万物者也。万物成形之后，其类实繁。非纪以数，曷由辨之？曰初上何独不记之以数也？曰：初在理气相接之始，非数之所能始也。上爻极尽而反，贞下又复起元，岂有终穷之数？故亦不以数纪也。

初上二爻，九六在下；二三四五，九六在上。何也？曰：卦之初爻既成，阴阳两象，确有定体。然后审定阴阳所至之分数，如阴阳到二分，便以为九六之二；到三分，便以为九六之三。若婴孩既生，业已男女可辨，然后可以数纪其长幼之次序。故二三四五在九六之下也。

卦至上爻，九六又复在下。何也？曰：上为穷极将返之时，其上更无可加。是上之一位，即此卦之大终大止，其位得而主之。阴阳至此，皆不能以自主。泰之复隍，否之倾否，剥之剥庐，皆谓其极则必反。故九六字在下也。

既以初为来处，则来之义只可言于初。既以上为往时，则时之义只可言于上。乃内三爻均言来，外三爻均言往。何也？曰圣人以三画成卦，则此三爻虽阴阳上下不同，莫不同具此一卦之性情，又不可执定实有此等三画之象，确然植立于此而不可易也。只是圣人假此著数，以探讨太极阴阳将形未形之气机，不能无太少动静之别，而因画出奇偶以拟议阴阳相变之分数。其内外上下多寡，纯杂有如是耳。气机无截然可分之候，故三画只宜作一卦看。气机亦非形体之可似，故亦不必以连断之形体拘也。重卦虽分内外，不过体用两端而已。今既同为内卦，则皆可自初而言来；同为外卦，则皆可因上而言往矣。

初爻考之以时，然欲追寻来处，则又宜在位上考究。上爻定之以位，然欲人知为穷极将反，则又宜在时上着意。即此时位两字，所谓有位中之时，有时中之位。参伍错综，维精维妙维肖。神而明之，更非言语可尽矣。

或问：读《易》之方法如何？曰：必先读经。或曰：经文奥衍，初学者不能骤解，必先得明白解释之注本，而后经始可读。现所通行之读本，大都为朱子《本义》。而《本义》之解释既略，且多以不解解之。往往曰"其象如此其占如此"，而究其何以如此，仍不得而知。初学读之，不但茫无头绪，且如其解以解经文，亦味同嚼蜡。虽极好学者，读不终卷，已昏倦欲睡，则经又乌能读乎？曰：不读经而看注无益也。不熟读经而看注，亦仍无益也。读经之方法，宜先读最后之《说卦传》，次读上、下《系传》，然后读上、下《经》，则于卦位、爻位、象义及彖、象、爻之材德，已略有头绪。以读经文，自可领会。必逐卦读之极熟，认之极清，任举一爻，而各爻之文相类而相似者，俱可列数；任举一卦，而反正上下变互诸卦，俱可意会。更有未喻者，然后求之诸家之注释，方能择善而从，确获其益也。曰：诸家之注释，浩如烟海，宜先阅何种为最善？曰：《易》有四道，辞变象占。尚辞者莫备于《程传》，深有得于洁净精微之旨。然其所短者，往往离象数以言理，而有时不免于凿空。是宜参以纪慎斋之《易问》及《观易外编》，① 庶可以补其

---

① 纪氏名大奎，临川人，有《双桂堂丛书》。以性理说《易》而不离于象数，能会汉宋两派之说而撷其精，乃近人《易》说之最善者也。

阙失矣。至于象数，宜从汉学。但两汉《易》说之存于今者，几无一完本。李氏《集解》①虽搜罗宏富，然东鳞西爪，初学每苦其不能贯串。则宜先阅瞿塘来知德氏《集注》，其于象也较详，②且处处为初学说法，反复周详，惟恐读者不能了解。与貌为艰深，故意令人无从索解者，殊有上下床之别。惟来氏僻处巫峡，仅凭自力之研求，于古人之著述，未得遍览，故其间有自以为创解者，实早为昔人所已言。如用九用六之类，不胜枚举。而其错综之说，尤为后人所攻击。盖儒流积习，凡讲学者，或汉或宋，必标明一种旗帜，而附他人门户之下，而后其学说始克成立。虽亦不免一方之攻击，而必能得一方之拥护。来氏之学，非汉非宋，故受两方之攻击，几体无完肤矣。然来氏于象，亦仅得十之五六，③而于数尤未能辨晰。盖数虽原本于河洛，但《易》有体数，有用数，有五行数，④有纳甲数，各有不同。来氏不辨于此，故遇言数之卦，开口便错，是则其所短矣。曰：《易》注之言数者，宜阅何书？曰：《易》之言数，皆根于孔子《系传》之天一地二至天九地十。河洛实数之渊源，虽汉学家尽力辨驳，而数理实有其征验，非空言所可掩也。朱子《启蒙》演绎颇详，宋人丁易东氏之《数衍》，及近人江慎修氏之《河洛精蕴》，更推阐尽致。余如宋末朱元昇氏之《三易备遗》，于五行数尤有独到之处。至邵子《皇极》先天数，虽自成一家，⑤然于卦义发明实多。朱子《启蒙》，采用其说十之八九，自为言象数者不可不读之书也。扬子《太玄》，演数甚精，足与《易》道相证。学者果有余暇，不妨涉猎及之，以广理趣。若温公之《潜虚》，更不逮《太玄》远矣。

或曰：向之言《易》者，每曰理象气数。理象与数，既闻之

---

① 唐李鼎祚编纂，汲古、津逮、照旷均有精刻。卢氏雅雨堂刻本亦佳。
② 来注颇盛行于西南，坊间多有刻本。浙江萧山来氏宗嗣亦尚有存书。
③ 初学阅之，亦足为一隅之举矣。
④ 即纳音数。
⑤ 邵子专以一二三四五六七八分阴阳刚柔之太少，乾兑离震但为一二三四之代名词耳。惟先天圆方二图于阴阳消长推衍精详，妙合天然，是于六日七分之外又另辟蹊径。然以之入用，仍取京图。

矣。所谓气者，是否即指卦气？曰：气者，即天地阴阳之气。故一曰气始，二曰形始。气居于形之先，形包于气之中。流行不息，运化无穷。大无外而细无间，皆气之所周也。然气不可见，故显之以象，而节之以数，析之以理。言理言数言象，皆所以言气也。固不仅为卦气，卦气但以明一岁四时七十二候之序耳。五行者，所以别气之刚柔。干支者，所以明气之盛衰。纳甲以象气之交错，纳音以尽气之变化。而出入内外，节以制度，皆在于数。故明乎数之理，象与气可坐而致焉。

曰：然则以何书为善？曰：是宜求之于阴阳之学。向来阴阳术数之书，皆精粗杂糅，瑕瑜参半。《数理精蕴》与《仪象历象考成》《五行大义》诸书，皆宜参看。《易纬乾凿度》《乾坤凿度稽览》等书，亦不尽无稽。是在读者能审其当否耳。曰：道广大，固不仅为占卜之用。然辞变象占，则占亦在易学所不废。究竟言占者，宜何道之从？曰：周人占筮，各有专官。三《易》分称，则三《易》当各有其占法，而今已失传。孔子赞《易》，实以明道，非断吉凶分别去取者，迄未尝言之。后人但取《左传》《国策》等书，所纪占筮之文而模仿之，① 以一爻变二爻变至六爻变，定为去取之例。② 无论其或用变爻，或用不变之爻，已与《周易》用变之例自相矛盾。即如其所言，则所得之爻或吉或凶，亦无方法以判断其所以吉凶之故。亦如问签枚卜者之偶中即以为验，不中亦无以明其不中之故。至精至神之《易》道，恐不如是也。夫《易》彰往察来，断无占而不验，验而无以知其所以然之理。特占法未明，《左传》等书所载但如纪算术者，只载其得数，而未演其细草也。既无细草，则安能知其方式？不知其方式，又安知其数之从何而得哉！今但以其得数为方式，宜其所求之数无从而得矣。故《火珠林》之术，③ 以及六壬、太乙、奇门三式，其操术精者，尚无不验。独宋贤《筮仪》之揲蓍求卦，其验否茫无把握。岂孔子知来藏往之说为欺人哉！是未

---

① 《启蒙》等书是。
② 即用本卦或用之卦。
③ 今术家所用者是。

得其法也。断可训矣！盖京焦之术，大儒所薄为方技而不屑道者，而不知西汉去古未远，其飞伏世应五行顺逆之法，必有所受。① 故以之推算，非但吉凶确有可凭，而远验诸年，近征之日，虽时刻分秒亦均有数之可稽。管辂郭璞等占验，亦均有准的，皆是术也。自王弼扫象，后之言《易》者，以性理为精微。凡阴阳五行九宫星象，皆目为芜秽而绝口不谈。不知《易》道广大悉备，况占筮本术数之一端，阴阳乃《易》道之大纲；既言《易》，而屏除阴阳；既不明术数，而仍欲言占卜，岂非至不可解之事乎？故余以为欲明象占，宜求诸术数，更由术数而求诸经义，方可谓技焉而进于道。必有超出寻常而为术士所不及者，盖术者但知其当然不知其所以然。果能一一以经义证之，以明其所以然之理，此正吾辈之责耳。自邵子以降，如刘青田、姚广孝之俦，类皆能明其所以然之故者。是以能知未来，如烛照数计。惜处专制政体之下，禁治阴阳壬遁之学。有其书者，必令销毁。今所传者，都为抄本。传写谬讹，且多割裂改窜，仅略留形式，尚不完备，又乌能施之于用乎？且不但禁三式诸书，即《易》注之涉及神化，或精论术数者，亦在所严斥。故士流所习，仅限于王《注》、孔《疏》、程《传》、朱《义》，此外皆属违式。至有清中叶以后，居然上及马郑；而道咸之际，且盛行虞义者，则以阮仪征辈之提倡，而朝廷欲博古文之虚名，故为之网开一面耳。今政体既革，读书尚得自由，则《易》道之昌明，更无其他之阻力。学者宜致力于全经以立其本，然后广求秘籍，旁及科学。凡有足以与吾《易》相发明者，无不可兼收并蓄。既会其通而征诸实，然后由博反约，以撷其精英，而仍缩千里于尺幅。《易》之大用，庶乎其可见欤！

曰：致力全经，更有无较善之注本？曰：向之说《易》者，其空谈性理无论矣。即能求诸象数者，要皆见卦说卦，见象说象，鲜能会六十四卦之通，合全《易》以明一卦一爻者。胜清之季，惟焦

---

① 孔子《上系》起中孚，《下系》起咸，与京氏卦气正合。可见孔子以前，必有此六十四卦之序。故孔子于无意中即举此二卦为言，否则六十四卦何卦不可为《系辞》之首？又安有如是之巧合也？即此以推，则世应飞伏之有所自来，亦断可识矣。

氏循之《易通释》、姚氏《易》、① 端木氏之《周易指》与纪氏之《易问》《观易外编》，皆能自出杼，不依傍古人门户。会通全《易》以立说者，虽各有所蔽，而精到之处有非前人可及者。学者但依据经文以为去取，自能可得其所长，更可触类而有所悟矣。又长沙彭氏，刻有《易经解注传义辨正》一书。虽以李氏《集解》、王弼《注》、程《传》、朱《义》为本，而引据极博。各家注释，皆采取其精。携此一编，足以荟百数十家之学说而便于参考，亦近今之佳著也。

---

① 湖北局刻及《续皇清经解》。

观象之方法

或曰：读《易》之次序，既闻之矣，观象之方法如何，可得闻欤？①曰：君子所居而安者，《易》之序也。所乐而玩者，爻之辞也。①故观象必先观其序。《周易》之卦序，与《连山》《归藏》不同。《周易》之象辞爻辞，皆一依《序卦》之义。如乾坤后继之以屯，屯后次之以蒙，《序卦传》已详述其义。凡一卦之《象》，及六爻之辞，即本此义，与本卦之名义而发挥之者也。如屯之义为难，故六爻皆取屯难之义。蒙之六爻皆取蒙昧之义，此犹其易见者也。如睽之六爻，曰"丧马勿逐自复，见恶人无咎"，曰"遇主于巷"。不观卦名之义，其爻辞即无从解释。盖睽有乖舛违戾之意，故其辞爻无不乖违。夫丧马宜逐者也，乃勿逐自复；见恶人宜有咎者也，乃无咎；遇主应于朝庙，今乃遇之于巷，皆乘异之权者也。盖当睽之时，祸福颠倒，见为祸者或且为福，见为福者或反得祸。以下爻辞，亦皆类此。若不明睽之义，又何从而测之？略举其一，余可类推矣。既观其序之次，与本卦命名之义，以读其辞，已思过半矣。然后玩内外之卦象，为阴为阳，为正为隅。②或相成，或相害。③如水火相息，水上火下为既济，二女同居为睽为革之类，皆合两卦之名义而取象者，不可不察也。内外之义既明，然后分六位而观之，别刚柔，分阴阳；察往来，定主爻；看应与之有无，辨爻位之当否，而六爻之象始可睹矣。以验爻辞及《象传》，是否与所观察者相合。如爻象之辞，出于所观察之外，则必详求其故。或求诸中爻，或求诸互卦。更有未得，则求诸反卦④对卦，⑤与上下交易之卦，⑥则必有所得矣。更不能得，再详玩先后天八卦之图。以本卦

---

① 《系上传》。
② 坎离正也中也，震兑正也，乾坤巽艮隅也。然乾坤先天亦为中。
③ 《大有·初九》"无交害"，害即火克金也。
④ 即来氏所谓"综"。
⑤ 即来氏所谓"错"，虞氏曰"旁通"。
⑥ 如山水蒙，上下相易水山蹇。

之方位合之，看是如何。如山风蛊，六爻皆取父母之象，反覆推求不能得。考之各家注释，亦均无发明。最后求之先后天方位，乃恍然矣。盖艮巽在先天图，巽西南而艮西北，即后天乾坤之位。乾父坤母，故蛊卦之父母之象即由此而来。须知圣人彖、象之辞，皆根于卦象，无一字之虚设，无一义之虚悬。即假借之虚字，亦均与卦象有关。而《象传》之韵，更字字分阴分阳。或双声叠韵，或一字两音，则必阴阳相通，而以一字兼绾二卦之义者也。精细致密，剖析毫芒，故读《易》必须字字咀嚼，字字反覆推求，方能得圣人之意于万一也。一卦即明其大意，然后推之于类卦，以及六十四卦，证之以《系传》《杂卦》，更参之以数理，准之以天时，《易》之道庶乎其可通矣。

学易笔谈初集卷二

立人之道

立人之道，曰仁与义，实惟六爻中三四两位。孔子赞《易》，借以明人道而立人极，以参天地之化育，故特注重中爻。三五同功而三多凶，二四同功而四多惧。以见人生为忧患始，毕生在多凶多惧之中，如作茧自缚而不能脱。于是本悲天悯人之心，不惜韦编三绝，阐发阴阳造化之机，明贞胜贞一之理，而示人以进德修业人定胜天之道，皆在于三四两爻尽之。乾之九三九四，六十四卦人爻之开始也。九三曰"君子终日乾乾夕惕若夤厉无咎"，九四曰"或跃在渊无咎"。乾乾夕惕，修己以仁也。跃而称或，揆之于义也。常存戒谨恐惧之心，庶几可免于大过。① 吉凶虽有命，而悔吝寡矣。故曰无咎。无咎者，善补过也。《九三·文言》曰："知至至之，可与几也。"因三爻在上下之交，乃进退存亡之几。理欲之界，人禽之别，得失之间，不容毫发。孟子曰"人之所以异于禽兽者几希"，即此几也。《屯·六三》曰"君子几不如舍"，《豫·六二》曰"介于石不终日"，②《系传》曰"知几其神乎？君子上交不谄，下交不渎，其知几乎？几者动之微，吉之先见者也。君子见几而作，不俟

---

① 乾六爻中四爻动成颐䷚，颐失道而口实自养则成大过䷛。乾九三九四两爻本小过之中爻䷽，能得其道则小过亦可免而成中孚䷼，中孚则合乎立人之道矣。故曰"《易》者圣人教人寡过之书"。

② 《乾·九三》曰"终日"，《豫·六二》故曰"不终日"。

终日。《易》'曰介于石不终日贞吉'。介如石为，宁用终日？断可识矣。君子知柔知刚，万夫之望"，又曰"颜氏之子，其庶几乎！夫《易》者，圣人之所以极深而研几也。唯几焉，故能成天下之务"，皆所以阐发此九三一爻之义也。至九四，则其动已著，已由下卦而进于上卦。进而及时，则为豫之"大有得"，为随之"有孚在道"，为大过之"栋隆"，为萃之"大吉无咎"，为革之"有孚改命"。进而失时，为晋之"硕鼠"，为夬之"无肤"，为姤之"无鱼"，为震之"遂泥"，为鼎之"折足"。或得或失，只能安之于义命。孔子更于咸之九四一爻，特畅其义，曰："天下何思何虑？天下同归而殊涂，一致而百虑。天下何思何虑？日往则月来，月往则日来，日月相推而明生焉。寒往则暑来，暑往则寒来，寒暑相推而岁成焉。往者屈也，来者信也，屈信相感而利生焉。尺蠖之屈，以求信也。龙蛇之蛰，以存身也。精义入神，以致用也。利用安身，以崇德也。过此以往，未之或知也。穷神知化，德之盛也。"盖乾为《上经》之首，咸为《下经》之首，故特于此两卦，分言三四两爻，以明立人之道。而圣人作《易》，与孔子赞《易》之微旨，胥于是见之矣。

乾九三为当位之爻，九四为不当位之爻。故《九四·文言》"上不在天，下不在田，中不在人"，而《咸·象传》曰"君子以虚受人"。"以虚受人"者，即此九四一爻为虚爻也。九四为虚，则九三为实。修辞立诚，忠信进德，学以聚之，问以辨之，宽以居之，仁以行之，皆立德之事也。一致百虑，殊涂同归，日月生明，寒暑成岁，而一身之往来屈信，亦如日月寒暑之推移迭更，而悉出于自然。是能与天地相感通，如龙蛇之变化，所谓阴阳不测之谓神，皆形而上者之谓也。[①] 道运于虚，而德征诸实。孔子赞《易》立教，是为中人说法。[②] 故以仁义立本，以致用为归。言有不言无，言德

---

① "无思也，无为也，寂然不动感而遂通天下之故，非天下之至神，其孰能与于此？"此即咸之精义，二气感应之妙用。而下文即继之以"极深研几"，可见三四两爻贯通之线索矣。

② 《论语》："中人以上，可以语上也。中人以下，不可以语上也。"

不言道。于六十四卦《象传》，发明立教之旨。皆以人合天，修身俟命。① 乾以易知，坤以简能。夫妇之愚，可以与知与能者也。至形上之道，则下学上达，乃成德以后所有事，不在教义范围以内。② 故《序卦传》以"有天地，有男女，有夫妇，有父子，有君臣，有上下，然后礼义有所错"，以标明立教之旨。而六十四卦，独不列乾坤与咸之卦名。盖以乾为天道，坤为地道。咸乃无思无为形上之道，特阙之以清明道与立教之界限。而于《系传》中，阐发明道之功。更于《说卦》"穷理尽性至命"一章，为上达之指归。孔子赞《易》以明道立教之旨，固已脉络分明，先后次序，一线不乱。乃朱子《本义》犹谓以卜筮教人，示人以避凶趋吉之书，不几与《感应篇》《阴骘文》等量而齐观耶？是何异以璇玑玉衡而仅为指南针之用焉？

---

① 凡卦《象传》以释上下两象，《象传》则合两卦而贯串之，即以明中爻之义，即以明三四两人爻之义，所谓立人之道。详《易楔》"以"字下。

② 《论语》："夫子之文章，可得而闻也。夫子之言性与天道，不可得而闻也。""文章"即九三之"修辞立其诚"，"性与天道"则九四之"感而遂通，精义入神，穷神知化"之功也。

中孚

孔子立教之要义，曰中，曰时。大过乎中者曰大过，小过乎中者曰小过。无往而非中者，乾坤坎离也。巽兑震艮，皆过乎中。故泽风䷛为大过，雷山䷽为小过。圣人教人于二四三五致其功。大过而至于小过，小过而至于无过，皆三四中爻反复其道。小过反之为颐䷚，大过反之为中孚䷼，而过可免矣。中孚"豚鱼吉"。至诚之所感，物无不化，而况于人乎？然中孚之风泽，非即大过之泽风乎？何以泽风为大过而不中，风泽即为中孚而合乎中？旧说或曰"以其中虚也"。然颐之中更虚，何以不言中？或曰"孚者信也"，大象离伏坎，故曰中孚。然则重坎更孚矣，何以曰"习坎有孚"，不曰"中孚"？是皆于中孚之义未有得也。按天地之数，坎天一至兑地十。①巽五兑十，五十居五十五数之中，所以神变化而行鬼神者也。巽与兑合，五与十合，故曰中孚。子曰："五十以学《易》可以无大过矣。"即中孚之道也。卦气冬至起中孚九二，夏至起咸，故孔子于《上系》十一爻，首"鸣鹤在阴"；《下系》十一爻，首"憧憧尔思"。而《中孚·象传》曰："中孚利贞，乃应乎天也。"应乎天则合乎天之气，而日月寒暑相推，则二气感应之理尤明。孔子系《易》，虽未明言卦气，而言行昭垂，无不上合法象。② 所以与天地参，而建中立极也夫！③

---

① 坎一，艮二、三，震四，巽五、六，离七，坤八、九，兑十。

② 《中庸》："仲尼祖述舜尧，宪章文武。上律天时，下袭水土。辟如四时之错行，日月之代明。"

③ 大过反复为中孚，小过反复为䷚颐。初九"舍尔灵龟"，六四"虎视眈眈"。龟离象而属北方玄武，火伏水中故能服气。虎艮象，下应初，金生水，丹家所谓龙从火里出，虎向水中生之象也。初莫若舍其灵龟，不能应乎四，则虎视眈眈，两败俱伤矣。颐曰"观颐"，"神道"，本言道之卦。孔子不言神，故以"君子以慎言语节饮食"释之。

曰仁与义

　　孔子以《易》立教，示人以用世之道。故"立人之道，曰仁与义"。仁从二人，盖必人与我相交接，而后可用吾仁。义从羊。羊者善群之物也。合多数人而为群，则有亲疏远近同异好恶之殊。于是仁之术，或有时而穷，不能不裁之以义。群既合，则必循有条理之组织，以定其秩序，于是礼缘义起。礼者理也，履也，各有定程，为人所循其当行者，而躬行实践者也。有组织，有定程，则必有所契约以共守之，而信著焉。故礼与信者，仁义之器也。皆入世之道也。《易》曰"元亨利贞"，孔子以四德释之。君子行此四德，用之则行者焉。故曰用世。若离群绝世，翛然物外，则将何所用吾仁？何所用吾义？又何所用吾礼与信？然非无仁义也，非无礼与信也。舍之则藏，蓄吾德以复吾性。率性为道，庶几下学上达，由器而进乎道矣。是故形而下者之谓器，非必制器尚象舟车宫室耒耜杵臼等之为器也。苟不能尽吾性，则礼乐政刑皆器也，仁义亦器也。形而上者之谓道，非必仁义礼信之为道也。能尽吾性，即一器一物之微，亦何莫非道之所寓？然因人立教，故未可骤言道也。故曰立仁与义。①

---

① 佛家出世法无所谓仁义礼信，大圆性海中惟智灯独照而已。

六日七分

《易纬》卦气，六十四卦中，提出坎震离兑为四伯，亦曰四监，以主一年二十四气。坎主冬至迄惊蛰，震主春分迄芒种，离主夏至迄白露，兑主秋分迄大雪。余六十卦，以中孚起冬至，每卦主六日七分，每五卦分公辟侯大夫卿，主六候两气一节，六十卦共三百六十五日四分日之一，以合周天三百六十五度四分度之一。又别置复、临、泰、大壮、夬、乾、姤、遁、否、观、剥、坤为十二辟卦，每爻各主一候。① 自复至乾为息卦，曰太阳。自姤至坤为消卦，曰太阴。息卦所属者曰少阳，消卦所属者曰少阴。以四伯领十二辟，十二辟领公辟侯大夫卿五卦，以司一岁之卦气，以推吉凶，名为六日七分之学。盛于西汉，而尤于京氏为精。故后人辄称之为京房卦气。其实此法相传最古。今所传《连山》，卦虽残缺不完，然以坎离震兑分主四季，亦复相同。可见自三代时已有此学。故孔子《系传》上系起中孚，下系起咸，亦述而不作焉。汉人去古未远，三代遗法犹有存者。京氏之学，自必有所师承，非所能臆造者。特其时谶纬之说盛行，各自为说，真赝莫辨，渐入于怪诞支离，几不可究诘。至禁习纬书以遏其颓波，而三古仅存之遗法，亦为之湮没不彰，良可痛也。后之言卦气者，变化百出，有自乾至未济，依文王《序卦》，以一卦直一日，乾直甲子，坤直乙丑，迄未济直癸亥，周而复始。六周尽三百六十日，而坎离震兑直二分二至，此焦氏之法也。有以乾坤坎离为橐籥，余六十卦，依《序卦》一爻值一时；而周一月，又以十二辟卦，每卦管领一时。此魏伯阳之法也。有以六十卦，一爻主一日，《上经》起乾甲子，泰甲戌，噬嗑甲申，至离三十卦，而三甲尽。《下经》起咸甲午，损甲辰，震甲寅，至癸亥而终，亦三十卦。另以中孚小过既未济，代坎离震兑，以应分至。每爻直十五日，以应二十四气。此史绳祖之法也。至邵康节以先天图定卦气，以复起冬至，姤起夏至，以乾坤坎离，分主二至二

---

① 五日五分，又六分分之，五为一候。

分。而张理又取邵子先天方图，以冬至起复，至泰而正月，乾四月，否七月，坤十月。又以一阴一阳至六阴六阳分列，六阳处南，自下而升；六阴处北，自上而降，则又合汉宋为一家矣。《易占经纬》又以文王八卦，依邵子先天式列为圆图，而以涣起冬至。纷纷不一。除焦氏为别立占法，非关卦气；魏伯阳《参同契》，乃借《易》以演其丹经；邵子先天数，以《易》演其《皇极经世》，各自成一家，当从别论外，其余皆模仿六日七分法以之推演者。虽具有条理，而按诸理数而无当，验诸天时而不合。虽斥为无知妄作，亦未为不可。至因众说之芜杂，并卦气而亦妄之，无乃矫枉而过其正欤！

月建积算

攻京氏之术，其占法所用月建，与近世术家之所谓月建不同。近以占日所隶节为月建，而京氏以爻直月，从世起建，布于六位。惟乾坎二卦从初爻起，余卦均从世爻起。如乾起甲子，坤起甲午，一卦凡六月也。积算则以爻直日，即从建所止起日，如姤之上九乙亥，即以乙亥起上九为一日，终而复始。一卦凡一百八十日。近则月为直符，日为传符，以见于爻之卦支，合于日月者当之，与古法异矣。盖京氏之学，魏晋以后，已鲜传人。至宋时，仅存《火珠林》之法。而所谓《火珠林》者，亦不详其所自，未知撰述者何人。要之以钱代筹，与近世所传相近，而《火珠林》之书卒不可见。间有传本，又钞写不同，未能确辨其真伪也。今所传卜筮之书，大都出于唐宋之后。溯其渊源，终不出京氏世应飞伏之范围。而取用分类，或视昔较繁。世事纷纭，孳乳递演，累进无已。机械之用，尤日出不穷。故推算之术，往往今密于古。但按于理而可通，征诸道而不悖者，正不妨变通以宜民，必执旧法以相绳无谓也。

夕惕若夤

《乾·九三》"君子终日乾乾夕惕若夤厉无咎",旧本无"夤"字,后据《说文》所引补入。高邮王氏驳之,列举五义,其说详矣。然以卦象推之,乾九三爻即艮爻,《艮·九三》"艮其限列其夤厉熏心",足以证《乾·九三》之"夕惕若夤厉无咎"之"夤"字,决非《说文》所误引,与后人传写之讹也。王氏以《文言》亦无"夤"字,为所据五证之最有力者。然传以释经,固未必全录经文。"坤先迷后得主利",而《文言》曰"后得主而有常",亦无利字,岂足以证《坤·彖》"先迷后得主利"之"利"字为衍文乎?"夤"字于卦义爻义,均极有关系,当别为说以详之。

改经之贻误

《系传》"天一地二天三地四"至"所以神变化而行鬼神也"一节，原本在"《易》有圣人之道四焉"一节之前。下文所谓"参伍以变错综其数，通其变极其数"云云，皆根据于此。程子以之移在"大衍之数五十"之上，后人皆因之，遂将经文前后隔截，不相贯串，致发生二种错误。其一，"参伍错综"二语，无所附丽辗转相讹，异说滋多。来瞿塘之错综，张乘槎之参伍，其病根皆伏于此。其二，今"大衍之数五十"，因与"天地之数五十有五"不符，发生无数异议。其实天地之数自天地之数，大衍之数自大衍之数，本不相蒙。因经文移易之后，两节相为联属，遂混两说而一之，费无限辩论驳议，于经文无所发明，转多轇轕。此皆改经之流弊也。宋儒好擅改经文，贻误后学实多，此特其一耳。至有明乔氏黄氏，及清任钓台等，擅将《系辞》颠倒错乱，尤为无知妄作，要亦宋儒之有以开其先也。

九六

《周易》"用九用六"。"九""六"二字，注《易》者立说不一。《正义》云："阳爻称九，阴爻称六。"其说有二：一者乾体三画，坤体六画。阳得兼阴，故其数九。阴不得兼阳，故其数六。二者老阳数九，老阴数六。老阴老阳皆变，《周易》以变为占。揲蓍之数，九过揲则得老阳，六过揲则得老阴。少阳称七，少阴称八，皆不变，为爻之本体。老阳老阴交而后变，故为爻之别名。邵子曰："《易》有真数三而已。三天者三三而九，两地者倍三而六。阴无一，阳无十。"杨氏万里曰："积天数之一三五曰九，积地数之二四曰六。"《朱子语类》："奇阳体圆，其法径一围三而用其全，故少之为数三。偶阴体方，其法径一围四而用其半，故多之为数二。归奇积三三为九，过揲四九为三十六。积三二为六，过揲四六为二十四。积二三一二为八，过揲四八三十二。积二二一三为七，过揲四七二十八。七八九六，经纬乎阴阳。阳进阴退，故九六为老，七八为少。阳极于九，退八而为阴。阴极于六，进七而为阳。占用九六而不用七八，取其变也。"王氏夫之曰："于象一二函三，三奇之画一，全具其数。三奇而成阳，三三凡九阴。左一右一，中缺其一。三二而为六。"来氏之所谓"参天两地"，即杨氏万里说也。其余诸家，大约宗孔义与朱说者为多。王氏夫之虽似从《正义》第一说，而实较孔氏为精。盖数极于九，本阴阳之所同具，故二九十有八变而成卦。阴之称六，特虚其三耳。以推之象，则惟乾九坤六，震坎艮皆七，巽离兑皆八。此《易》之独系二用于重乾重坤之下欤？①

---

① 《易》数称奇偶，不曰单双。奇圆偶方称数而形已寓其中，乾圆坤方圆周三百六十为率分四象，限为九十度。圆内容方方边自为六十度。此数理之自然。"圆"见《易数偶得》。

贞悔

爻有动静，卦有贞悔。占例：内卦为贞，外卦为悔。静卦为贞，动卦为悔。《春秋左氏传》曰："贞风也，悔山也。"此内贞外悔者也。贞屯悔豫，此静贞动悔者也。向来讲《易》家皆宗此说，朱子《启蒙》言之尤详。而不知《易》之经文，已明明自举其例。《坤·六三》曰"可贞"，明内卦之为贞也。《乾·上九》曰"有悔"，明外卦之为悔也。如《乾·初九·传》曰"阳在下也"，《坤·初六·传》曰"阴始凝也"，亦为阳九阴六自举其例也。

先天卦位不始于邵子

朱子以河图洛书及先天卦位圆方各图，弁于《周易》之首，为后世言汉学者所抨击，几于体无完肤。然赵宋以前，虽未有先天之图，而乾坤坎离震巽艮兑之卦位，固早散见于汉人之《易》注。荀慈明之升降，虞仲翔之纳甲，细按之殆无不与先天之方位相合。即以经文上下二篇之卦论之，《上经》首乾坤终坎离，非四正之卦乎？《下经》首上兑下艮之咸，上震下巽之恒，非四隅之卦乎？至《说卦》"天地定位山泽通气"之一章，两两对举者，更无论矣。乃汉学家必一概抹煞，谓经传无乾南坤北离东坎西之文。然先王制礼，推本于《易》，固汉学家所公认焉。乾天坤地，离日坎月，亦汉学家所公认焉。《祭义》"祀天南郊，祭地北郊。朝日东门，夕月西门"，岂亦"帝出乎震"一章之方位乎？"河出图洛出书"，明见于《系传》，是否即今所传之河图洛书？诚不敢必。但天地之数五位相得而各有合，既为孔子所明言；一六二七三八四九之位数，又为郑康成扬子云所列举；而两数之经纬错综，加减乘除，又极尽阴阳变化之妙，悉出造化之自然，非人力所能造作。乃亦以经所未载，訾议亦驳斥不留余地？毛西河改河图为天地生成图，洛书为太乙九宫图。夫此二名，讵为经文所载乎？郑康成之爻辰，所谓子寅辰午申戌，亦经所未载。乃一则据为典要，一则斥为异端。岂得谓是非之平，党同伐异之见，不能为贤者讳矣。许叔重《说文》云："《秘书》日月为《易》，象阴阳也。"所谓"秘书"者，当时必有传本。许与魏伯阳同时，决非指《参同契》也。杜预《春秋左氏传集解后序》曰："汲郡有发旧塚者，大得古书。《周易》上下篇与今本同。别有阴阳说，而无《彖》《象》《文言》《系辞》。疑于时仲尼造之于鲁，尚未播之于远国也。"由是观之，《周易》上下二篇外，必尚有类于图说之简篇。汉时犹有流传，或称为"秘书"，亦未可知。朱子谓"先天各图，决非后儒所能伪造，必当初所本有，后来散佚，流入道家。至希夷传出，得复还儒家之旧"云云，殊非无所见而云然也。后人或据刘长民之说，以九为河图，十为洛书。或欲避先后天之名，以先天为伏羲八卦，后天为文王八卦；或以先天为天地定位图，后天为帝出乎震图。舍其实而骛于名，是更可以不必矣。

易学厄于王莽

易学于西汉为盛。乃至东京,几成绝响。施孟梁丘三家之学,若存若亡。费氏高氏,亦罕传述。至汉季始有马郑荀虞诸氏,继绪而兴。陆绩刘表宋衷诸氏,均有撰著。然习费氏古文者为多。三家之《易》,仅虞翻延孟氏一线,余子皆湮没无闻矣。尝疑东西二京,相去非遥,何以易学之骤然衰落,一至于是?此其中必有原因。嗣据金石家所探索,谓西汉无碑,因王莽恶称颂汉德,故铲除殆尽。间有存者,非伏藏土中,或深埋穷谷,为搜剔所不及者耳。于是悟《易》注之亡,亦或莽之所为。盖西汉易学既盛,而谶纬之说,又成俗尚。西京士大夫,往往侈言阴阳。观马班诸书所录书疏,可见其概。莽初则利为己用,名位既成,恶而去之,乃势所必然。窜改五经之作用,亦此物此志焉。又据《班书·①儒林传》,高相子康以明《易》为郎,王莽居摄。东郡太守翟谊,谋举兵诛莽。事未发,康候知东郡有兵乱,私语门人,门人上书言之。后数月翟谊兵起,莽召问,对受师高康,莽恶之。以为惑众斩康,亦足为莽摧残易学之一证焉。行箧无书,他日当详考之。呜呼,《易》幸不亡于暴秦,乃厄于伪新。殆所谓美新剧秦也欤?②

---

① 即《汉书》。
② 按:吕政不知书,故侪《易》于卜筮,不甚注意。而王莽则深于经学者也,知《易》道广大,必为小人之忧。乃阳奉而阴沮之。一手遮天,直欲尽掩天下后世之耳目。谚曰:家贼之祸,倍烈于盗寇哉!

王弼为后生所误

辅嗣说《易》，陈谊甚高。而文辞隽逸，超乎物外，故能得意忘象。司空表圣所谓超于象外得其环中者，其斯之谓欤？惟必超乎象之外，方可以忘象。如探骊龙之颔而既得其珠，则龙亦废物，更何论乎鱼兔之筌蹄？后之言《易》者，既畏象数之繁颐奥衍，莫窥其蕴，喜王氏之学，可以避去繁颐奥衍之象数而说《易》也。于是群焉奉之为圭臬，而又病辅嗣陈义之过高，未能企而及焉，乃曰此玄谈也。非孔子之道，为王《易》之微疵焉。吾辈舍其短而取其长，斯尽善尽美白圭无玷矣。因之空谈性命，不着边际。但读"一阴一阳之谓道"一句，卦爻尽属赘疣。《彖》《象》十翼，望文生义以解之，而《易》之能事毕矣。不知王《易》之所以能扫象而仍无碍其说者，正惟其深得玄理，故能独超乎意象之表也。乃以玄谈为病而去之，则所存之不病者，皆糟粕耳。犹冥然自侈为辅嗣之功臣，致令后世宗汉《易》者以扫象为王氏罪，曰"辅嗣学行无汉《易》"，辅嗣岂任受哉？

《坤·彖》三"无疆"

《坤·彖传》"坤厚载物德合无疆","牝马地类行地无疆","安贞之吉应地无疆",《程传》虽已分晰言之,殊未悉当。郭氏云雍曰:"坤合乾德之无疆,马行类地之无疆,圣人应坤之无疆。"邱建安富国曰:"德合无疆,乾之无疆也。行地无疆,坤之无疆也。应地无疆,君子之无疆也。无疆,天德也。地能合天之德。君子法地,地法天。"郭邱二说,似较《程传》为胜。此与"大哉乾元""至哉坤元""元者善之长也"三"元"字,为例正同,所谓三才之道也。

字义有广狭之分

经传用字，往往含有广狭二义。如天，以狭义言之，则与地对。而广义之天，则广大无垠，非地可并拟者也。如阳之狭义，则与阴对，而广义则阳可统阴，阴生于阳，非阴可同论矣。如乾之狭义，则与坤对，而广义则乾可包坤。乾之一卦，实统辖乎六十四卦。上下篇六十四卦，为三十六卦之反覆，实得二百一十有六爻，为重乾一卦之策。如坤之百四十有四策，悉归纳于乾之内矣。此意义广狭之最显者也。若更进一层言之，则广义狭义之中，又各有大小或浅深精粗之不同，非详察其上下之文义，及所联缀之名词。逐字剖析，则与经传之本意，便大有出入。往往因一字之牵连混合，而误会经旨，辗转谬误，歧中又歧，遂致乖戾不可究诘。如道德等，皆经传中最主要之字也，而道字之意义，其范围广狭大小，各各不同。老子曰"有物无形先天地生，无以名之强名之曰道"者，此道字范围最大。乃立乎天地之先，孕育万有之根。此先天之道，无可比拟也。《易》以有立教，从"《易》有太极"说起。故《易》之道，皆一阴一阳之谓道，此《易》中道字广义之界说也。经文"道"字凡四见，皆属此义。"十翼"中如"未失道焉""道大悖也""其道光明"等"道"字，皆广义也。其狭义者，如"天道""地道""人道""君子之道""小人之道"是也。而"夫妇之道""阴阳之道""三极之道"，则又狭隘义中之广义矣。"德"字如"通神明之德"，德之盛也。"和顺于道德"之"德"字，皆广义之德也。如"阴阳合德""位乎天德""而德不孤"之"德"字，则狭义矣。但无论广义狭义，又各有内外之别。如健顺动入为卦德，乃德之见于外者，为才德之德，如"三陈九德"之德，① 及"进德修业""神明其德"等德字，乃德之蓄乎内者，为"道德"之德。类乎此者，不胜枚举。非极深研几，逐字衡量而剖析之，则差以毫厘，谬以千里矣。此犹就一字言之，更有两字互相为用。而彼此迭相发明者，如

---

① 即"履德之基也"一章。

《乾·九五》曰"位乎天德",《坤·六三》曰"地道光也"。此"道""德"二字,实互相关联。各卦之类此者,亦不胜枚举。盖圣人作《易》,实与造化同功。其神妙不可思议,而文字亦非常理可以测度。故有以非同一之字,而以形声之相同而通之为一者,如弟娣梯涕、爤籣连涟之类是也。即有以同一之字,同一意义,而大小内外分际各殊,绝不相假借者,二四三五同功异位,同人以同而异,睽以异而同,神而明之,存乎其人,先圣已一言以蔽之矣。

因革

　　泽火革，《象传》曰"水火相息二女同居其志不相得曰革"，"汤武革命顺乎天而应乎人"。《序卦传》曰"井道不可不革"，《杂卦传》曰"革去故也"，《易》之言革也著矣。而言因无专文，读者胥不甚注意，不知有革必有因。天下万事万物，无事无因，无物无因，故六十四卦，皆因而重之。因而重之而爻在其中，刚柔相推而变在其中，变则革矣。因与革皆在其中中爻，因与革皆人所为。故尤在中爻中之三四两人爻。《乾·九四·传》曰"乾道乃革"，三爻《传》曰"因其时而惕"。盖重乾二与四是恒乾，三与五是咸乾。三爻居恒乾之中，恒"不易方"，不易因也。四居咸乾之中，咸为恒之反，则不易者易，革也。乾三爻天五数，四爻地六数。天五地六，相乘为三十。革古文从三十，三十年为一世。四与初应，初不易乎世，至四则易世。易世，革也。五六于干支为戊己，故革曰"己日乃革"。以三四重刚不中，变则为中孚，故革曰"己日乃孚"。明乎革而因可知矣。《论语》"殷因于夏礼周因于殷礼"，明乎因而革可知矣。

乾坤为《易》之门

《系传》："乾坤其《易》之门邪？是故阖户谓之坤，辟户谓之乾，一阖一辟谓之变。"案：天地数，天一始北方坎，地十终西方兑，① 而乾无数。乾圆周流坤方，西北不掩，是为不周。故八风于西北为不周风。西北娵訾口，亥东辟。辟，闭也，是闭户谓之乾也。坤西南括囊，天地闭，天地建侯数七十二。② 四隅方数，西南未申八九，合七十二，为天地包象。东北丑寅二三，成六。东南辰巳五六，成三十，皆坤用数六。坤地数，三十包之，③ 为地坤囊包藏万物之象，是阖户谓之坤也。乾户辟而开物成务，自无出有，坤户阖而万物归藏。自有入无，天地门户，出入于东西亚卯亚酉震兑，得乾坤之门，而《易》道始可言矣。

---

① 坎子一，艮丑寅二三，震卯四，巽辰巳五六，离午七，坤未申八九，兑酉十，乾戌亥无数。

② 五日一候，一年七十二候。

③ 南极入地三十六度，北极出地三十六度。

乾坤成列

庖牺画卦以象天地人物，而代结绳之治。然画契未兴，又未有方策帛书之制，则所赖以纪录者，要不外以石质之刀锥，刻画于竹简，或皮革之上耳。故曰"画卦"。考古人简策之制，皆狭而长。庖牺之画卦，未必如后世八卦六十四卦之方圆各图，故《系传》曰"乾坤成列"。"成列"云者，必以乾坤分列二行。而兑离震，巽坎艮，或以类从。三代时八卦排列如何，固不可考。而自秦汉以迄五代诸家之《易》，则均无八卦六十四卦之图。故邵子学《易》数年，未得要领。及师事李挺之，挺之授以乾一兑二离三震四巽五坎六艮七坤八之数，始恍然大悟。先天之学，即由是发明。一部《皇极经世》，无非此一二三四五六七八所推衍。可知邵子以前之《易》，其八卦之排比，皆为行列，而未有此八角形之方式也。"帝出乎震"一章，虽明言八卦方位，而当时亦未必有图。故汉人之言《易》者，或以乾坤列东，艮兑列南，震巽列西，而坎离处中，无一定之方式。然其升降、消息、纳甲诸说，实已为先天八卦之端倪。是以邵子闻李氏一言，即能触类旁通而发其神悟也。顾李挺之氏亦必有所受，故朱子疑三代以前所本有。后经散佚而流入道家者，虽为臆度之辞，亦或有可信之理也。

一生二，二生三

天地之数，一生二，二生三。老子曰：一生二，二生三，三生万物。盖物一者自无而有，未为数也。至二而成数矣，然犹为一奇一偶之名，而未著乎数之用也。① 至三，则数之用生。以此递衍，可至于无穷。故一不用，二为体，三为用。《易》有太极一也，阴阳二也，阴阳之用三也。② 如六爻皆一乾也，六爻皆一坤也，而动则或为○或为×，必用其一。如六爻皆变为○，则乾变为坤。然此六○之坤，与六一一之坤，其占不同。是由二而生三矣。是故《易》之道备于三，③ 卦画止于三，数之体也。爻以静为一，动为二，用为三。数之用也，有一即有二，有二必有三，乃天地自然之理，自然之数，所谓先天而天不违者也。《乾凿度》曰："《易》一名而含三义。交易也，变易也，不易也。"郑康成氏《易论》云："易简一也，变易二也，不易三也。"圣人以《易》立教，其道亦有三。上焉者道也，中焉者德也，下焉者占卜也。老子取其上，孔子取其中，焦京取其下，三者各有其用，而不相悖，且互相发明而不可离。④ 后之学者，择其一以为宗，而严立界说以明系统则可，若入主出奴，不揣其本妄自尊大，而排斥异己。执一不化，欲求其通也难矣。孔子立教，虽为中人说法，然正所以立德以明道，以为下学上达之阶梯。故"十翼"传经，无一字一言不根据于象数。⑤ 若舍法象以为言，则诗书执礼所雅言者，其为教焉详矣。又何必韦编

---

① 近世俗语尚有以二为一双为一对者。由今以溯古，其意可想见矣。
② 二其三用六，三其三用九。
③ 由天生地，一生二也。由地生人，二生三也。非人则天地之功用不彰，故曰与天地参。
④ 道不准诸象数则失其鹄，德不原于道则失其统。占卜不合乎道德，则惑世诬民而已矣。
⑤ 法象莫大乎天地，必合乎法象者，乃谓之法言者。经非先王之法言不敢言，非先王之法行不敢行，法言法行皆合乎天地法象者也。故曰"建诸天地而不悖，质诸鬼神而无疑，百世以俟圣人而不惑"。

三绝,为此钩深致远之辞乎?子贡曰"夫子之文章可得而闻",凡立言必有合乎法象者,乃谓之文章。孔子特于《易》象阐发之,以为万世之准,此为学《易》者所不可不知者也。故论及之。

祭祀

《易》之言"祭祀""享祀",均含有二义。一为祭神祀鬼,此祭祀之本义也。一为人群之集会,以谋一群公共之事,亦以祭祀行之。盖古人风气淳朴,而庶民之家,又无广庭巨厦,足以为集会之地者。故凡有会议之事,往往借祭祀以行之。一乡一邑之事,则集之于社。一家一族之事,则集之于宗庙。所谓"利用祭祀","利用享祀",及"孚乃利用禴"等象,不尽为祷祀求福,实含有会集群众之意焉。降及后世,厉行专制政治,普通人民,更不容有公然集会之事。幸有此祭祀成例可援,得借事神为合群自卫之一道。[①] 近如各乡之有社庙,各业与侨民之有会馆,无不以祭祀为集合群众之介,犹足以觇《易》之遗意焉。

[①] 上以神道愚民,民以神道自卫,可见"无平不陂"。《易》道之妙用,即寓于其间矣。

典礼

《系传》:"圣人有以见天下之动,观其会通以行其典礼,是故谓之爻。""典礼"者,乃所以处断万事万物之一切制度之谓也。故古圣王之所以治天下也,大而礼乐政刑,小而训诂名物,无不下顺民情。而上合法象,法象莫大乎天地,民受天地之中以生,能合乎天地法象者。民情自无不顺。故谓之典礼。典者守也,礼者履也。必能会通乎天人,然后足以昭信守而见履行。孔子之周,问礼于老聃,即此礼也。盖周自东迁而后,文武之道载于方策者,散佚殆尽。诸侯恶其害己焉,皆毁之以自便。孔子周流列国,虽得百二国之宝书,要皆属各国之历史故事,而所谓典礼者,迄不可得,故不得不求诸老聃。老氏世掌周史,耳熟能详。先王之典礼,不啻若自其口出,而提纲挈领,巨细毕赅,则莫备于《易》。孔子受之,极深研几,得其会通,又虑触当世诸侯之忌也。正言之不可,乃寓微言于"十翼"之中。所谓"其称名也小,其取类也大。其旨远,其辞文。其言曲而中,其事肆而隐"者,非夫子之自道邪!于是更广其旨以修《春秋》,删《诗》《书》,订《礼》《乐》,而古先圣王之典礼,乃灿然大备于六经。永如日月之经天,江河之行地,与天地法象,并昭千古。此孔子所以为述而不作,而功在生民者,非《易》又乌乎知之?

讼狱

《讼·象传》曰："上刚下险，险而健讼。"讼者争也，君子平其争则讼解。《传》曰："讼不可长。"讼不可长，则不至成狱矣。故讼者，民事之争，尚情感理喻而不必恃乎用刑。九五曰"讼元吉"，是能平其争而使无讼者也。讼之凶在终于讼而不可解，则成狱矣。噬嗑曰"亨利用狱"，《象传》曰"君子以明罚勅法"，则不能不用刑以辟以止辟矣。噬嗑之象上离下震，☲。离者明也，万物皆相见，则物无遁形，以示治狱者必明察庶物，一无壅蔽。中爻三四五为坎，坎为法律，为智，为水。二至四为艮，艮为手，为山，为止。下震为动，治狱者即明且智，用法如水之平，绝无偏倚。① 无论在下者变动百出，皆能明烛其隐。执法如山，止而不动，所以能止一切之动，而令悉合于法。② 只此六画之象，已将近世司法之精义，包括无遗。盖古圣王之治天下也，道之以德，齐之以礼，刑罚但以济礼之穷。礼以待君子，刑以治小人。人之情无不乐为君子而甘为小人者，故人人能范围于礼，而刑罚可以不用。自上失其道，君子弗用，小人诪张，不耻不仁，不畏不义，不见利不劝，不威不惩，始讼狱繁兴。故睽之六三曰"其人天且劓"，③ 困初六曰"臀困于株木"，九五曰"劓刖"，睽"失道"，困"刚掩"。理穷数极，④ 礼崩乐坏，不得不用刑以济之。所谓穷则变，非《易》之常道也。圣人犹忧之，虑后世淫刑以逞者有所藉口也，特于丰著之。曰"君子以折狱致刑"，言刑非折狱者不能妄用也。于旅曰"君子以明慎用刑而不留狱"，言用刑者宜审慎迅速不可留滞也。于中孚曰"君子以议狱缓死"，恐折狱者之或犹有冤滥，更议拟之而求其当也。呜呼！《易》道之生生，与圣人质《易》之深心，可以见矣。

---

① 坎离皆中正象。
② 噬嗑，合也。
③ 天同而即髯字去其髟髻也。
④ 《杂卦》困数三十，睽数三十六。四九三十六而乾道穷，五六三十而天地之数极。

司法独立

司法独立者，近三十年来之学说也。我国自三代以降，于古人设官分职之遗意，久已泯棼而莫可纪极。以行政官操生杀之柄，威福自恣，积非成是。恬焉安之而莫以为妄，而不谓《易》象已明著之，孔子赞《易》更一再言之。贲之《象》曰："君子以明庶政无敢折狱。"明示以折狱之必有专职。行政者虽明，亦无敢越俎，非司法独立之精义乎？《丰·象》曰："君子以折狱致刑。"明示以用刑为折狱者之专责。凡非折狱者，皆不许有用刑之权，非司法独立之明证乎？盖丰与噬嗑为同体之卦，① 噬嗑曰"利用狱"，故孔子更于丰申明其义以见除此之外，虽贲为噬嗑之往来卦，亦无敢折狱。其谨严如此。近世诩为新学说，而《易》象已深切著明于七千年之前。《易》道之广大悉备，此其一端矣。

---

① 火雷噬嗑，雷火丰。

教育

近世教育制度，发轫于欧西，裨贩于日本。规模弘远，成效彰著。适值我时衰俗敝之秋，以国力之不竞，舍兴学无以为图强之本，遂尽弃其学而学焉。而不知现世所行之学制，为我国所采取而未能遍举者，无不悉备于《易》象之中。河南张之锐氏，近世以新学讲《易》者也。其论近世教育，足与《易》相印证者，略谓《易》之教育，约分五种：一曰"蒙养教育"，二曰"国民教育"，三曰"人才教育"，四曰"通俗教育"，五曰"世界教育"。"蒙以养正"，蒙养教育也。蒙养本于家庭，故九二曰"纳妇吉子克家"，以明克家之子，必有赖于母教也。"包蒙"之包，亦作"彪蒙"，与革旁通，以明"豹变""虎变"之大人，皆正始于彪蒙也。蛊之"振民育德"，国民教育也。国事之败坏，由于民气之萎靡颓丧。昧匹夫有责之义，故先甲后甲，教令一新，以振民气。《传》曰"蛊元亨而天下治"。六十四卦言天下治者，除乾元用九外，惟此一卦也。临之"教思无穷容保民无疆"，人才教育也。政以临民，培植政治之人才，非有专门教育不为功。盖普通教育，有一定之教科，有不二之主义。而专门教育，则任学者自由研究。盖人类之知识不可限量，不能限学者之思想，而范之以有尽之课程，故曰教思无穷也。《观·象》之"省方设教"，通俗教育也。四方之风气不齐，习尚亦异，故必省其方俗之所宜，观其民情好尚而设教始当。《无妄·象》曰"君子以茂对时育万物"，世界教育也。《中庸》曰"能尽人之性则能尽物之性，能尽物之性则可以赞天地之化育"，大亨以正，使天下万物各正其性命，各全其天赋之能，而后教育之，道始达于圆满之一境，则尚非近世言教育者可能几及焉。以上张说之大旨如此，未知于近世师范之学，有当否也。

死生之说

　　死生亦大矣！《系传》曰："原始反终，故知死生之说。"始终者数也，天也。万物数，一始十终。始子一丑二，而终于酉十，戌亥无数。万物自有而入无，为死之候。乾居西北戌亥之地，故无方无体。① 人而克全其为人，则全受于始者，全归诸终，终则反乎太虚。精气不灭，与造化同游者神也。是以君子有终。② 终则有始，顺乎天行，自有而入无者，亦自无出有。乾知大始，复藏于坎。一纯二精，③ 至艮寅三而仍为人。此生死循环，佛家轮回之说所自来也。人而不能全其为人，则自失其人道，斫其生理。全受于始者，不能全归于终。数尽则死，④ 形消骨化，余气无归，游魂为变者鬼也。变则失常，依其生前所自造之因而证其果，则为人为物，所趣各殊。此佛家轮回六道之所由分也。故生者死之始，死者生之终，死于此者生于彼。《易》道乾息于坤，坤即消于乾。庄子曰"方死方生，方生方死"，立论之最精者也。圣人作《易》，穷造化之原，泄阴阳之秘，无非示人以所以全其为人之道。原始反终者，即由终而反始。老氏佛氏，皆由终反始，皆由后天而反诸先天，由有而反诸无，由形而反诸气，由气而反诸神。实即由生而反诸死，故曰原始反终。反终者，不续终也。⑤ 不续终，则始无暨极。故老氏曰"元始乃长生而不死"，佛家曰"无始乃无始而无终"。⑥ 无始无终，夫然后归于太极，则无所谓《易》矣。《易》之立教，为中人说法，故执两而用其中。然圣人致治之极功，则亦曰无为而治；德成而默

---

① 太虚之象。
② 君子之死曰终。
③ 坎子一，坎艮之间丑二。
④ 小人曰死。
⑤ 未济不续终也。
⑥ 乾西北为无，乃由有而反诸无者也。故老氏之无为万有之根，佛教之无为不生不灭之本。乾为金为圆为刚，老曰"金丹"，佛曰"金刚"，而《易》曰"终日乾乾"。乾乾者，上乾为咸乾☰，下乾为恒乾☰。咸无也，恒有也。观其所咸，而天地万物之情可见。观其所恒，而天地万物之情可见。盖斟酌于有无之间而用其中，而要皆殊涂而同归者也。

契乎天，亦曰予欲无言。则亦与由有而反诸无者，初无二致焉。故《易》者逆数也。儒与佛老之立教虽异，而道无不同。盖天地之数，至三而备。天地万物，举莫能外。损之六三，曰"三人行，则损一人；一人行则得其友"，始终生死之道，不外乎此三者。后之立教者，可等诸自桧以下矣。

鬼神之情状

《中庸》曰："鬼神之为德，其盛矣乎？"《系下传》曰："过此以往，未之或知也。穷神知化，德之盛也。"然则鬼神之为德，又何以知之？曰：以幽明之故，坎幽离明，阳变阴化，天地万物，无一非气与形二者之相迭更。既原始反终而知死生之说，则精气为物游魂为变，鬼神之情状亦可由是以知矣。精坎也，魂离也。故天地八卦，六爻上下，上五天爻为天《易》，三四人爻为人《易》，二初地爻为地《易》。游魂归魂，复取三四两爻，则为鬼《易》。三四两爻，有当不当之别。克全乎其生之德者，即不失其死之道，乃得当而为神。不能全乎其生之德者，亦失其死之，道即不得当而为鬼。①敬生而既反乎人道，是不待其死已失其为人，尚何鬼神之有？卦象天地生人，始乾三中爻坎子，终地十兑酉。终始死生，反复有游魂归魂，而以三归之地十归妹，为天地大归魂卦，而六十四卦终焉。归妹东震西兑，其先天为东离西坎，日魂月魄，合为天地中生人精气。子一丑二，为天地始合。②一主日，二主月。子一日，至酉十月。故人十月而生，此日月魂魄合，精气始也。阴阳之道，始坎终离，魂升魄降。离午七未八，日魄七日不复，月魄八月有凶。离上坎下，归魂不归，而游魂为变者也。是故八卦之六变为游魂，仍为三爻变。至七变则复归本宫，游魂乃有所归。苟不复本宫，则游而不归，③必七日而后来复。④复而反，丑而子，气来信为神。复而不反，午而未，气往屈为鬼。往来屈信，均以天地之数可推而知之。季路问事鬼神。子曰："未能事人焉能事鬼。"问死。子曰："未知生焉知死。"此即原始反终之说。言之所不能尽者，圣人以象显之，以数明之。精气为物，游魂为变，于六十四卦之象数推衍，皆合乎

---

① 生之德立人之道，曰仁与义是也。
② 子丑日月。天地之数，合一二为始，合五六为中，合九十为终。
③ 乾宫游魂为火地晋，七变复。下卦三爻乾，成火天大有若不复乾之三爻，而依次以四爻变，则成火山旅。游入离宫，而游魂为变矣。
④ 火山旅为离宫二世卦，再七变成天火同人，为归魂上卦，始复为乾。

物理之自然。或有或无，各依其类，而未可概举也。故经文有明言者，不明言者。明言者以举其例，而不明言者皆触类而知之矣。如风火家人，夫夫妇妇父父子子而家道正，人情之各得其正者也。而反乎人情者，则为鬼之状。故睽曰"见恶人"，曰"载鬼一车"。雷天大壮，大者壮也，大者正也，壮者状也，即正大之状也。能通乎正大之状者，则知鬼神之情状。故观曰"观天之神道"，曰"以神道设教"。此《易》言鬼神情状之最著者也。

天地大义人终始

乾坎艮震巽离坤兑八宫，六十四卦，终于雷泽归妹。归妹为兑宫归魂，而兑又居八宫之终，故归妹为天地大归魂卦。归妹上下错为随，① 随"元亨利贞，天下随时，出门交有功，男之始也"，归妹"女之终也"。②《象》言人之终始，则合男女而言之也。归妹上卦震东甲乙，帝出乎震，甲不为首首乙，故曰"帝乙归妹"。下卦兑西庚辛，前坤后乾，坤乾为地天泰，故泰之六五亦曰"帝乙归妹"。泰反为否，《否·象传》亦曰"则是天地不交而万物不通也"，而《归妹·象传》亦曰"天地不交而万物不兴"，泰否"天地反类"，③皆东西震兑出入反复，而日月寒暑往来，④ 循环不穷。坎离既济定，有归妹在中，而南北离坎未济不续终者。首尾续终，⑤ 故曰"天地之大义也"。归妹渐相错成随蛊，故《渐·象》曰"女归吉"，《蛊·象传》曰"终则有始"。盖蛊之始，乃由故之已终而新复更始。归妹之终始，乃续终其始。故《象传》曰"永终知敝，天地大义"者，夫妇之道也。人类之所以不绝，以有男女夫妇，生生不已，终则有始。家人为夫妇之正，故《传》曰"家人男正位乎外女正位乎内，天地之大义也"。然天下之事，有常有变，有得有失。先王之制，女子十五而笄，男子二十而冠，为婚媾之始。女至二十而嫁，男至三十而娶，为最迟之限，此婚媾之常。得其时者也。逾此限则为失时。但或于此时而更遇变故，如父母之丧之类，则至二十三年而嫁。此婚媾之变，失其时者也。处变失时，乃人情之大可怜也。故先王亦不以常制限之。能守正不阿，为渐之女归，则固协于礼而得吉。即不能固守其正，如归妹之说动而随，而天地之大义。亦仍不

---

① 泽雷随。
② 《杂卦传》。
③ 《杂卦传》曰：泰否反其类也。邵子曰：天地定位，泰否反类。
④ 离日坎月，乾寒坤暑。
⑤ 《未济·象传》曰"不续终也"。《杂卦》，归妹在既济未济两卦之中。

可废。所谓聘则为妻，奔则为妾。但以礼绌之，而不以法禁之也。故特著之曰"天地大义人之终始"，深望后之人能慎终于始，不至变常而失时，庶免乎凶，而维人道于不敝矣。意深哉！

学易笔谈初集卷三

革治历明时

《乾·九四·文言》曰"或跃在渊，乾道乃革"，以九四去内卦之终，而居外卦之始，为新陈代谢之际。故《杂卦传》曰："革去故也。"① 革上兑下离，☱☲，《象》曰"泽中有火革，君子以治历明时"。其所以治历明时者，仍在九四之一爻，与乾之九四爻，实互相发明者也。②

乾坤二策，合三百有六十，当期之日。变通在四时，时各九十日。八卦分值一年。一卦尽，得四十五日。③

乾九四已入外卦，内卦三爻之气已尽，故曰"乾道乃革"。兑离为西南之卦，金火相乘，④ 志不相得乃革，故《象》曰"已日乃孚"。已者土也，以坤土行离兑之间，孚而信之，革道乃成。《彖传》曰："天地革而四时成。"虞仲翔氏云："历象谓日月星辰。离为明，坎为月，离为日，蒙艮为星，⑤ 四动成坎离。日月得正，谓四爻动外卦变坎，成水火既济。日月得正，历象正而时序明矣。"

---

① 乾二之坤五，乾成同人，坤成比。再以乾四之坤初，乾成家人，坤成屯。屯反蒙，蒙通革。家人反睽，睽上下交错亦为革。
② 《周易折中》以革九五为成卦之主，于《彖》《象》之义无当也。
③ 五日为一候，三候为一气，八卦一爻主一气，三气四十五日而一卦毕。
④ 四时：春木生夏火，秋金生冬水，冬水又生春木，惟夏秋为火克金，故金曰"从革"。
⑤ 革通蒙。

王弼云:"历数时会存乎变。"则浑括其意,义虽当,初学视之益荡然矣。盖革象下离为日,上坎为月,而九四一爻奇于其间,致日与月,不能相齐。日有余而月不足,三为终,四连于三,归余于终之象,归日之余于终,积而成月,则闰也。积闰为章,① 积章为蔀。②章蔀之名,不见于革而见于丰。丰六二、九四皆云"丰其蔀",上六"蔀其家",六五"来章",盖丰五变则成革也。孔子赞《易》,于一字一义,无不与卦爻往来脉络贯通。非参互错综以求之,又乌能得其意之所在哉!③

---

① 七闰十九年为一章。
② 四章为一蔀,二十蔀为一遂,三遂为一首,七首为一极。详《周髀算经》。
③ 凌锐按:革五爻皆当位,惟九四一爻不当位。故曰"革而当其悔乃亡"。

辨纳甲爻辰

京氏卦纳甲：乾贞子，坤贞未；乾纳甲壬，内子外午；坤纳乙癸，内未外丑；六子之卦，各按其所纳之干，而依乾坤之爻以为序。震贞子，坎贞寅，艮贞辰。巽从坤而内外相易，贞丑。离贞卯，兑贞巳。乾子寅辰午申戌，左转；坤未巳卯丑亥酉，右行。阴阳相间，而周十二辰。郑氏爻辰：乾贞于子左转，子寅辰午申戌。间时而治六辰，与纳甲同。坤贞于未亦同。乃由未而酉亥丑巳卯，则与乾同为左转。后学因此，每多歧误。或谓康成说《易》本《乾凿度》，故与京氏不同。然《乾凿度》云"乾贞于十一月子，左行阳时六。坤贞于六月未，右行阴时六。岁终次从于屯蒙，屯蒙主岁。屯为阳，贞于十二月丑，其爻左行。以间时而治六辰。蒙为阴，贞于正月寅，其爻右行。亦间时而治六辰，岁终则从其次"云云，乃以六十四卦依《序卦》之次，前卦为阳，后卦为阴，每两卦分主一岁。故三十二岁而一周，与爻辰之说不相蒙也。钱溉亭《述古录》谓"京氏本律吕之合声，郑氏本月律"。其说具见《周官·太师》郑氏注："太师掌六律六同，① 以合阴阳之声。阳声黄钟子，太簇寅，姑洗辰，蕤宾午，夷则申，无射戌。子寅辰午申戌，其次与乾六爻左旋同也。阴声大吕丑，应钟亥，南吕酉，林钟未，小吕巳，夹钟卯，则丑亥未酉巳卯，其次与坤六爻不相合矣。郑氏以律吕相生为主，则六律六同皆左旋。以律为夫，以吕为妇。妇从夫，故皆左旋。"是京氏之纳甲，与《乾凿度》同主合声。而郑之爻辰，则主相生，非本于《乾凿度》者也。辛斋按：阴从于阳，阴阳之体也。河图一三七九、二四六八皆左行者是也。② 阳左旋阴右转，阴阳之用也。洛书之一三九七左旋、二四八六右转是也。非顺行不能相生，非逆行不能相合，《易》之体用无不如是，明乎此，则聚讼

---

① 疏云：六律左旋，六同右转。
② 若阴阳分言，则阴逆阳顺。阳自一三五七九，而阴则从四起，为四二八六。故五位相得而各有合。若如旧说，则五与十无相合之理。详见《易数偶得》。

不决之悬案，可片言而断矣。或问：既如子言，则京氏既主合声矣，何以坤之未巳卯丑亥酉，又与阴声之丑亥酉未巳卯不同也？曰：此即洛书七与九、二与八易位之理也。故巽之六爻则为丑亥酉未巳卯矣。此中玄妙，具有至理。神而明之，非言所能尽焉。

爻辰之星象

或问郑康成氏爻辰说《易》，以星象证爻辞，而原注已佚。从《礼》注与《乾凿度》注搜辑者，寥寥无几。近世戴棠氏，撰《郑氏爻辰补》。而全《易》三百八十四爻，各取《甘石星经》及《开元占经》所载诸星名，以印证爻辞，无不恰合。讵伏羲之播爻，文王之系辞，果一一仰观天文以取象乎，何巧合若是？曰：庖羲画卦之时，文字未作，器用未备，又何有星名？盖一画开天，奇偶以生。仰观俯察，法象于天地，变通乎四时。阴阳刚柔，动静变化，而洽于造化数理之自然。而天地之运行，人物之递演，自不能出此常轨之外。故先天而天不违。至黄帝以黄钟定律，准度量，定权衡，悉本于庖羲之卦。而窥天测地，定日月星辰以纪岁时。然天广无垠，既以象限立仪，① 以分躔度次舍，而不可无以名之以资识别也。于是各按八卦之象数以定其名。故天星之名，大都出自卦象，非卦象之强合星名也。郑氏爻辰以星名证其爻义，已不免倒果为因。必逐爻求象于星，而以爻辞附会之，以期或有一字一义之合；无论其未必尽合，即合矣，于经义仍未必有所发明。是亦可以不必矣。

---

① 象限仪分圆周为四，即法乎四象。仪者，分阴分阳，即法乎两仪。

阴阳上下往来

《易·象传》言"阴阳上下往来"，后儒或主卦变，或主错综，①众论纷若，莫衷一是。而卦变之例，荀虞以下既各不同，而同一虞《易》，其为图也又参差不一。朱子既图卦变，又取《象传》之言往来者十九卦，编为歌诀。然与其图，已不相符合。且《象传》之言往来上下者，亦不仅此十九卦。故证以经文，参诸卦象，自以主两卦之一往一来者，②其说较优。盖文王之《易》，本以两卦反复一往一来。则《象传》以释《象》，自必于此两卦推勘其义，理至当也。上卦为外为上为往，下卦为内为下为来。③上卦二阳一阴者，阴上进而往。二阴一阳者，阳上进而往。下卦之为来亦然。故《孔疏》云："凡言往来者皆据异类而言。"若三阴三阳之卦，则上下并言。泰否之兼言往来，咸蛊之兼言上下，噬嗑贲涣节言来言上言分是也。四阴四阳之卦，则以一阴一阳之在上下者言，晋升无妄大畜讼需是也。二阴二阳，则以阴阳之在上卦者言。蹇解鼎睽是也，五阴五阳者，以一阴一阳言。复姤是也。似较卦变之茫无一定者，差可依据。然此但以上下两象而言，间有以专重之一爻为主者，则又不在此例。乾坤为《易》之门，往来者必此门。二阳一阴者坤体，而阴往来上下于其间也。二阴一阳者乾体，而阳往来上下于其间也。上下无常，刚柔相易，原非可执一例以求之。但初学者不可不先求一隅之可举者以为根据耳。

---

① 此指来氏之所谓错综。
② 即来氏错综。
③ 此卦之下即彼卦之上，此往则彼来，彼上则此下。

经卦别卦

《周礼·太卜》："掌三《易》之法，《连山》《归藏》《周易》。其经卦皆八，其别卦皆六十有四。"段若膺云："《连山》《归藏》《周易》三《易》，每《易》有八，每八分为六十四，故云其别卦。经卦即乾坤震巽坎离艮兑，别卦即因而重之之六十四卦也。"杨用修《丹铅录》云："别当作㓚。从重八。八八六十四，故云别卦。"盖别训分，八亦训分。吕从八八，谓分而又分。八八为六十四，正合八卦重为六十四卦之义。可见古人修辞之学，其用字之精当，迥非后人所可及也。

震巽之究

《说卦传》：震其究为健为蕃鲜，巽其究为躁卦。健为乾，蕃鲜指巽。躁卦即震也。考其他六卦，皆不称究，独于震巽两卦言之何也？物有始有壮有究，震巽阴阳变化之始也。震以一阳变于坤，坤成震而乾成巽。原始要终，可得其究。至于坎离，为阴阳之壮，又得乾坤之中，不至极于一偏。艮兑已为阴阳之究，所谓其上易知。故艮成言，兑说言，皆无须推极其究者也。惟巽之究为躁，似与其本性相反。而震之究为健，则为复其本性。为蕃鲜则为极其功用，其究同而究不同，则阴阳之分际然也。盖阳为万物之本，① 非若阴之为用有限也。

---

① 天地五十五数，阳奇阴隅，而阴阳合数则仍为奇。一六合为七二七合为九，三八合为十一，四九合为十三，总数五十五皆奇也。故曰阴必归阳。

血卦乾卦

或问：《说卦传》"坎为血卦"，《荀氏易》作"血衇"。说者谓血为人身之水，以病故衇然欤？曰：否。坎为血卦，犹离之为乾卦也。六子惟坎离得乾坤之中，特称卦以别之。离为乾体，故曰"乾卦"。坎为坤体，故曰"血卦"。血，坤也。《坤·上六》曰"其血玄黄"，《传》曰"犹未离其类也，故称血焉"，以见血为坤之类，是坎之称血卦，与离之称乾卦为例正同，未可以血衇改之也。或曰：离之为乾卦，乾读若干，乃燥万物者莫熯乎火，故曰乾卦。与乾坤之乾，音训其可通乎？曰：郑注云乾当为干，阳在外作干正也。虞《易》亦同。而张湛云干音乾，则音固可通。《易》之用字，恒以形声相类者，分见互用，以相钩贯。焦氏《通释》言之详矣。而《说卦》言象，尤往往举甲以概乙，又或对举相互以见意者。如乾为圆，则坤之为方可知。巽为臭，则震为声可知。此以离为乾卦，以与坎之血卦相对。贞者事之干也。乾贞在坎，而著干之义于离，离其类为血，而存血之文于坎，交互见意，错综成文，可谓极天下之至精至变者矣！故《易》之为书，广大悉备。孔子赞《易》之文，悉与相称。一名一字，于形声训义，均钩深致远，无不各有精义存乎其间，非言语所能形容也。举一三反，是在读者之神而明之。

马与木取象独多

或问《说卦》之取象，震坎皆言马，合之乾共三卦。巽为木，而坎于其木也坚多心，离其于木也为科上槁，艮于其木也为坚多节，凡四卦。乾又为木果，而震为苍筤竹，又其于稼也为反生，亦木之类。何马与木之取象独多也？曰：此为切于人生日用者言之。行者以马，居者以木，为用广，故取象多也。又周以火德王，马为离午之精，行地无疆，周乎天下。故乾坤坎离皆言马。伏羲以木德王，木者火之母也。损上益下，木道乃行。天施地生，其益无方者木也。故《易》言马与木为独多也。

虞《易》平议

汉《易》之存于今者，惟虞氏注未尽亡佚。经胜清惠定宇张惠言二氏之搜辑演绎，俨然首尾贯串，而规模毕具矣。顾宋学家及同为汉学之马郑者，悉力攻击之。或谓其纳甲之说，以魏伯阳《参同契》而擅改圣经之卦位；或谓其之正之说，全背《彖》《象》传义。王氏《经义述闻》，辩驳尤甚。略谓仲翔发明卦爻，多以之正为义。阴居阳位为失正，则之正而为阳。阳居阴位为失正，则之正而为阴。盖本《象传》之言位不当者而增广之，变诸卦失正之爻以归于既济可谓同条共贯矣，然经云位不当者。惟论爻之失正，以决其悔吝之由。示观象玩辞观变玩占者，知所警耳。夫爻因卦异，卦以爻分，各有部居，不相杂厕。若爻言初六、六三、六五，而易六以九；言九二、九四、上九，而易九以六言，则爻非此爻，卦非此卦矣。虞氏以为变而之正，实自失其本体，不且紊乱而无别乎？遍考《彖》《象》传文，绝无以之正为义者。既已无所根据，乃辄依附于经之言贞者，而以之正解之。如注"坤利牝马之贞"，云"坤为牝，震为马。初动得正，故利牝马之贞"。注"安贞吉"，云"复初得正故贞吉"。案《彖》曰"牝马地类，行地无疆，柔顺利贞"，又曰"安贞之吉，应地无疆"，皆以坤纯阴言之，未尝以为初爻之正也。且如其说，文王于复卦系于"利牝马之贞"，不更合耶？何为纷纷然由此之彼，乃以彼释此耶？以下逐卦指驳，斥谓尽乱圣人之成法。又驳其旁通之说，谓《易》，《彖》及《大象》惟取义于本卦。健顺动巽阴明止说之德，天地风雷水火山泽之象，无不各如其本卦，义至明也。虞仲翔以卦之旁通释之，虽极竟弥缝，究与《经》相牴牾。如《履·彖》曰"履，柔履刚也"，虞曰"坤柔乘刚，谦坤藉乾，故柔履刚"。又"履帝位而不疚，"虞曰"谦震为帝，坎疾为病，至履帝位坎象不见，故履帝位而不疚"。此谓履与谦通，谦上体有坤，互体有震坎也。然《经》云说而应乎乾，谓下兑上乾也。若取义于下艮上坤之谦，则是止而应乎坤矣，岂说而应乎乾之谓乎？亦逐卦指驳，谓《彖》《象》释《易》也，不合于《彖》《象》，尚望其合于《易》乎？王氏之说，辨而详矣。然六爻发挥旁通情也，辞也者各指其所之，而变卦以不当位之爻变而当位。又古今说《易》家所不废，则旁通与之正，要不可谓非《易》中之一例。第必执此一例以概全《易》，其所不通者亦必强而通之，不得不谓虞氏之一蔽。必如王氏之说，则《彖》《象》之外，更不容有一义之引伸比附，则广大悉备之《易》象，恐学者更未易明也。况《彖》《象》所释，或含意待申，或仅举一隅，或专重一事者，其例正多。故孔子曰"观其彖辞则思过半矣"，又曰"书不尽言"，未尝以《彖》《象》所释为已尽，更不容他人置喙也。虞仲翔生于易代之际，世道人心，江河日下。说《易》大师，有曲说阿时以圣经为羔雁者矣。①故愤时疾俗，或不免有过激之论。如以坤初为"子弑其父臣弑其君"，谓坤阴渐而成遁弑父，渐而成否弑君，于象义亦未允当，② 要皆有为而言。其纳甲消息，皆与荀氏升降之说针锋相对，意尤显然。以之正立论，明天地大义。以既济定也为归，期人心之不正者胥归于正，于是乎世乱或可少定。此虞氏之或苦心孤诣，千载而下犹曒然可见者也。呜乎！今之时何时乎？世道人心，视三国纷争之际为何如？人材之消乏，视三国纷争之际又何如？仲翔以梗直不见容流俗，被摈岭表，尚不忘情于世，欲以《易》道济之。相传广州六榕寺，犹仲翔讲《易》之遗趾，③ 流风未沫。今有其人，吾愿执鞭以从之矣。

---

① 如荀慈明辈是也。
② 坤消至剥而乾象灭迹不复，常大变以其国君，凶方为家灭国灭之象。近书《周易指》已辨正之。
③ 即遗址。

半象与两象易

虞仲翔氏说《易》，有半象与两象易之两例，后人多非议之。如解"小有言"为震象半见，解小畜"密云不雨"为坎象半见，盖皆以三画卦之上两画，或下两画言之。后之说《易》者，驳诘非难，不胜备记。如焦理堂说《易》，固主虞氏旁通者也。乃于半象亦攻之甚力，谓"乾之半，亦巽兑之半；坤之半，亦艮震之半。震之下半，何异于坎离之上半？坎之半，又何异于兑巽艮之半？求其故而不得，造为半象，又造为三变受上之说。试思半象之说兴，则履姤之下，均堪半坎；师困之上，皆可半震。究何从乎？朱汉上讥其牵合，非过论也"云云。呜呼！汉上固宋人之深于象数者，而焦理堂之《易通释》，亦能贯串全经确有心得，非一知半解人云亦云者比，乃亦有此似是而非之论，可见解人难索。象学之发明，正未易言矣。焦氏所指驳者，骤观之似极有理，实于象学茫然未辨也。虞氏半象之名，未能达意，且别无详析之释文，宜浅近者之诧为无理焉。盖八卦之象，惟乾坤坎离，反覆皆同。震艮巽兑四卦，则为二卦之反覆。震反即艮，兑反即巽。故孔子《杂卦》，曰"震起，兑见，巽伏，艮止"，又曰"离上而坎下也"。坎离虽不可反易，实即震艮巽兑之中体。下震起而上艮止即为离，下巽而上兑见即为坎。八卦之变化，皆此震起艮止巽伏兑见所往来。若去此四者，乾坤坎离皆为死物，无易可言矣。故六爻之卦，初爻为震爻，二为坎爻，三为艮爻，四为巽爻，五为离爻，上为兑爻。虞氏所谓震体半见者，即震爻也。坎象半见者，即坎爻也。六爻皆乾坤之体，故乾坤不可分爻。焦氏谓乾之半坤之半，正见其于卦象未通，未足以辟虞氏也。虞之失，在半象二字之辞不达意，谓其立名未当则可，谓为无所适从不可也。至虞氏之所谓两象易，实即上下错。孔子《杂卦》亦即两卦之上下交错。六十四卦以交错见义者，不胜枚举。如履上下错①为姤，履柔履刚也，姤柔遇刚也。屯上下错为解，屯雷

---

① 上天下泽易上泽下天。

雨之动满盈,解雷雨作而百果草木皆甲坼。恒上下错为益,恒立不易方,益为益无方,皆两象易也。苟以为非,则孔子之《象传》亦尽非乎?辛斋非宗虞氏《易》者,但以是非为去取,绝无成见。恫向之言《易》者,蔽于门户之见,动辄是己而非人。故特著之,亦以自警焉。

《说卦》象重出三卦

《说卦》象重出者三卦,"震为龙,艮为狗,兑为羊",皆已见于第五章,而第八章又重出。八章"震为雷"之下,考《虞氏易》及《李氏集解》均作駹,注云暮色。震东方,故为駹。盖马八尺以上为駹,駹与龙,音亦同也。八章之"艮为狗",虞氏及《李氏集解》,皆作拘。虞注云"指屈伸制物故为拘",① 而朱氏《汉上易传》曰"上言艮为狗,乃狗马之狗。此言为狗者,熊虎子未有文犹狗也"。虞翻以兑艮为虎,艮寅位也,艮究成兑,故艮为虎子,未免迂曲矣。艮为羊之异说滋多,虞作"羔",注云女使,《集解》同。郑作"阳",注云此阳谓养无家女行赁炊爨,今时有之,同于妾也。王氏《经义述闻》,谓"羔与羊,《书》《传》无训女使"者,"羔"当为"羞"字之误,羞亦通作养。辛斋按以上诸说均有根据,惟无论为羔为羞为养,均须窜易经文,则不若依郑说读羊为阳。羊阳本通用,《春秋左氏传》"夷养五"亦作"夷阳五",可不必改经,而于诸家之义均可通矣。

---

① 按:《随·上六》"拘系之乃从维之",即此拘也。

象义一得

八卦取象，精义入神，其微妙逈至不可思议。汉儒言《易》，不离象数，惜多散佚，已无完书。唐人以王弼为宗，言象者不著。其后如宋之邵子，及朱氏子发，与林氏黄中，郑氏刚中，邱氏富国，黄氏东发；元之胡氏一桂，王氏申子，熊氏与可任重，龙氏仁夫；明之来氏矣鲜，黄氏道周；清之刁氏蒙吉，胡氏沧晓，惠氏仲儒定宇，万氏弹峰诸家，皆于象义各有发明。而姚氏与端木氏二家，① 能原本经传，发抒己见，不依傍昔贤门户，尤为卓绝一时。虽或有所偏，其精到处皆确切不移，不可泯没。辛斋为学日浅，仅就昔人之所未言，或言而未尽者，聊以助学《易》者之兴趣也。

凡言象者，不可忘《易》之义。《易》义不易者其体，而交易变易者其用。故八卦之象，无不交错以见义。故乾为圜而形著于坤，离为日而光被于月。正秋者西也，而日行东陆。出震者东也，而日行西陆。执片面以言象，象不可得而见。泥一义以言象，象不得可而通也。

凡言象者，不可忘其数，天一地二天三地四天五地六天七地八天九地十。黄帝而后，皆以干支纪之。卦有定位，即有定数。②《易》数乾元用九，乃天一不用，用地二至地十。数定而象之无定者，可因数而定。故观象必倚数。如体物者必准诸度量，测远者必察其角度。自舍数言象，而象茫如捕风矣。凡言象者，不可不明其体。体者用之主也，故卜筮者亦曰取用。③ 以所用者为主，而后察他爻之或从或违或动或静，为利为害，吉凶始可得而断焉。

用有大小，象则因其小而小之。因其大而大之，如乾也。大则为天，小则为木果，如坤也。大则为地，小则为布为釜，坎为大川，小则为沟渎。离日大明，小亦为萤火。小大无方，各随其体。

---

① 《姚氏易》及《周易指》。
② 如坎子一，艮丑二寅三至兑酉十，乾戌亥数无。
③ 每卦六爻，先取所用者一爻为主，即体也。

明体以达用，象之用乃无穷矣。

言凡象者，不可不视其所以。以者与也，及也。① 卦因而重之，重为六画，实具两象。两象必以其一为主，则必有所与。而六画之二三四五中爻之象及其变动所生之象，无一而非与也。所与者而善，乃吉之几。所与者而不善，乃凶之兆。而善恶又有大小之殊，所与者又有远近之别，《系传》曰"远近相取而悔吝生"，又曰"凡《易》之情，近而不相得，则凶或害之"。悔且吝，故必观其所与者之善恶之大小，及情伪远近，然后吉凶生而悔吝著，庶乎可得象之用焉。

凡言象者，不可不观其所由。《系传》曰："辞也者，各指其所之。"此有所之者，即彼有所由。《文言》曰："臣弑其君，子弑其父，非一朝一夕之故，其所由来者渐矣。"盖于坤之第一爻"履霜坚冰"，为三百八十四爻之所由来者，举其例焉。观象者先明定其体象之所在，而更观其所由来。如乾之姤，若用乾为天，则下巽为风，此风所由来为乾。乾为西北之卦，即西北风也。乾为冰为寒，则其风必寒。若用乾为木果，则巽不取象于风，当取象于虫。因巽所由来为乾，既用为木果矣，则木果岂能生风？自应作虫断焉。举其一例，余可类推。不观所由，象乌乎定哉！

凡言象者，不可不察其所安。安也者，位也。《系传》曰："君子安其身而后动。"观象者既定其主体之所在矣，必察其所在之处，能否得位。位得矣，必察其位之能否得时得用，而后其象始可得而言。如用巽为木，则必察其所处之位为甲乙。或为丙丁壬癸，或为庚辛，为甲乙则当，为丙丁则相。为壬癸则生，而庚辛则死，既当或相与生矣，则更应察衰旺。并视所与者及所由者之如何，则象之情可毕见矣，如巽木处甲为刚木；所由来为乾，必为坚强之果木；所与者为艮，必是园林；为坤而壮者，② 为广土；其衰者，③ 则为盆

---

① 《易》曰"不富以其邻"及"剥床以足以其国君凶"，"拔茅茹以其汇"，诸"以"字皆与"及"字同训。
② 如在四季月之终或戊己日时。
③ 如春令或甲乙日之类。

缶。其他可准此。凡言象者，不可不明消息。消则灭，息则滋。如复姤临遁之十二卦，消息之大焉者也。乾息坤，坤消乾。阴阳之大义，造化之橐籥，物理所莫能违，人事所莫能外。故物无大小，事无巨细。言象者必先明乎消息盈虚之故，而象始可明。凡一卦本体之消息，或因时言之，或以位论之。当其消焉，象虽吉而未可言福。当其息焉，象若凶而益长其祸。其时值消而位当息，或位据息而时见消，则须辨其重轻，而异而分剂。或可亭毒均处而剂其平，或虽截短补长终莫齐其数。则又势为之，未可泥于一端也。盖势之所趣，每善不敌恶，福不胜祸，一薰一莸，十年尚犹有臭。一朝失足，而毕生之功尽弃。此君子之所以戒恶念之萌，而《易》道之所以扶阳而抑阴，严坚冰之防于履霜之始也。

　　言象之大要如此。故夫阴阳之顺逆，五行之休废，气数之盛衰，均不可不辨焉。向之言《易》者，曰吾治经，非以谈休咎，奚用此术数为？而不知《易》以道阴阳，原本天地之数，以著天地之象，以通神明之德，以类万物之情。非数则无以见《易》，非数即无以见象，未有象不明而能明《易》者也。舍象以言《易》，故宋儒之性理，往往流于禅说而不自知。舍《易》以言象，方士之鼎炉，每每陷于魔道而杀其身。唯之与阿，相去几何？然方士之说，不足以惑人，尚其为害之小者也。

　　易学自邵子以前，无八卦之图。故言象者，除纳甲以外，皆卦自为象。其有通两卦又言者，即卦变及覆卦①耳。未有求之于八卦者，先天八卦无论矣。即后天八卦方位，亦鲜探索。惟"西南得朋"，"先甲""先庚"等《彖》《象》，注家或求诸卦位，余则罕见矣。至先天八卦，更为言汉学者众矢之的。焦氏之《易通释》亦只以旁通贯串各卦，终不承认八卦之有先天也。今按之六十四卦之《彖》《爻》，其取象之所由，无不原本于先天后天两图。苟明其例，则逐卦逐爻象义相合。如按图而索骥。否则各爻之象，有决非本卦与互卦及旁通所有者。如山风蛊，六爻有四爻言父，一爻言母。而

---

① 来氏曰综。

父母之象，从何而来？不于先后两图求之，虽辗转穿凿，终不能得。迨考诸先后天，则知先天艮巽之位，即后天乾坤之位。乾父坤母，其所由来了如指掌矣。又如《象传》天火同人九五，曰"同人之先，以中直也"，"先"字从何而来？无从索解。考诸先后天，则后天离位，即先天乾位，更明析矣。故先天后天二图，实阐发全《易》之秘籥。非但无可驳议，而先后二字，亦决不可易。或改先天为天地定位图，后天为帝出乎震图，乃昧于先后之义者也。惟邵子以先天图为伏羲所画，后天图为文王所定，则殊可议。盖两图实体用相生，不能离拆。伏羲既作先天八卦，决不能无后天卦以通其用，故先天后天，与重卦六十四，皆一时并有。其六十四卦之大圆图与方图，或为邵子所发明，未必为庖羲氏之所画也。

汉《易》家驳先天图者，曰："离南坎北，《说卦传》明定之方位也。乃以西北之乾置之南，西南之坤移之北。离为火故南方热，坎为水故北方寒。今以乾居南方，则乾为寒为冰，岂不大谬？"当时以为名言。孰知南极北极，固皆为冰洋，今则三尺之童亦知之矣。驳议已不值一笑。然南北冰洋之发见，近三百年内事耳。乃何以伏羲画卦时，已预有是象，谓非天下之至神乎？

乾为圜。圜者，浑圆，非平圆也。故《易》道之圆象，直四面凌空，不能仅观其一面。乡之言象者，目光不出于书外，泥于纸上之一圈，以为圆。钱竹汀至以地势北高南下，驳乾南坤北之图。具此目光以观象，何异乡愚观李思训山水。虽尺幅千里，以为不如春牛图之得情，岂不辜负良工心苦！

乾为天，亦浑圆之天。故初潜而上亢。南极入地不见，潜也。北极出地，亢也。若在赤道以南观之，则北极入地，而南极出地。若于正中赤道下观之，则南北极皆不见，而成大过象。故大过曰"颠也，本末弱也"。

六爻以三四两爻为人爻，合言之，则上天下地中人。三极之道，与天地参者也。分言之，则人于天地间，只估三分之一。故乾以六爻言天行，则六龙皆为星象。言人道，则六龙以喻君子。言地势，则中二爻为人居之地。初九、九二、九五、上九，皆龙之所宅。龙所宅，则海洋耳。即一卦分合言之，无不各具至理。举乾而他卦可隅反矣。

坎陷也，险也。说者谓以一阳陷两阴之中，故险也。似矣，而未尽也。论卦象，坎为坤体，坤为顺，何险之有？然正以上下皆顺，如一人处至顺之境，则陷溺其中而不自知。上下皆顺，惟我是从，则更无匡弼辅导之资，其险莫险于是矣。反观夫离，以一阴陷二阳之中，厥状相等，何以不曰陷曰险，而乃曰丽？则离为乾体，乾德刚健，能匡辅之，乃刚柔相济，自无险陷之虞矣。圣人取象之精，意极深远。徒以阴阳言之，不免皮相之论也。

巽为鸡，离为雉。雉俗呼为野鸡，亦鸡类也。巽既为鸡，何不足以概鸡，又特著于离？似近烦复矣。乃细察象义，则巽二阳在上，阳以象鸡之翅。二阳重叠不分，故鸡不能飞。离则两阳在外，两翅开张，故雉能飞。取象之妙，其细微不遗如此。兑为羊，说者谓羊性外柔内刚，故《阴符》曰"猛如虎狠如羊"。羊见死绝不畏避，且不号呼，切齿瞪目以就刃，刚狠极矣。而外极柔顺，故以象兑之外柔内刚。是也，犹未尽焉。兑，正秋也，五行属金。土能生金，兑金为羊，故土可种羊，而土之怪亦曰羵羊。象理物理之妙合，实不可思议。难者曰：坤土为牛，火能生土，何以火不能种牛？巽木为鸡，水能生木，何以水不能种鸡？曰：物各有理，非可概论。羊于辰属未，坤贞未土，故土之生羊，不尽因于土金之相生焉。他物之生，各有原理。恨吾人学识尚浅，未能悉知之耳。

坎为水，离为火。水火天地之大用，道家谓为人生之至宝。修道之功，归结于取坎填离。而平时所致力者，所谓龙虎升降。二五交构，皆不越坎离之功用。古来传记，所载物类能炼形修道者，惟狐为最多。且其收效之易且速，恒为人类所不及。虽为经史所未载，然不尽为荒唐无稽之语，可断言也。要皆未能证明其理，乃考之于《易》，狐为坎象。[①]

而水火既济、火水未济之两卦，皆取象于狐。夫既济未济，非

[①] 《荀九家补》。

道家之乾坤，《参同契》之关键乎？乃文王作《象》，周公系《爻》，皆取象于狐。则狐之性灵形体，必与人近。或其内体有特异之机能，合于水火升降之作用，有非为人所及者，故能事半而功倍。古圣必已确知其故，因以系诸离坎交构之两卦，非偶然也。但非详于动物生理学者，不能剖此疑团。在北京时，会以质诸大学教习日耳曼人沙某。沙亦向喜中国古学，而精于生理解剖者也。辛斋详语其故，而沙乃鼓掌狂喜曰："此足与吾国学者之研究相印证矣！近年解剖之学日精，凡人类与动物之身体之结构，无不明晰其作用。如人之脑筋有十二对，若者司观，若者司听司嗅，无不条分缕析。独狐之脑筋，异常繁复。经多数博士之考验，迄今尚未能解决。今由《易》象，可得其端倪。即从心肾两脏以探察之，或可得其要领乎？"即此以观，可见吾人于科学知识未能充分，而《易》象之精深奥衍，则断非一知半解之腐儒所可拟议矣。

凡卦之象，合言之各有阴阳刚柔之别。阴阳以气言，刚柔以形言。如乾为天为刚，坤为地为柔，坎为水为气之形，离为火为形之气，是也。而分言之，每卦又各自有其刚柔气形之用。如乾为天为圜为父为君，又为玉为金为寒为冰，又为大赤，为良马为老马为瘠马为驳马，又为木果。说者谓乾元资始，天与圜乾之体也父与君，人之元也。玉与金，物之元也。寒与冰，气之元也。大赤，色之元也。马与木果，动物植物之元也。又来瞿唐云："乾为马，良马其本体也。时变为老，形变为瘠，色变为驳，皆能得观象之要者也。"学者由此类推，更可得无穷之精义。如为玉为金，金玉乃物质之最坚最精最纯正者。《乾·文言》曰"刚健中正，纯粹精也"，故以金玉象之。然物质之发明，日进无穷。近世所宝贵之金刚石，在画卦时未必有是物也。而乾之刚纯粹精，已酷肖其象。故自金刚石出世，而金玉失其贵。拟乾之象，当亦以金刚石为最肖矣。盖乾乃纯粹之气，而凝合成形，又极刚极坚，无物足以比拟。据近世化学家所考验，金刚石乃纯粹之炭气所凝结，化之仍散而为气，绝无渣滓。夫至精至纯至刚至坚，又光明通达，聚之成质，而散仍复为气。非乾之全德，又乌足以肖之？此象之可以物理之确当而补之者也。

凡卦之拟象，有自其阴阳之本体言者，有自其阴阳既合以后言者。如乾道成男，坤道成女，为男为女，是各就其本体言也。若乾为父，坤为母为妇，则自其阴阳既合以后而言也。凡卦之拟象，有取其全体者，有取三画中之一画者。乾坤为阴阳之宗，故取象皆以其全体。六子各分乾坤之一爻，故取象亦各就其一爻而言。如震巽以下爻，坎离以中爻，艮兑以上爻是也。

六子既各分乾坤之一爻，故即分乾坤之象。如乾为马，震坎皆言马。坤为牛，离亦为牛。坤为腹，离为大腹。乾为首，坎为大首。"大腹"见于《传》而不见于《经》，"大首"见于《经》而不见于《传》，此尤见经传互相发明之妙也。

震为声。凡天下之声，无不由动而发者也。震为群动之宗，故又为声。然《说卦传》未言震为声者，以巽之为臭对照而可得者也。《说卦》言象，往往于相对待者举其一端。如举坤为众，知乾之为一。举乾为寒，知坤之为暑。举坎为忧，知离之为乐。此以对卦互见其义者也，亦有反对互见其义者。如震为大涂，而艮为径路。巽为疑而兑为决。此皆《说卦》所明言者，则其未明言者可类推而知矣。如举巽为长为高，则知兑为渺小为纤细。举艮为门阙，则知震为盘桓。非神而明之，象义莫能见矣。

坎为水，离为火，其单象也。而阴阳既合，而离又为电为光为热。物理之作用，非水不能溶解，非光热不能融合。无论动物之生，不能离水火与光力热力，为循环之挹注。既矿物诸质，其凝结之初，亦无不由此。故以电光热之力，无物不可化分，亦无物不可以化合。故《易》以坎离为六十四卦之中枢，而殿之以水火既济火水未济。或问：乾为天，又为木果。小大之不伦，何悬绝若是？曰：天者元也，元无所不至。木果虽小，即乾之贞，而为元之所伏也。剥之上九曰"硕果不食"，反而为复，贞下起元，故终则有始也。其取象于木果者，以其形圆。圆内有核，核内有仁，仁内即元之所存，^①物虽小而生意无穷。至初爻变为巽，则元已不可见。故巽为不果，又为伏。伏者即谓元之伏藏而不可见，即无首之义也。《易》象之妙，极深研几，无一字不有精义存乎其间。

或问：乾为木果，即乾上爻之象乎？曰：硕果不食，上爻之象也。而穷上反下，则为初爻。故"木果"二字，须合两爻以见义。经于剥上曰"硕果"，曰"不食"，二字均有分寸，不可不深思熟察也。

或问：乾乃纯阳，何以为寒为冰？曰：阳畜于阴，寒与冰，皆以阴畜阳。乾居西北，固阴冱寒。阴阳相薄，凝而为冰。^②故乾西北对东南巽。乾巽曰小畜，乾居西北，于先天之位为艮。艮乾曰大畜，大畜小畜而阳始生，犹必潜以养之，勿用以守之。刚健纯粹，夫岂一朝一夕之故哉！

或问：艮为虎，兑亦为虎。艮为虎，乃荀九家之说。按之于《经》，则履之"虎尾"，革之"虎变"，皆似兑象。究何从乎？曰：履与革，固有兑象。而颐之"虎视眈眈"，则艮象也。此即前文所谓以对卦而相通之一例也。考八卦之象，艮为狗，因艮外刚而内柔，狗之性似之，故为狗。然艮有成终成始之德，能与刚德相终始，则为虎。兑之本象为羊，履之"虎尾"，革之"虎变"，曰"尾"曰"变"，明非兑之本象也。至兑之为虎，乃另属一义。兑居西方，上直昴宿白虎之位，亦如乾卦之取象苍龙，则因位而取象。与刚柔之说无与矣。

或问：坤为布为釜，乃坤之本象乎？曰：非也。此皆阴阳化合而生之象也。坤与乾合，则阴阳经纬而有布象。坤得离坎，则水火济用而有釜象或缶象。缶亦釜也。《易》有缶而无釜，因上古火化之始，未有釜也。观比之盈缶，坎用缶，离鼓缶，可会通其义矣。曰：阴阳经纬，既乾坤相合之象，何独于坤言之，曰：阳气而阴质也。曰：乾亦有称布乎？曰：有诸。乾施坤受，施亦布也。布五行于四时，乾之布也。布同而义殊矣。妙哉！《易》之为书也。

---

① 详见前卷《元字精义》。
② 所谓阴阳既合以后之象也。

或问：离为鳖、为蟹、为蠃、为蚌、为龟，此五者，惟龟象见于颐与损益，余象皆不见经传，其义何居？曰：五者皆水族也。不属诸坎而属诸离，以见阴阳互藏之妙焉。旧说以五者皆甲虫，外刚内柔，故以取象。是矣，而未尽也。离中虚能受，故能纳五行之精。得巽木之精为鳖，得震雷之精为蟹，得兑月之精为蚌，得乾金之精为蠃，得坎艮之精为龟，而毕受化于坤土。观象于颐可得其义。推而广之，其象可见也。①

或曰：坎为月，今以兑为月，是非邵子之象乎？曰：非也。卦之言象，以相对见义。坎离相对，离为日，则坎为月。离为火，则坎为水。兑之为月，对于震巽取义。《易》之言月者，除日月对举者则指坎。余皆指兑言也。

或问：《系下传》"龙蛇之蛰以存身焉"，是否指乾卦之象？曰：然。咸卦三爻至五爻互乾，乾四爻之"上不在天下不在田中不在人"者，以此四爻乃在乾卦之中。《咸·象》曰"君子以虚受人"者，即此一爻，故称龙蛇。龙蛇者，未确指其为龙为蛇，与"或跃在渊"之或字相应者也。盖乾之对宫为巽，巽于十二辰，贞在辰巳，辰为龙，巳为蛇。跃者，超越而上之名，言四爻能超跃越过巳之一位，即及于离午而为飞龙。不能及于离午，则在巳而为蛇。辞意极为明析。按之于象数，无不丝丝入扣者。圣人之文，真与造化同工也！

或问：《说卦》"离为龟"，乃六十四卦之有离者，均不言龟，独见之于颐与损益何也？曰：颐与损益，皆刚外柔内，有离之象。来氏所谓大象是也。颐与损益，大象似离，故言龟。亦即圣人示人以取象之一例焉。曰：在损益皆称"十朋之龟"何也？曰：十者，取其最多之数，即天一至地十之数也。朋者，阴阳相合。以天一地二天三地四，数各有合，故曰朋。此"龟"字与震卦"亿丧贝"之贝字同。古人无钱布，龟与贝皆宝货之一类也，故以象言之。颐之龟乃活龟，而损益之龟则龟版耳。

---

① 焦氏《易通释》谓《易》之言敝即鳖也，言解即蟹也，言蠃即蠃也，言邦即蚌也，于义亦通。

或问：巽为寡发，《李氏集解》作宣发。虞注曰巽为白，故宣发。将何说之从？曰：两说皆可通也/巽为长女。凡女之愆时未嫁。及早嫁而生育过多者。血皆失其经而发秃。故曰寡发。秃必于前额，故亦可曰宣发。《考工记》"半矩谓之宣"，似宣之义更能形容酷肖，较寡字尤周到也。

或问：巽为近利市三倍，其于象也何居？曰：此象之微妙，非通全卦而观之，仅就巽之三画以探索之，无从得其义焉。巽为入，有入而无出，得坤吝啬之性。然坤柔顺，故虽吝啬，尚不致为贪。而巽之体，则乾体也。以乾体之健，行坤性之吝，更兼其本性之入。三者合之，所谓三倍也。然则近利市三字之象，又从何而来也？曰：此则须索之于八卦方位也。八卦巽居东南，其前则东震也，其后则南离也。离与震，火雷噬嗑。日中为市，致天下之民，聚天下之货，交易而退，各得其所，盖取诸噬嗑。今巽之方位，适介于噬嗑上下卦之间，非近利市而何？故圣人之于象，一字一义，必有根据。潜心以求之，多方以索之，方能知其妙。若以不解解之，其奥义终莫能得也。

或曰：宣发与近利市三倍，其象义之妙既闻之矣。而巽又为多白眼，亦必有妙义，可得闻欤？曰：此则前人已有言之者矣。曰离柔居中，为目之正。巽阴反下，而二阳上，故多白眼。似为来氏之说。于义颇近，尚未明畅。请申言之。离为目，巽之下，即离之上也。离之下，即兑之上也。此即虞氏所谓半象。故经文于兑称"眇目"，履与归妹皆兑，皆曰"眇能视"是也。以兑例巽，则巽亦眇耳。惟巽又为白。白者，上二阳也。是巽之眇，白且占三分之二。非多白眼而何？"多白眼"三字，不啻将巽之眇活画出来。神哉化工之笔也！

或问：坎，其于人为加忧，为心病，为耳痛。旧解为阳陷阴中，心危虑深，故加忧。忧之甚为心病，心以虚为体。刚画梗于其中故病。惟耳亦然。坎为耳，外阴内阳，取象阳之总也。又为耳痛，象阳画之梗于其中也。其说当乎？曰：否否。坎曰惟心亨，正以阳之正中也。若以阳之梗于中为病，则天下之心，殆无不病者矣。阳梗于中为耳痛，则天下之耳，将无不痛者矣。其说之诬，不待辩矣。坎为耳为心，其本象也。其为加忧，为心病，为耳痛，则因所处之时与位而言。所谓阴阳既合以后之象，阴阳合则变化生，曰忧，曰病，曰痛，明明既动以后之事，乌得以本象之阴阳言之？比乐师忧，同一坎焉，何为于比则乐，于师则忧？岂比之坎刚画梗于其中，而师之坎则无刚画梗于其中耶？岂比之坎阳陷阴中而师之坎阳出阴外耶？同一坎也，同一坎与坤也，同为一刚而五柔也，乃忧乐顿异者，则惟其所处之时与位之不同耳。然忧与乐固同此心焉。处忧则忧，当乐而乐。或先忧而后乐，或先乐而后忧。时与位无定，君子处之无成心焉。故曰加忧。加者非所固有，从而加之之辞。《坎·象》曰"惟心亨，往有尚"，尚即加之义也。物失其中为病，艮之"危薰心"，心病也。不安其中亦病，咸之"憧憧往来"，亦心病也。坎者通也，失其通为痛。噬嗑之"荷校灭耳"，《传》曰"聪不明也"，乃耳痛也。未闻刚梗中之为病为痛也。腐儒不明象义，又不熟经文，仅知于一卦三画中求象。求而不得，于是以刚柔之卦画，以己意揣测而附会之，而不顾其理之是非。此言象者之所以授人口实也。

坎之为矫輮，亦非其本象也。凡物件之矫輮者，必先炙以火，而以水定之。故坎象之为矫輮，亦必在与离相合，或在与离通变之后，而弓轮则更因矫輮推而及之者也。盖物之有弓与轮，乃为矫輮之最著者也。《易》象有相因而及者，如艮为门阙，因更为阍寺；兑为口舌，因更为巫，皆与此一例也。

或问：象之言数，是否即"七日来复""八月有凶"，与"十年不字""十年勿用"之类？曰：非也。此乃言爻与卦之数。虽与象不尽无关，然不可即谓象之数也。然则象之倚于数者如何，可略举其例欤？曰：《易》之为书，参天两地而倚数。三画成卦，参天也。因而重之，两地也。六画而分三才，又参天也。三才而迭用柔刚，又两地也。用九用六，又参天而两地也。故《易》之立言，殆无一不倚于数。详言之，非短辞所能罄，当别论之。象之倚数，亦不能离乎阴阳。阳数参天，阴数两地。参两之数，无不原本天一至地十之五十五数，而折为五行，分寄于象。故象之言数，以根于五行及九宫之数为多。而五行各有始有壮有究，数又有别也。《易》穷则变，穷于数也。① 是故欲明象之数，必先别其时位。时有三候，② 位有三等，③ 明乎此，于象倚于数之理思过半矣。

---

① 天数极于二十有五，地数极于三十，天地之数穷于五十有五。故生数终于五，成数始于六天地生成之数合于五。六乃为天地之中，七则反以天之五分阴分阳。故干之数十。以地之六迭用柔刚，故支之数十二，十三则凶。阴九阳六，六九五十四，为穷之灾。而五十六为凶之始，而九十六与一百零六皆凶数。

② 即始壮究也。

③ 即初中上也。

逸象

《易》象掌于太卜，周室版荡，典章散迭。东迁而后，未能尽复故物。孔子《说卦》所传，即为掇拾残阙之遗，而又历经劫火，简策散失。比及西汉，两篇"十翼"，犹阙《说卦》三篇。后得河内女子发于废屋，即今之《说卦》是也。卦象残阙，自所不免。《荀九家》补象，乾有四，坤八，震三，巽二，坎八，离一，艮三，兑二，都三十有一。朱子已取以列入《本义》。而孟氏之逸象，文十倍于《九家》。计乾之象六十有一，坤八十一，震四十九，坎四十七，艮三十七，巽二十，离十九，兑九，共三百二十三，亦云夥矣。而后儒如何妥、于令升、侯果、朱震、来知德，及胜清毛锡龄，亦均有补象。要皆采自二篇"十翼"者为多。如《九家》所补之三十一象，惟坤之帛与浆，震之为鹄，巽之为鹳，未见于经，余皆经传所有者也。《易》道广大，无所不包，象足以尽物，物不足以尽卦。《易·说卦》于《象》曰其于物也，其于人也，亦举一隅而已。触类旁通，非列举所能尽也。①

---

① 《荀九家》者，荀慈明集九家《易》解，为书十卷，见于《班书》。而《文献通考》引陈氏说，谓汉淮南王所聘明《易》者九人，荀爽尝为之集解。但陆氏《释文序录》列九家姓氏为京房、马融、郑玄、宋衷、虞翻、陆绩、姚信、翟子元、荀爽，与前说不同。但考陆氏所列诸家，无论时代后先，且立说各异，有相冰炭，决非可合而为一者。姑录其说以备参考可耳。

学易笔谈初集卷四

君子有攸往

《坤·彖》曰"君子有攸往"。读者于此一句，往往忽略，顺口读过。而自汉以后，讲《易》者无虑千数百家，亦均未着眼于此。宋儒或以为占辞，以君子指筮者，则更为无稽。须知此卦为六十四卦之第二卦，上承六十四卦第一卦之乾卦。文王于《乾·彖》，只系以"元亨利贞"四字，以概括乾德，即以概括六十四卦。以乾为天行，荡荡莫名。舍此四字，实无可以表示乾德而概括无遗者。坤以承乾，故亦首系以"元亨利牝马之贞"。"牝马"二字，绾合乾坤，以示阴阳合德，刚柔有体。所谓立天之道，立地之道者，皆以此"元亨利贞"四字挈其纲矣。

然天地之道，非人莫明；天地化育，非人莫参。先圣作《易》，原以明人道以立人极。故于《坤·彖》"贞"字之下，即大书特书曰"君子"，所以正名定分，乃《周易》开宗明义之第一特笔也。读者疑吾言乎？试即文王六十四卦之《彖辞》索之，可比较而得之矣。谦为人道之卦，曰"君子有终"。否曰"不利君子贞"，同人曰"利君子贞"，皆此君子也。周公系爻于乾三之"君子终日乾乾"。孔子赞《易》，六十四卦《大象》之"君子"，皆述文王之意，所以阐发此一句"君子"两字者也。乃后人犹不注意，不将前圣后圣垂教之苦心，一笔抹煞乎？"有攸往"者，乃郑重指导之辞，三字具有无穷深意，亦不当忽略读过。此"有"字，乃全《易》开卷第一

"有"字，即《序卦》"有天地然后有万物"与"有男女有夫妇有父子及礼义有所错"之"有"。言既有"乾元亨利贞"，既有"坤元亨利牝马之贞"，而后君子始"有攸往"之可言矣。攸者，安也，久也；往者，进也。

上言乾坤之"元亨利贞"，乃天地之道，循环而无端者也。而君子以参赞天地，乃进化而不已者也，故曰"有攸往"。与近世哲学家所谓天行之往复为循环线，人治之进化为螺旋线，其理正相吻合。以下六十四卦皆根此立言，以明人事之是非得失而定吉凶。自读者将此重要之经文滑口读过，宋人不得其解，更以君子二字为指筮者而言。于是全《易》，《彖》《象》皆索然毫无生气。孔子之《大象》所谓"君子以"者，亦味同嚼蜡矣。

得朋丧朋

"坤利西南得朋，东北丧朋"二语，注解不一。王肃以下，大概以朋为阴类，西南离巽兑皆阴卦，故"得朋"。东北震坎艮皆阳卦，故"丧朋"。以喻女子在室得朋，犹迷而失道；出嫁丧朋，乃顺而得常。阴必从阳，离丧其朋类，乃能成化育之功，而有安贞之吉。史徵、崔憬，及程朱《传》《义》之解释，大略如此。其于文义，终觉牵强。言虞氏学者，以纳甲为言。以坤之得朋，为月之得明，则以朋为阳矣。辛斋以为欲解释此二语，必先定朋字之确诂。究竟指阳说，抑指阴言？按西南固坤之本位，坤中爻二三四为☶益坤，三四五为☷损坤。故损之五，益之二，皆曰"十朋之龟"。此十朋，即《坤·象》"得朋""丧朋"之朋也。而损之六三，曰"三人行则损一人，一人行则得其友"，以损之义为损下益上。损泰☷下卦之三，以益上卦之上，泰变为损，下乾①去其一爻，故曰"三人行则损一人"。损此一爻以益坤上，虽成损，而上与三仍得阴阳相应，故曰"则得其友"。据此以观，则阴以得阳为朋，阳以得阴为友，其例甚明。而《坤·象》之"朋"可得言矣。坤方于十二辰为未申之位，于消息卦为否为遁。否下卦坤，故"先迷"。上卦乾，故"后得主"。坤间辰六爻，未巳卯逆行，自西至南，由遁至乾，皆阳爻日增，故曰"西南得朋"。自乾以后，而东而北，夬壮泰临复。阳爻递减，故曰"丧朋"。至戌亥归坤，纯阴无阳，朋丧尽矣。更逆行至酉，为坤之终位。②值兑之正位，兑九四之喜有庆也。故曰"乃终有庆"。则自"先迷后得主"以下，可一气贯串，无一字不脚踏实地矣。至"十朋"之义，原为天一至地十之数，各相有合。在坤言坤，以阴得阳，故曰"十朋"，与前说亦相合也。③

---

① 乾，子丑寅三人。
② 兑酉数十，十亦为终。
③ 以消息言之，"得"者息也，"丧"者消也。得丧者，即消息二字之代名也。以坤消乾至东北而乾阳消尽，反为纯坤。丧朋之为消阳，可无疑义矣。

履霜坚冰至

《坤·初六》："履霜坚冰至"，旧说尚无悖于义，惟以"坚冰"二字为疑。于是臆说纷纭，妄相揣测。而于圣人立言之本旨，相去愈远矣。须知此爻乃坤卦初爻，乃六十四卦阴爻之第一爻，亦即以阴消阳之第一爻也。刚柔始变，阴阳大化根本所自立之初，岂可轻易忽略看过？周公系爻，郑重言之曰"履"。履者何？践履也。以"履"冠六十四阴爻之初，以明人生涉世之初步也。离卦之初曰"履错然"，以殿《上经》，以示有始必有终。两"履"字遥相呼应，非泛文也。孔子韦编三绝，深能契合文周之心，故《系传》于三陈九德，独举一履。再三反覆，推勘尽致。以明立德之本。虽仅举九卦，而六十四卦可以意推之矣。故"履"之一字，即以为全《易》之纲领，为圣人以《易》立教精义之所在，亦无不可也。岂可轻易忽略看过哉！

"坚冰至"，原非坤初爻之候，乃周公以系于初爻者。虽曰防微杜渐之意，然实《周易》之一种特别笔法，学者更不可不知也。阳顺阴逆，坤乃阴卦之宗，故圣人系辞，皆用逆笔，特由"至"字反说到"初"。观乾曰"元亨利贞"，坤曰"元亨利牝马之贞"，其文气亦皆一顺一逆。孔子赞坤，亦以"至"字开口，真能与文王周公心心相印者矣。观象玩辞，不可不于此等处加之意也。

不习无不利

《坤·六二》"习"之一字，亦《周易》最要之眼目也，亦不可忽略看过。初曰"履"，以明人生涉世之始也。二曰"习"，以明涉世后必至之一境也。系接上文，一气而来。霜犹履也，坚冰至则已习矣。人之生性相近也，习则远矣。善恶分途，积微成著，无不由习之一字而来。圣人慎所习，惟立教以济之，故坎特著曰"习坎"。① 孔子《大象》曰"君子以常德行习教事"，而《论语》曰"学而时习之"，此皆善用其习以立人道者也。自世运递递降，天德王道已成故事。② 后世雄才大略之君相，恒利用"习"之一字，为操纵斯民之具。非常之原，黎民惧焉。乃施之以渐，今习而安之，则习非且可以胜是矣！③ 然圣人之化民成俗，尚道德不尚事功。操纵之术，非所屑焉。端民习于就学之始，薰陶而善良之，化行而俗美，则施之于事。不习自无不利，此岂一朝一夕之故哉！周公系"习"于坤之二爻，以承"履霜坚冰"之后，其用意至深远矣！

---

① 坤二爻坎位也。
② 蛊，故事也。
③ 如革命之说，初闻者无不掩耳却走，骇为非常。乃一再试之舆论，和之。曾几何时昔之掩耳却走者，或且醉心从之矣。此即习之说也。近世欧美大政治家，欲有所设施，恒先建议以造成舆论，使人民习见习闻而后行之。举重若轻矣。

乾坤之字法

乾，天行也。坤，地道也。天运于虚，地征诸实。故乾以言道，坤以言德。道运于虚，德征诸实也。详玩两卦《彖》《象》，乾曰"元亨利贞"，坤则曰"元亨利牝马之贞"。全卦六爻，乾则象以"潜""见""跃""飞""亢"及"乾乾""惕若"，皆用虚笔。而坤则曰"履"，曰"习"曰"可贞"，曰"括囊"曰"黄裳"，曰"血"，笔笔皆征实矣。圣人之笔，妙极神化。孔子赞《易》，为衰世之救济，略天道而言人事，由下学以希上达。故首重立德，由立德以明道。然明道与立德，均非辞无以见焉。是以《文言》曰"修辞立其诚"。上下两篇之《系辞》，又各为之传，又特表而出之曰"以言者尚其辞"，又曰"所乐而玩者爻之辞焉"，皆教人以学《易》之方也。卦有小大，辞有险易，言小大而阴阳可知，言险易而顺逆虚实可知。学者必潜心玩索，始能微显阐幽。兹略举乾坤两卦之字法，余卦可类推，而"十翼"之辞亦可类及矣。

咸宁咸亨

《乾·象》曰："首出庶物，万国咸宁。"《坤·象》曰："含弘光大，品物咸亨。"此以赞乾坤化育之功，皆阴阳合德，交相为用。乾用九以变坤，坤用六以承乾。仅一咸字，已将乾坤两卦绾合，有天地絪缊之妙。咸者上兑下艮䷞之卦，乾在坤中，所谓二气感应以相与，天地感而万物化生者也。夫庶物与万国，皆坤象焉。乾元首出，久道化成。于是乎有咸宁之庆。弘与大，皆乾象焉，而坤能含之光之，① 于是乎品物有咸亨之象。然而乾之咸宁，宁于坤焉。而坤之咸亨，亨于乾焉。交互错综，妙合无间。神哉化工之笔也！至临之"咸临"，姤之"咸章"，皆以一"咸"字以形容阴阳构合之妙。临数一二，一二为子丑，子丑阴阳始合。姤数七八，七八为午未，午未天地相遇，为阴阳中合。与乾坤两卦之"咸"字，互相印证，互相发明者也。

---

① 凡阳必得阴，而始光如日。必遇地与月，或其他能受光之质，而光始见也。

咸感

《咸·彖传》曰"咸，感也。①二气感应以相与。"盖物理必异性者乃能相感，而善感者莫如人。人之善感者，莫如男女，尤莫如少女少男。故以少女少男之卦名之曰咸。而咸卦六爻，又均取象于人身，则以感觉之最灵且捷者，更莫过于一身焉。六爻初拇，二腓，三股，五脢，六辅颊舌。四当为心，乃不曰心，而曰"憧憧往来"，以心不可见，且咸之感，本无心也。卦爻取象之精细，可谓剖拆毫芒。至义蕴之妙，更有非言语所能形容。细玩逐爻之辞，见深见浅，必有所得焉。②

---

① 旧说：咸感无心，兑说无言。无心之感，其感始至。无言之说，其说乃大。
② 物理：异性则相感相吸。两性既感而吸合，则原有之两性相消而等于无。故咸又为无。又咸从戌从口，戌亥数无。先天卦艮居戌口，与兑相对，故兑艮为咸，而咸为无。后天卦乾居戌亥，故乾亦为无。

万物　庶物　品物

"大哉乾元！万物资始"，"至哉坤元！万物资生"，此言盈天地间之事事物物而约其大数，即上下二篇之策，万有一千五百二十以当万物之数者是也。《乾·象》曰"品物流形"，《坤·象》曰"品物咸亨"。品物者，物之既成，可以类而别之，故曰"品"。"品物流形"者，乾流坤形也，坎也。"品物咸亨"者，坤承乾亨也，离也。可见乾坤二《象》，无一字不互文见义者也。至"首出庶物"，不曰"万"，不曰"品"者，乃合万与品而兼言之，对于首而言也。通言万物，未分类也。物而曰品，则"方以类聚物以群分"矣。既类聚以群分，则必有一焉超乎其类统乎其群者。即首出之义，而不为首者皆庶也。故曰"庶"者，对于首而言也。不曰"首出万物"，"首出品物"，而必曰"首出庶物"。可见圣人修辞之精，无一字虚设，无一字苟且焉。

损益盈虚

《下经》之损益，犹《上经》之泰否也。《上经》始乾坤，至小畜履凡十卦。阴阳爻各三十，而继之以泰否，为乾坤变。《下经》始咸恒至蹇解亦十卦。阴阳爻各三十，而继之以损益。咸恒为乾在坤中，损益乃坤在乾中也。天行人事，均不外乎否泰往来损益盈虚而已。旧说泰损下益上，① 则成损。否损上益下，② 则成益。然则否泰往来，损益盈虚，其所以转移变化之机关，俱在三爻。三爻者，人爻也。以明否泰损益皆在于人，而天地无与焉。天行之否泰，人得而转移之。人事之否泰，天地无如何也。孔子于乾之九三，反复申明其义。曰"与时偕行"，在损曰"与时偕行"，在益曰"与时偕行"。否泰者时也，损益者人也。与时偕行，则否可转泰。不能与时偕行，而与时偕极，则无泰而非否矣。与时偕行者何？即所谓"终日乾乾，乾行"者是也。然而经文于损，独曰"有孚元吉"者何也？曰"损上益下"，其理近而易明，其事顺而易行。故否泰之转移尚易，然否转为泰，泰复转为否；泰否往复循环不已。又乌能日进无疆？吾国数千年历史皆一治一乱，循环往复致人事永无进步，不能与世界列强相抗衡者，正以吾人只知以益求益，而不能以损求益。故极其功只能转否，而不能化否。能化否，则否变同人。同人而进于大有，世运始有进步。始避泰否之循环线而入于倾否之螺旋线，然后得合于进化之正轨也。故孔子又于益之《象传》申明之，曰"益动而巽，日进无疆"。此损益之大道，③ 先圣之象已明示之。孔子赞《易》，又一再言之。乃三千年来竟无一人能察圣人之象，味圣人之言，以求日进而无疆，坐令锦绣之乾坤，困于一治一乱之轮回，而无发展之机，不亦深可痛哉！辛斋何人，于古先大师大儒之学，会不能仰望其肩背，讵谓能发前人所未发，明前人所未

---

① 损下卦之九三以益上卦之上六。
② 损上卦之上九以益下卦之六三。
③ 天行先泰而后否，人事先损而后益。

明，以补数千年之罅漏？或者时事相催，劫运当复，天诱其衷，困诸囹圄，导诸良师，开其一隙之明，畀引其端。庶圣意不致终晦，后人得藉此发挥而光大之，以臻世界之大同，未可知也。九仞之山，成于螳垤。辛斋其亦一螳而已。

水火亦有二

八卦播五行于四时，木金土各二，惟水与火各一。震巽木有二也，兑乾金有二也，坤艮土有二也，惟离火坎水各一。先儒谓离坎居中，中不可有二，故水火均一也。又谓木金土皆有刚柔，惟水火无刚柔可分，故不能有二。然以十干分配五行，则水火木金土各有二。以十二辰分属五行，则水火木金各有二，而土有四，则水火不二之说又不可通。辛斋以为八卦于水火，亦各有二，与木金土无异焉。离为火，震为雷，雷亦火也。坎为水，兑为泽，泽亦水也。震为雷，震之一阳出于坎。阴根于阳，《内经》所谓"龙雷之火"，乃真火也。故于十干属丙，而离火属丁。兑之一阴丽于离，故曰丽泽兑。阳根于阴，其义取明水于月，乃真水也。于十干属壬，而坎水属癸，水火同源，阴阳互根，皆归本于太一。俗儒未察五行之原理，以卦只有八，而五行之分阴分阳，其数有十，遂无可措置。曲为之解，遂有水火不二之说，而不自知其不可通也。

九宫八卦之真谛

八卦坎一，离九，震三，兑七，乾六，巽四，坤二，艮八，乃九宫之数，即洛书数也。后人不得其解，异说纷纭，各执一是，而互相驳难，究莫能得其要领。此由于不知九宫之真谛，无怪其开口便错也。九宫本于太一，以一行九，如乾坤之周流六虚，分阴分阳，循环无端。一九三七二四六八，即阴阳太少之四位焉。阳为气，阴为形，气与形有纯驳，而太与少别也。一九太阳，纯乎气者也，故坎离居之。二八少阴，纯乎形者也，故坤艮居之。三七少阳，气与形相兼者也，故震兑居之。四六太阴，纯乎形亦纯乎气者也，故乾巽居之。① 支支节节而解之，一卦一象以求之，其泥而不能通也宜矣。

---

① 巽为柔木，得气之初，成形最早。乾为金刚，得气最纯，成形最坚。故柔木烧之而无炭，金刚化之而无质。此所以为太阴，阴极生阳，而玄牝为万化之根也。

天地絪缊　男女媾精

《上经》首乾坤，《下经》首咸恒。咸恒天地合体之卦也。泰否损益，亦天地合体之卦也。乾坤合德，见于咸恒。泰否交构，^① 见诸损益。故"天地絪缊，万物化醇。男女媾精，万物化生"，赞诸损之六三。天地絪缊，阴阳首交，而物以气化。男女媾精，雌雄尾接，而物以形化矣。形能夺气，物既成形，专于形化，而气不复化，亦致一也。是故天下之物，其初生者无不以气化，天地之始合也。天地终合，万物毕具，形成名立，气为形夺，而气化者少矣。然终则复始，气机之流行，仍无少异。即气化之用终不可绝，不但形之微者仍归气化，^② 即形化者亦或感于气。而蜕化，而变化。^③ 生生化化，神妙莫测，皆资始于乾元，资生于坤元，实资于天元一。^④ 天元一不用，^⑤ 用地元二。^⑥ 天元一子，地元二丑，子丑天地始合。絪缊气化之候，在卦子一复丑二临。复一小不用，^⑦ 用临二大。^⑧ 故临之初九、九二，皆曰"咸临"。^⑨ 而乾坤二《象传》，孔子皆以一"咸"字形容之。咸临于初爻，初应四，四曰"至临无咎"，即"至哉坤元"之"至"也。咸临于二爻，二应五，五曰"知临大君之宜"，即"大哉乾元"之"大"也。乾大坤至，天地之气，充满流行，密合无间。天地絪缊，万物化醇也。一二合生三，天地合生人。一气而二形一精而二纯，子丑二而寅三为人道。在卦为泰，泰

---

① 泰否为天地交。
② 如无骨之虫类是也。
③ 如雀化蛤，鱼化雀，沙鱼化鹿化虎，人亦有时化虎之类。
④ 数学以立天元一御无穷不尽之数，亦此理也。
⑤ 以不用为用，故其用不穷。
⑥ 一二天地合，三三生万物。
⑦ 复小而辨于物。
⑧ 临下兑。兑数十。十数盈数也。故大。
⑨ 咸，乾在坤中，以阴含阳。阳动阴中，阴阳合德。资始资生，二而一矣。

为通。天地之气，以人而通。乾道成男，坤道成女。乾交于坤，坤交于乾，而咸恒夫妇之道立。损益盈虚，相为消息，男女媾精，万物化生也。故孔子于损之六三爻言之。

二与四 三与五

二与四，三与五，全《易》之重要关键也。不明乎此，则象《彖》终莫得而解。故孔子于"原始要终"一章，特详言之。然此章文义深奥，学者莫明其妙，甚或不能句读，因之异说蜂起。易传灯甚至疑为伪作。是二三四五之说终不能明，故特将此章全文诠释之。而后刚柔变易之道，始可得言也。《系传》曰："《易》之为书也，原始要终。以为质也，六爻相杂。唯其时物也。其初难知，其上易知。本末也。初辞拟之，卒成之终。"此一节明设卦观象之法。《易》之为书，上下二篇，皆原始要终。《上经》以乾坤始，坎离终。《下篇》以咸恒始，既未济终。即全《易》以乾坤始而坎离终，① 而一卦六爻相杂，唯其时物，亦各自有其始终。初难上易，有本末之分。知其所先后，则拟之于初者，卒能成其终。此就全卦六爻而言之也。然初者物之始，而用未著。上者时已过，而用或穷。故又曰"若夫杂物撰德，辨是与非，则非其中爻不备"。②

又曰："噫！亦要存亡去凶，则居可知矣。知者观其彖辞，则思过半矣。"③ 二四三五，已过全卦之半，此四爻皆谓之中者。以二五乃上下卦之中，三四又二与四，三与五之中也。故又曰："二与四同功而异位，其善不同。二多誉，四多惧。近也，柔之为道，不利远者。其要无咎，其用柔中也。"此即所谓下中爻也。二至四合

---

① 乾坤坎离为先天，南北东西之中。乾坤纯阳纯阴，其体始终不易。坎离为阴阳之中，其体亦始终不易。故后天以离坎代乾坤之位。六十四卦原始要终，皆乾坤坎离而已。六十四卦有其始终，一卦亦各有其始终。乾坤坎离以为之体，而离变其终则为震。震反则为艮坎，变其始则为兑。兑反为巽而离，变其始亦为艮。坎变其终亦为巽，巽艮反仍为兑。震则六爻相杂矣。六爻相杂，唯其时之不同，而阴阳之变化，其成象各异。其初难知，变之始也。其上易知，物之终也。初立其本终得其末。初率其辞，而揆其方。既有典常，卒能成其终。而一卦之体用可见矣。

② 物者，阴物阳物之总名。杂物则阴阳迭居其位而文生矣。撰者有选撰拟议之意。因阴阳之杂居，其德不同，则是非可辨矣。

③ 此又咏叹以长言之，而申明上文意也。来知德氏以亦要为句，而要读腰，谓即指中爻，似属牵强。亦要者，即大要云尔犹言约举其大概也。居者，刚柔迭居屯见而不失其居，即二四三五是也。

成三画卦一。既成一卦，又自有其上下之位。既分上下，其善与不善，便有不同。统观六十四卦，凡二爻每多佳誉，而四爻每多恐惧。何哉？因四之位近于五，而四为柔爻。柔之为道，逼近于刚者不利，故多惧。而二虽同为柔爻，则远于五矣。远者大要可以无咎，况二又为下卦之中，柔而得用，此其所以多誉也。又曰："三与五同功而异位。三多凶，五多功，贵贱之等也。"此即所谓上中爻也。三至五，亦合成三画卦一。而六十四卦之三爻，多凶，而五爻多功。何哉？则以五贵而三贱。五得位得中，而三则非所论也。综二四三五而言之，二与四柔爻也，三与五刚爻也。故又曰："其柔危，其刚胜耶？"二四虽同为柔，惟四独危。三五虽同为刚，而五独胜。此总论二四三五之位。而成卦以后，则刚柔杂居。柔者或以柔而益见其危，刚者或过刚而更著其凶。存亡凶吉，观其居，则可知矣。

柔乘刚

《易》柔乘刚之爻，皆二三五。始于屯之六二，阴阳始交而难生。难由于六二之乘刚也。① 凡柔乘刚有其渐，始则柔遇刚。② 遇而不以为异，渐而柔乘刚。③ 履而不止，渐而柔乘刚。乘刚而不止，终之即柔变刚。④

至柔变刚而乾爻二三五，均为柔乘。乃柔乘五刚。六十四卦终于柔变刚，乃刚决柔矣。始柔遇刚，而姤柔壮，壮震起，不艮止之，而震起者皆乘刚爻矣。二三五乘刚爻，天地三人爻睽不同人，遇刚敌刚而乘刚，莫凶于三爻矣。是故乘刚，始《屯·六二》"乘马"。屯"乘马"出之井，井二三五刚爻不可柔乘。柔乘则刚掩，刚掩则困。故乘刚莫凶于困之六三爻也。是以《震·六二》，乘刚也；《噬嗑·六二》，乘刚也。天地乘刚爻皆于六二。乘刚难始，即难在三五。三五天地日月候。三柔乘，困刚掩。五柔乘，豫贞疾。皆日月掩食象也。

柔乘刚，则坤有尤，而乾有悔。故《易》无尤之爻，恒在二四五。尤，异也。睽，异也。⑤ 西南坤柔道，以物见异为有尤，乃乘刚也。东北艮终止之，以终止坤柔，不见异，不乘刚，而终以无尤。故于天地西南⑥睽异，而终于东北蹇难，艮止之。二三五震起，而柔乘刚者，皆二四五。反震而艮止之，则终无尤矣。是以屯二，乘刚也。屯震反艮，屯成蹇，蹇二终无尤也。噬嗑二，乘刚也。噬嗑震反艮，噬嗑成旅。旅二，终无尤也。豫五，乘刚也。豫震反艮，豫成剥，剥五终无尤也。柔刚二三五终无尤，二四五天地中，

---

① 乘非二乘初之谓乃坤六二之柔爻乘乾九二之刚爻。以柔敌刚，刚为所覆，而伏于下，故曰"乘刚"。
② 姤，遇也，柔遇刚也。
③ 履，柔履刚也。
④ 剥，柔变刚也。
⑤ 睽三五柔。
⑥ 离兑。

三四反类，故困三乘刚也。困反类贲，贲四终无尤也。是以无尤皆二四五柔以艮止，乘刚皆二三五柔以震起也。

二三五不柔乘，二四五终无尤，于是坤无尤而乾悔亡，为贞吉悔亡。故《易》贞吉悔亡爻，恒为二四五。乃坤柔不乘刚，乾刚不柔乘，是以坤贞吉而乾悔亡。坤贞吉，贞于坎；乾悔亡，悔于离。天地南北离坎，《易》日月一二明始，故正北方卦子丑，坎艮蹇贞吉；南方卦午未，离坤晋悔亡；而晋以下子丑二初贞吉，上午未三五日月明悔亡。内子丑一二，家人内也。外午未七八，睽外也。家人二贞吉而初悔亡，内也。睽五悔亡，外也。天地内外阴阳，阴不可过乎阳，内阴壮不可也。故家人内有恒不可有壮。是以家人二贞吉，而恒二悔亡。恒二悔亡，爻止二字；即大壮二悔亡，爻止二字。为内阴不可壮而止之。于是正北方坎卦内正，而南方离卦无悔。可大壮往外，是为大壮内二贞吉，而外四五贞吉悔亡而无悔也。天地坤始柔不可壮，壮则乘刚，坤有尤。乾后刚不可不壮，不壮刚柔乘刚，乾有悔。是以大壮于坤柔壮止，于乾刚晋进。大壮正大，天地之情可见，而二四五贞吉悔亡而无悔可也。《易》于南北离坎，乃未济上下卦。大壮二四五刚柔爻，即未济离坎二四五刚柔爻，故大壮二贞吉。坎贞吉，大壮四贞吉悔亡，坎离贞吉悔亡，大壮五无悔，离贞吉无悔，故南北乃天地未济离坎六十四卦终也。故二三五二四刚柔中爻，为全《易》至要关键。不明乎此，《易》不可得而言也。

乾阳二三五在井，[①] 故井初下也，时舍也。与乾初下也时舍同也。三多凶，惟井三王明受福。[②]

坤阴二三五在噬嗑，故曰"噬嗑合也"，言阴与阳相合也。先王分疆画界取诸井，日中为市，取诸噬嗑。燮理阴阳，以养万民，得二四三五之用也。井反为困，二与五同也。而三则变九为六。

[①] 乾初九天一勿用，用地二阴阳合德。故乾阳不曰一三五，曰二三五。

[②] 坤阴晋二"受兹介福"，《既济·九五》"东邻杀牛，不如西邻之禴祭，实受其福"，《象》曰"实受其福，吉大来也"。《困·九五·象传》"利用祭祀受福也"。经传言福者，只此四爻而已。

《象传》曰"困刚掩也",即井九三之阳为柔所掩,故曰"刚掩"。困数三十六。天地数穷,穷则变,变则通,而通在井二三五。乾阳出用,俱在三四人爻反覆。故二与四三与五内重要之关键,尤在三四也。

用九用六

卦用七八，爻用九六。七八其体，九六其用。故六十四卦无一非九六之用。孔子首以乾坤发明之，以示六十四卦无一非九六之用，实无一非乾坤之用也。然坤以从乾，地道无成，坤之用皆乾之用，六之用皆九之用，故特于《乾·文言》一再申明其义，曰"乾元用九，天下治也"，"乾元用九，乃见天则"，又曰"天德不可为首也"。先儒于用九用六二语，解释不一。或以占变，或以刚柔，或泛论君臣之道，或比附天地之气，或以"群龙无首"四字望文生义，或以"用六永贞"一言互明其旨，而皆未有确切不移之说，为至当不易之论者。揆厥原因，实由蔡墨之一语，曰乾之坤"见群龙无首吉"。故主占变之说者，皆以用九为纯乾变纯坤，用六为纯坤变纯乾。其他泛言义理言君臣，更悠悠无可捉摸矣。夫经文既明明曰九曰六，则释经者自当先从九六二字研究，得其确诂，然后推究用九用六及所以用九用六之原，而证之以经，方为有据。端木鹤田氏曰："用九者，天一不用，用地二至地十。"诚为最扼要之论矣。夫先圣既以九六命爻，自无爻非用九用六也。既称之曰九曰六，则必根据于天一地二之数可知也。今以天一地二之数推之，惟一与九不变。一不变者体也，① 九不变者用也。② 故自九乘一以至十，其积数为三百八十四，乃全《易》六十四卦之爻数也。而自一以后递加至十，积数为九十九，加至百为九千九百九十九，而皆虚其一。故一不用，不为首，而《易》之全数皆用九之数。坤之用六曰"利永贞"，天下之道贞夫一者也，则正与九对。由此推之，自二至八，其五位之相得相合，与卦位爻数之相得相合，均可次第而明。然后验之于日月，征之于四时，考

---

① 以一乘十乘百皆仍为一，而乘三乘四仍为三四。与二合则生三，而一之本数乃不见，故一不用。

② 凡以九遍乘他数，无一非九。如二九十八，一八九也。三九二十七，二七亦九也。至九九八十一，八一亦九也。

之于声音律吕，发而为礼乐政治，人伦道德，皆一以贯之。而八卦六十四卦三百八十四爻，亦一以贯之。持论皆有实据，而非徒托之空言矣。①

---

① 九六之用皆出于数理之自然，非人力可能加减。参看《易数偶得》，各图自明。

《大学》、《中庸》、《易》象

《大学》《中庸》，皆本于大《易》。以象证之，几无一句无一字，不与卦义卦数相合。数始于天一，卦始于坎子。① 子天一不用，乾初勿用，用始丑地二。② 子天一复，复小。丑地二临，临大。坎习教事，③ 教者效也。临内卦兑，兑为学。子一至兑十，一始十终，而艮成终成始，念终始与于学，故曰"大学"。大学终始在艮，即在于《乾·九二》。④ 九二"君子学以聚之，问以辨之，宽以居之，仁以行之"，大人之学也。大人之学，由于谨小而慎微。庸言之信，庸行之谨，闲邪存其诚，善世而不伐，德博而化，乃龙德而正中者也。故曰"中庸"。故《大学》《中庸》皆本于《易》，皆始于乾之九二。九二乃坎离爻。坎离南北正中，君子中道而行。《大学》由离而至坎，《中庸》由坎而至离。离坎上下，水火既济。圣功王道，备于此矣。大学之道，道本于天。⑤ 天一坎数，由一生二，阴阳合德，故曰"一阴一阳之谓道"。子一丑二，于天象为日月，子与丑合，⑥ 天地合德，日月合明。明也者，离也。离坤⑦乃晋卦，《晋·象》曰"君子以自昭明德"。"自昭明德"者，乃君子戒谨恐惧慎独之功。其象著于西南离坤，而其本则仍在东北。故坎与艮，水山

---

① 八卦之位，坎北方子，其数一；艮东北丑寅，其数二三；震东方卯，其数四；巽东南辰巳，数五六；离南方午，其数七；坤西南未申，其数八九；兑西方酉，其数十；乾西北戌亥，其数无。乾无也，于文天屈西北为无。
② 用地二至地十而一勿用，是为乾元用九。
③ 《坎·象》曰："君子以常德行习教事。"
④ 乾初一子勿用，用地二丑。地二丑乃坤二之数，乾坤合德，故坎子隐伏丑二。兑见故乾二曰"利见大人"。
⑤ 乾为天戌亥数无。以无出有，乾知大始，冒天下之道，贞下起元，而元在坎子天一。
⑥ 一二天地始合。
⑦ 八卦离之右为坤，火地晋。

塞，君子以反身修德。艮与坎，山水蒙，君子以果行育德。坎艮反复，蒙以养正，而圣功基于此矣。然君子之德，非独善其身已焉。己立立人，己达达人，重离继照。《象》曰"明两作离，大人以继明照于四方"，故曰"在明明德"。

离南方之卦，在先天乃乾之位也。乾与离，天火同人。同人亲也。乾君坤民，乾施坤受。离以乾体包孕坤阴，其亲也至矣。故曰"在亲民，在止于至善"。善者，乾之元也。① 至者，坤之元也。② 乾元一，坤元二。乾一勿用，用在坤二。乾坤合德，则至善也。一生二，二生三，三乃艮之数。艮，止也，止于至善者也。③ 知止而后有定，④ 知止反身修德，止于至善，则阴阳合德而既济定，⑤ 定而后能静，⑥ 静而后能安，⑦ 安而后能虑，⑧ 虑而后能得。⑨ 物有本末，⑩ 事有终始，⑪ 知所先后。⑫ 知所先，则先天而天不违。知所后，则后天而奉天时。则庶几近乎

---

① 《文言》曰"元者善之长也"。
② 《坤·象》曰"至哉坤元"。
③ 一二三三生万物，子丑寅天地人。建子一复丑二临寅三泰，泰通而天地人之道通，万物咸备于我。此所以为君子立德之本，三者为《大学》之纲领焉。
④ 乾为知，艮为止，知止为乾坎。艮三位，艮反身修德，反诸坎，所谓含三为一是也。
⑤ 既济定也。既济六爻皆当位，皆一阴一阳，此之谓道。
⑥ 乾动坤静，止于至善。以乾合坤，由动而返诸静矣。
⑦ 坤先迷后得主，后顺得常。安贞之德，应地无疆。
⑧ 由艮而返诸坎者，复由坎而出诸艮。坎为思虑。《传》曰"能说诸心"，坎也。"能研诸侯之虑"，艮也。
⑨ 乾坤合德，乾以易知，坤以简能，易简天下之理得矣。
⑩ 天地之数，子一丑二寅三，三生万物，皆始于丑二。丑属牛，牛大物也。故物从牛星，纪起于牵牛。本末皆从木，木下为本，上为末。寅与卯属木，《易》象三才天地人，乾天坤地艮人，三才之数不齐，皆齐于巽木。故巽也者齐也。齐之以巽，巽震成益，木道乃行。象也者，材也。材成辅相而天地，人之用以彰。
⑪ 坤为有，乾为事。坤以从乾，故坤曰从事，从乾之事也。乾以统坤，故乾用格物，格坤之物也。乾始坤终，一始十终，而成终成始为艮。则终则有始，物无尽而事无穷。
⑫ 有本末终始则有先后。先者体也，后者用也。先后一德。明德体也，在所先也。明明德，用也。在所后也。艮其止，止其所也。故所先所后皆在艮，而知其所先后则在乾。乾知太始。

道矣。

古之欲明明德于天下者,① 明明德者,明两作离,大人以继明照于四方,是所谓由离而到坎者也。知所先,必先治其国。由离而巽②鼎,鼎通屯,屯建侯,鼎凝命,治其国也。由巽而震,巽为齐,震巽恒,夫妇之道。上承巽离风火家人,齐其家也。震反为艮,反身修德,修其身也。修身为本,自离至艮,由天下国家而反诸身,德之由用而归之体也。更由艮而坎,坎维心亨,正于天一,正其心者也。由坎而乾,意出于心。乾为言,而艮成之。从成从言,诚也。诚其意者也。知者彻始彻终,闻一知十。由乾而兑,乾知大始,智至至之。从坎一至兑十,致其知者也。由兑而坤,坤为物,与艮对。艮手格之,故曰"致知在格物"。自艮而至坤终焉。此德之体也,皆知所先也。

知所先,则知所后。物格而后知至,③ 知至而后意诚,意诚而后心正,心正而后身修,身修而后家齐,家齐而后国治,国治而后天下平。是由本而及于末,由体而达诸用。于八卦从坤而兑,兑而乾,乾而坎,坎而艮。艮为修身,修身齐家之始,成终成始。而震而巽而离,更复于坤。所谓全体大用,无不明矣。④ 故大学之道,首明明德。明两作离也。终天下平,祗既平坎也。坎离正中,由体达用,则水火既济功成,刚柔正而位当,知止而后有定,⑤《易》道备矣。自天子以至于庶人,一是皆以修身为本,言人类阶级至不齐焉,惟道能齐之。名类大小至不一焉,惟道能一之。齐之一之,故曰壹是以修身为本。艮为身,艮止,止其所所先所后,无不归于至善矣。

其本乱而末治者否矣。修身为本,身不修,既济道反,初

---

① 乾坤一古今。乾以先坤,古以鉴今。乾镇而静,性也。感于坤而动性之欲也。人各有欲,欲贵知止。欲能知止,知止于至于善,足以自昭明德矣。
② 南方离,东南巽。
③ 至者坤也。
④ 坤为地,天之下也。坤体承乾坎,平也,亦由终而反始也。
⑤ 既济定也。

吉终乱，① 本末易位。二之五亦五之二，为天地否矣。否泰反复损益，益下不厚事，而损错雷风相薄，天地变化，治乱之消息甚微。君子明乎消息盈虚，知所先后，明乎厚薄，②安土敦仁，③而治可保矣。故曰"其所厚者薄而其所薄者厚，未之有也"。

此谓知本，此谓知之至也。古本《大学》经文之末有此二句，今本移此二句于"大畏民志此谓知本"之下，作第五章。与"亲民"之为"新民"，皆程子所改定者也。实则"亲民"亲字，含有教养二义。改作"新"字，仅有教之一义。则《传》所称如保赤子及同好同恶诸义，均赘文矣。证之于《易》，亲字非讹尤确而可信，故并及之。

"中庸"之中，即离坎中正之中。庸者从庚。阴阳之义，用始乙庚。④后天震出东方，首出庶物，万象更新，故纳甲以震纳庚。而庚之本位则属西方，西正秋兑，震仁兑义，立人之道。故庸字之义，乃合震兑二象，兼仁义之用者也。程子曰"不易之谓庸"，朱子曰"庸平常也"，均非确诂。《乾·九二》"庸言之信庸行之谨"，兑言震行，取象尤极显明。

天命之谓性，惟天之命，于穆不已。天者，乾也。天命则乾元资始，而始于坎，即坎中之一阳，所谓性也。孔子赞《易》，利贞者性情也。又曰"一阴一阳之谓道，继之者善也，成之者性也"，又曰"成性存存道义之门"，又曰"穷理尽性以至于命"。言简意赅，源委分明，直截了当。后之言性理者，累千百万言，枝枝叶叶，纠纷缠绕，其本根反不易寻觅矣。

率性之谓道。率者率也，即成性存存也。率性之谓道，非性之谓道也。道本于天，性亦受于天。人能不失天赋之性，即能合于天之道矣。于《易》象坎为性，性隐伏不可见者也。坎

---

① 既济"初吉终乱"。
② 剥上"以厚下安宅"则反复。
③ 修身。
④ 故蛊先甲后甲，巽先庚后庚。

常德行，习教事，教人明于天之道而察于民之故，凡皆所以成其性也。故曰修道之谓教。

性不可见，感于物而动，则情也。情亦不可见，而见乎色，①见乎辞，见乎行。性贞天一者也。动则情见乎色见乎辞见乎行。其为喜怒哀乐者，则不一矣。于是由艮而震，而以巽齐之。则不一者一，而合乎道。故道也者，不可须臾离也，可离非道也。此象之由坎而至于离者也。

戒慎乎其所不睹，②恐惧乎其所不闻，③莫见乎隐，莫显乎微者，皆坎为心，隐而显微而著者也。坎心天地中，故喜怒哀乐之未发谓之中。坎一发而十至。④坎兑为节，故曰发而皆中节。先天乾坤南北中，后天震兑东西和，⑤故曰"致中和天地位焉，万物育焉"⑥。

坎一复小，故小德川流。丑二临大，故大德敦化。一二天地中，天下之大本也。天一勿用，用丑二艮成言。成言为诚，先坎后震。云雷屯，经纶，故唯天下之至诚，为能经纶天下之大经，立天下之大本。天一勿用，用二至十。故凡为天下国家有九经，所以行之者一也。

正北坎，西北乾，东北艮。乾天道，对巽为直。来者信也，由亥出子。坎一兑十，动而直，直而中节，唯圣者能之。其二屈往，⑦故曰其次致曲。本东方艮人道，艮成言，曲能有诚。艮寅泰通，震出用事，万物甲坼。诚则形也，巽物絜齐。形则著也，离皆相见，著则明也，皆由坎以至离者也。明动变化，由离坤而兑乾，故曰唯天下至诚为能化。

---

① 喜怒哀乐见于色。
② 离目睹。
③ 坎耳闻。
④ 兑十。
⑤ 万物出震。
⑥ 《易》与天地准，东震西兑，准平震卯兑西。日月出入，天象半显半隐。正北坎，西北乾，东北艮，皆隐而不见也。天地之气，始于亥子之间微也。
⑦ 往者屈也。

诚者艮也，不诚无物，是故君子诚之为贵，与《大学》之"壹是皆以修身为本"，象义皆同，后先一贯者也。盖艮寅为人位，曾子称思不出其位，惟日三省，故独得孔子一贯之传。《大学》《中庸》，皆端本于修身，即皆本于艮寅之一位，重乾爻辰二爻在寅，故《大学》《中庸》之义，皆出于乾之九二也。顾孔子赞《易》，于立人之道，其枢机又在于三四两爻何也？曰：此六爻之义也。论六爻三极，三四为人爻曰人极；而三四两爻，居内外之际，合言之，则为两卦之中；分言之又为内之终而外之始。六十四卦之反覆上下，无不由此。故《易》之言人道于三四两爻。"中庸""大学"，以卦位言之。故均以艮寅明修道之本，皆所谓同条而共贯者也。① 诚为艮，而至诚则为乾。至诚之道，是反身修德。由艮而反诸坎，由三而反诸一，即所谓涵三为一也。涵三为一，太极之象。太极以无含有，自坎至乾，是即由有而入无。② 无思也，无为也。寂然不动，感而遂通天下之故，不疾而速，不行而至，乃天下之至神，故至诚之道可以前知。

　　西北乾天道，东北艮人道。天地人，子丑寅，三建用中，建中立极。丑艮为身，寅艮为庶，三庶也，故曰"本诸身，征诸庶民"，子天建，丑地建，寅人建，为"三王""三统"，故曰"考诸三王而不谬"。于乾知天，故曰"质诸鬼神而无疑"。"于艮知人"，故曰"百世以俟圣人而不惑"。此天地子丑而本诸戌亥，君子以一诚终始之，即以艮终始之也。诚则形，形则著，著则明，明则动，动则变，变则化。西北乾庸言庸行终之，乾戌远，坤申近，知远之近也。东南巽辰，风自乾亥，知风之自也。乾亥微，艮寅显，知微之显也。君子入德深藏乾亥下，人所不见，潜也。西北隅屋漏相在尔室，乾为斧为钺，不怒而民威于斧钺也。西北乾天至神道，丑用中本末尽以在之。乾天神道，

---

① 诚者，物之终始。艮者，成终而成始也。
② 乾西北戌亥数无。

于震无声，于巽无臭，故曰"声色之于以化民末也，上天之载无声是无臭至也"。

此"中庸"乾九二正中，庸言庸行，闲邪存其诚，善世而不伐，德博而化。《中庸》一篇，以化终之也。

十字架

泰西之十字架，相传以为耶稣代众人受刑钉死于十字架上，故尊奉之，以为耶稣流血之纪念。此宗教家附会之说，不足信也。其实十字架者，乃数学之交线也。数不交不生，如两线平行，各不相交，虽引之至于极长，纵环绕地球一周，仍为两平行线而已，不生数也。惟两线相交，成十字形，动则为圆，静则为矩，而三角勾股八线，皆由此生焉。此乃几何原本之原本，实数学之初祖。我国相传之两仪图，① 天然之配偶也。两仪为理学之祖，由两仪生四象，四象生八卦，变化无穷，莫不肇端于此一阴一阳。一阴一阳之谓道。道也者，形而上者也。交线成勾股成三角八线，推衍无尽，莫不导源于此一纵一横。一纵一横数也。数也者，成器之所先也。形而下者也。故道运于虚，而数征诸实。我国数千年来，专尚儒家以空言谈经，鄙术数为小道，崇虚黜实，末流之弊，举国皆无用之学。所谓形而上者，几坠于地矣。泰西之学，则不尚空谈，立一说必征诸实验，制一器必极其效用，不以理想为止境，不以无成而中辍，千迴百折，精益求精，于是科学功能，几侔造化；器物利用，无阻高深；形学发达，于斯为盛。然极其弊，则谓世界将可以力争，强权几足以胜天演。物欲无限，而生人者适以杀人，杀人者即以自杀。物质之文明，浸成儳焉不可终日之势。此倚重于数之一偏，与倚重于理之一偏，各趋极端。其末流之失，亦正相等也。夫理与数，本不可以须臾离。故圣人倚数，必参天

---

① 今通俗皆称为"太极图"，其实此图分阴分阳，有黑有白，不可谓之太极，当名为两仪图，较为惬当。北方亦有称之为阴阳鱼儿者，鱼字亦仪字之传讹也。

而两地。故形上之道，与形下之器，虽相生相成，无偏重亦无偏废。舍道而言器，则器为虚器。离器而言道，则道尽空谈。三代传统，一揆诸道，① 不但礼乐政刑，悉本度数，② 即德行言语，③ 亦无不各有其典则。④ 故节以制度，以议德行，而《大学》治国平天下之道，必本于絜矩也。道不可见，故圣人示之以象。象无可稽，故圣人又准之以数。数与象合，而道无不可见。制器尚象，而器以立。载道以器，而道不虚。理象数一贯之道，皆出诸《易》。自王弼以玄理说《易》，后世畏象数之繁，因靡然从之，创扫象之说。⑤ 自是象数与《易》，又离为二。周子传太极图，⑥ 道果在是矣，而器已无存，⑦ 则道亦不亡而亡矣。谚曰"皮之不存，毛将焉附"，其是之谓欤？是故三代而后，易学晦盲，数学流于西方，⑧ 理学显于有宋。即此一纵一横之十字架，分阴分阳之两仪图，足以为东西近世学术源流之代表矣。近西人极物质文明之益，即倦而知返，更探其原于哲学。我受理学空疏之害，尤备尝苦痛力求自拔于沉沦。是东西人心，已同有觉悟之机。所谓通其变使民不倦，《易》穷则变变则通通则久，其在斯乎！故合中西之学，融会而贯通之。以此所有余，助彼所不足；截此之所长，补彼之所短，一转移间而各剂其平，各得其当，非《易》道又乌能贯而通之！夫十字架与两仪图，各产生于数千年前。一东一西，不相谋面。自西教东渐，于是天然配偶之两代表，乃日相接近。又迭经几许

---

① 故曰"道统"。
② 度生于律，律本黄钟，子丑一二。
③ 言语即文章也。
④ 《孝经》"先王之法言法行"。法者，即合于度数者也。
⑤ 弼以玄理说《易》，运实于虚，归有于无。刍狗天地，糟粕仁义，更何有于象？后儒既主其说，乃辟其玄谈，是买椟而还珠，亦非弼之所及料也。
⑥ 实即两仪，以为继述道统之图。
⑦ 礼乐政刑皆器也。
⑧ 西人于借根方名之曰"东来法"。

之岁月，始得消除种种之障害隔阂，而日即亲洽，今殆去自由结婚之期会不远矣。结婚以后，必能产生新文明之种子，为我全世界放一异彩。吾将掺券期之，拭目俟之矣。

辨无极

宋以前言《易》者，未有图也，而太极更不可图。自周濂溪始为太极图，又于太极之上添一无极，曰"无极而太极"。后儒因之，遂以太极为第二位，似乎太极之前，更有一无极之图恍然在于心目间者，而不知其说之不可通也。《系传》曰"《易》有太极"。极者，至极而无对之称。物各有极，故曰"天极"，曰"地极"，曰"人极"。阳有阳极，阴有阴极，所以别之曰"太极"。太者，至尊无上之称，原以对三极及其他诸极而言也。即曰太极，则太字之上，又何能更有所加？况无者，有之对也。既可名之曰无，则无之对便是有。若云无极而有极则可，无极而太极，则文不当而辞不顺也。夫太极者，浑沦无端，立乎天地之先，无名可以名之，无象可以象之。老子所谓"有物无形，先天地生，无以名之，强名之曰道"者，庶乎其近之。《易》道元亨利贞，而太极者，乃元之所自出。今之言几何学者，曰点线面体，此物质之元亨利贞也。故物之形皆起于一点，谓之起点。而以精神上言之，则必有以立乎此起点之前者。言能得此起点，譬有二人于此，甲绘平圆图，而乙绘立方图。平圆立方，各有其起点，起点之形式同也。而绘成以后，则圆者自圆，方者自方。则因甲于起点之前，其胸中之所蕴蓄者，已完具一平圆之形象。乙于起点之前，其胸中之所蕴蓄者，已完具一立方之形象。此蕴蓄者，即为平圆与立方之太极也。然当其未落笔以前，又乌从而见之？乌从而闻之？所以云万事万物各有其太极，而《易》有太极，则在两仪未判阴阳无始以前，先天浑沌之中，自有此肫然穆然。孕育万物，具足万理之浑沦元气，以立乎天地之先，而为造化之主宰者，无形可象，无名可称。孔子称之为太极，已至矣尽矣。更何能于此外再加一字，再着一笔乎？加一字，着一笔，即非太极矣。惟周子之所谓太极者，即有其图，图中有黑有白，有阴有阳，是即两仪四象，实已不可谓之曰太极。故又加一无极于其上。盖为中人以下说法，非有迹象可指，不能以言语形容，乃绘此图以明一阴一阳之道所由来，使人可一览而得，其用心亦良苦矣。

但以本无迹象之太极,以迹象求之,终有语病,无论如何设辞,终觉似是而非。① 若读者不善体会,以辞害意,是将使太极之真相,终无由了解。所谓"差以毫厘,谬以千里"矣。可不慎哉!

---

① 太极冲溟无形,可以意会,不可以言传。言传则有声,有声非太极也。着笔则有象,有象非太极也。

《易》注旧说之误人

"生生之谓易"，故《易》道遏恶而扬善，好生而恶杀，此所以扶阳而抑阴也。① 自专制帝王，借经术以愚民，而头巾腐儒，又逢恶助长，曲借经文为干禄固宠之具，于是正义湮晦。古圣救世之经文，几反为贼民之爱书矣。尊君而抑臣，贵君而贱民，受诬之甚，莫过《易》与《春秋》。盖《春秋》亦原本于《易》者也。来瞿塘氏《易注》，尚为善本。乃其释乾元用九，亦云为人君者体春生之元，用秋杀之元，一张一弛，为天道之法则。道千古人君以杀人者，皆此等曲说阶之厉也。夫春生秋杀，《易》固无此明文。后儒以此明天地之气，盈虚消息，亦如阳死阴生，阴死阳生之类。非春以生之者，至秋必杀之，天地预存一必杀之心也。帝王亦人耳，以人杀人而谓之道，而谓之天道之法则，可谓诬圣蔑经之甚矣。孔子惧人之误解也，故特于《系辞传》郑重以明之，曰"吉凶与民同患"，又曰："其孰能与于此哉！古之聪明睿知神武而不杀者夫！"圣意之深远，亦可谓周且至矣，而谬误仍若此。诸注类是者，不胜枚举。聊举一二，以见读注者，当具只眼。以辞害意且不可，况经本无其辞，而以意出入之，其误天下后世也大矣。

---

① 阳以象善，阴以象恶也。

七色变白

日光具七色光线，而此七色之光线，动而合成一色，则为白色，此近世泰西科学家所发明也。现时学校仪器中，有一种圆形之平面版，其上分绘七色。附一机轮，以皮带联之，摇其轮令此圆版之旋转极速，则只见白色。① 即所以证明七色变白之说也。凡高等小学以上之学生，殆无不知有此者矣。然我国旧学家，固未有言之者也。不料《易经》于数千年以前，早已发明之。象义明晰，确切不移，与西人之说正相吻合。其象即见于山火贲之一卦，䷕贲离内艮外，离为日，离居九位，九宫之色。一白，二黑，三碧，四绿，五黄，六白，七赤，八白，九紫。数虽九，而白居其三，并之仍为七色。离为日而居九位，则自当有七色，与西说正相同也。由九三至六五，中爻为震。震，动也。震动而离之七色皆变为白，故六四曰"白马翰如"，② 至上九曰"白贲无咎"。曰"白贲"，则全卦皆变白矣。与七色变白之新学说，完全吻合，无一丝一毫之勉强穿凿。而"翰如"二字，则几将近日学校所用之仪器，并其转动之状曲绘而出，可谓神妙不可思议矣。子曰"《易》之为书也，广大悉备"，略指其一而已可见矣。惜我国读《易》者，皆忽略读过，更无科学之知识与眼光以研究之，宜乎其不可解者多矣。③

---

① 另以青黄二色之版转动则成绿色，红青二色者则成紫色，其他之色之配合亦各如其应得之色，而色之深浅则以两色所占面积之多寡而分，与两色之颜料相调合者无异。惟七色则只成白色。

② 翰如即转动极速之状也。

③ 朱子注《易》，至理有不可通，辄以不可解或未详二字了之。然尚能阙疑者也。后人或错综其象以求之，或为卦变、爻变以附会之。但求于象可以联属，不顾义理之是否可通，与本卦之才物是否应有此理者，盖比比矣。如贲卦之白字，或以为巽为白。而本卦无巽，则曰艮错兑，兑反巽也。或以六五变则上卦为巽，故言白也。而不顾巽之义为入为伏，与本卦之义固皆无当也。唯中爻为震，震下伏巽，动而为白，义尚较近。然不以新说参证之，又乌知古圣取象之妙，实与造化同工，断非拘拘于一爻一卦之单辞所能悉解也。

西教士之《易》说

西教士花之安氏，颇注意于中国之经籍，曾著《自西徂东》一书，谓画卦之伏羲，乃巴比伦人。巴比伦高原，为西洋文化策源地。伏羲八卦，以乾为天，以坤为地，至今巴比伦人犹称天为乾，地为坤，此一证也。又巴比伦亦有十二属象，与中国之十二辰大略相同，其证二也。或因花氏之说，更加推求，谓伏羲画卦，以备万物之象。宇宙伟大之象，无不列举，如天地水火风雷山泽，以配八卦。而海为天地间最大之一象，独付阙如。而举泽以为山之对，则亦一疑问也。巴比伦介欧亚之间，四面皆大陆，距海最远。其间惟里海死海，为潴水最大之区，故称之为泽，亦足证花氏之说不尽无因。花氏更称巴比伦古代之王，有号福巨者，与伏羲二字音亦相近。当即为始画八卦之人，亦可谓读书得间矣。但我国上古之史，虽无可稽考，然自伏羲而后，代有传人。一画开天，即文字所造始。俪皮为礼，已姓氏之足征。在中国之佚闻古迹，无有可为伏羲来自远方之证者。况伏羲之陵，犹在中州，至今无恙。其果否为伏羲埋骨之所，虽无从征实，但有一事足以参证，有决非人力所能为者。则古圣揲以求卦之蓍草是也。孔子曰昔者圣人之作《易》也，幽赞于神明而生蓍。至今蓍草所产之地，厥惟伏羲文王周公孔子之墓，而他处无有也。①夫文周与孔子之墓，固确为圣穴，决无可疑。则伏羲之陵而有蓍草，亦断然足证其非妄矣。其非巴比伦产，可不辩自明。或者当伏羲之时，西北之人物殷繁，②治化流被于欧亚两州之交，故巴比伦得有伏羲之学说，③未可知也。至八卦之象无海，则有说焉。夫江河海洋，皆后起之名辞。伏羲时文字未兴，乌得有此析类之名？卦象水火山泽，皆以对举为文。海固无可对也，故以

---

① 惟近今所生之蓍不及古时之长，余尝采蓍于孔林，最长者乃不满今尺三十寸，以合周尺仅四尺余。所谓六尺及盈丈者，询之孔氏，云久未得见矣。
② 其时东南皆水陆地不多。
③ 逮洪水为灾，地形改变，流沙阻隔，西道遂不复通，故禹域西限流沙。

泽对山。洪荒之世，世界一泽国耳。举目所见惟山与泽，则亦以山泽象之耳。《周易》为中古之书，取象较广。坎为大川，大川亦即海也。焉得以数千年后之名词，而致疑于上古之世哉！

化学之分剂与象数合

西人物质之化分，译之为化学者，乃近世纪所发明者也。不谓地隔三万里，时阅七千年，而吾《易》之象数，能与之一一吻合无毫厘之差。呜呼！是所谓范围天地而不过，曲成万物而不遗者，岂空谈性理所能悉其奥旨哉！张氏之锐《易象阐微》，取气之分剂性质，以卦位爻数乘除推衍，无不妙合。尤奇者，阳三而阴二，足证古圣参天两地之数，固俟之万世而不惑者也。

《易》以阳为气而阴为质，乾坤气质之总纲，六子乃气质之分类。故气质之分晰，当于六子求之。轻气①比较各气重量为最轻，于《易》为震象，以乾通坤初，出于震之卦气也。震初一阳始复，其几甚微，故其气甚轻。②震为动为阳，阳之气轻清而上升，故坤变为震。动而气升，则乾即成巽而为风。盖乾阳之坤，热涨上腾，而乾之本体反虚。他处空气入而补之，因动荡而为风也。凡卦爻本体，不能互成他卦者，当为独立之原点。其可以互成他卦者，即为化合之合点。如☵坎五阳以上无互体，为独立养气③原点。下互艮为淡气，此即养气当与淡气相合之象也。若五阳下降至四，则亦互震体，而变为雷雨作解。此即轻气上升，与天空养气化合而成雨之象也。又如☳震初阳无互体，为轻气独立原点。四阳互艮互坎，此亦与淡气相和，及化合成雨之象也。坎五之阳由乾二来也，以阳三④与五位相加为八，以二乘八得数十六。震初之阳，由乾四来也。以阳三与初位相减为二，以二除四，仍得二二：十六二一：八，故轻气之分剂数⑤为一，养气之分剂数为八，一以乘得数，一以除得数也。

---

① 亦曰水素。
② 地山谦，坤艮皆重也。乃曰谦轻者，亦以三四五爻之互震也。
③ 亦曰酸素。
④ 爻体阳三阴二。
⑤ 亦曰原子量。

淡气①者，爱力甚小。而其性安静无为，其作用但在节止养气之太过，故知此气必为艮之卦气②也。如☶艮九三上九两阳爻，皆为淡气。上九之阳由乾三来，九三之阳由乾上来。以阳三与上位六相加则为三，三以阳三加入三位，则为二三。艮下体之卦位，其和数为六。③上体之卦位，其和数为十五。④六与十五之和数为二十一，以三除之得七，后以二乘七得十四。⑤为淡气一分剂数。轻养二气之乘除，以反对为用，淡气则自为乘除。由此推之，可见卦气每生一物，必变化其方式。方式不同，故形质有异也。

　　轻淡养为三少阳气类原点。此三气者，常混合弥漫于空中者也。试以三类气质合成卦象如☳，即蒙卦也。上艮为淡气，下坎为养气。九二六三六四互震为轻气，九二至上九共历五位。阳自初至二进一位，自初至上进五位。养气即生，则应消去淡气一位。故养气居空气五分之一，淡气居空气五分之四，而轻气体积则甚小。轻养淡三气混合弥漫而成蒙象。蒙象者，其地球表面之蒙气乎？

　　绿气⑥能漂白物色，其臭甚烈，能伤人，此巽之象也。《说卦传》"巽为白，又为臭"，又曰"巽也者言万物之絜齐也"，皆绿气之性能功用也。如☴巽象，下体阳爻，积与位之和为十一。⑦上体阳爻积与位之和为十七，⑧下体阴爻积与位之和为三，⑨上体阴爻积与位之和为六，⑩以三减六得三，以初加四得五。三五相加，再与十一十七相和，即等三十六，为绿气之一分剂数。⑪炭气⑫为有形质之气，故化学家谓之非金类，而煤炭所含者为最多。若在气质内，

---

① 亦曰窒素。
② 艮静而止。
③ 初二三之和。
④ 四五六之和。
⑤ 以三除者阳，加于上位得三，阳数也。以二乘者阳，加于三位得二阳数也。
⑥ 亦曰盐素。
⑦ 阳三加二位为五，阳三加三位为六，合之为十一也。
⑧ 阳三加五位为八，阴三加上位为九，合之为十七也。
⑨ 阴二加初位为三。
⑩ 阳二加四位为六。
⑪ 绿气之一分剂数或作三五一五。
⑫ 亦曰炭素。

则常与养气化合，所谓炭养二是也。盖炭气之原点属离，离阴卦也。阴常附阳，① 是为有形质之物。故炭气与绿气，不能如轻淡养三气，能卓然独立于空气界也。☲离卦二阴自坤五而来，下体阳爻积与位之和为十。② 上体阳爻积与位之和为十六。③ 以上体阳五位数，除下体阳爻积与位之和，得数二。以下体阴二位数，除上体阳爻积与位之和得数八。二与八之较六，即为炭气之一分剂数。④ 六子之卦，震坎艮巽离，皆有其自成之原点。惟兑独无，盖阳数大，阴数小，阳顺生，阴逆生，阳始于震。阴始于兑，震之原点为一，则兑始生之阴数，必更小于一。退入零位，几不可见，必不能成为独立之原点矣。求之于化学气类中，惟喜气于兑象为近。兑为悦，悦喜意也。⑤ 考喜气为淡养所合成，西名为NO。此亦足证兑无自生之原点矣。喜气之分剂数为二十二，即八与十四所合之数。⑥ 淡气为艮象，养气为坎象。艮之上体三爻积与位之和为二十二，⑦ 坎之上体三爻积与位之和亦二十二。⑧ 以艮之上体，合兑之下体，则为☶损卦。以坎之上体，合兑之下体，则为☵节卦。兑下体三爻积与位之和为十四，⑨ 以下体兑之十四，减上体艮之二十二，即得坎养之八。以坎养之八，复减上体坎之二十二，即得艮淡之十四。故八与十四之和，即喜气之分剂数。其数之妙合，极参伍错综之致，而无不吻合，诚不可思议矣。

---

① 离丽也，必附丽于他物而始见。离为火，火必附于物始燃。
② 阳三加初位为四，阳三加三位为六，合为十也。
③ 阳三加四位为七，阳三加上位为九，合为十六。
④ 绿气一分剂数由和而得，炭气一分剂数由较而得方式亦不同也。
⑤ 喜气嗅之令人狂笑。
⑥ 养气一分剂数为八，淡气一分剂数为十四。
⑦ 阴二加四位为六，阴二加五位为七，阳三加上位为九合之为二十二也
⑧ 阴二加四位为六，阳三加五位为八。阴二加上位亦八，合之亦为二十二也。
⑨ 阳三加初位为四，阳三加二位为五，阴二加三位为五，合之为十四也。

以上轻①养②淡③绿④炭⑤喜⑥六气，即乾坤二元所化生，震坎艮三少阳巽，离兑三少阴之六元象也。然三少阳所成之原质有三类，而三少阴所成原质只有两类。可见阳三阴二之定则，离造物者亦不能越此范围⑦也。此外之原质，若碘，若硼，若金类，若非金类，为数甚夥。苟能各按其天然分剂之数与其品性，依卦象变化之条理，以方程求等之法紬绎之，当无不有一定之公式，可断言矣。

《化学鉴原》云：轻气与诸质化合，其性大似金类，⑧故疑为气质金类，如汞为流质金类是也。轻气与汞若汞与铂，虽视无金光，而叩之不坚，亦不足为必非金类之据。汞加热可化为明气质，亦与金类为例，是可见轻气亦或为金类也。又云：轻气虽为万物中至轻至稀之品，而分剂数为最小者，然依其分剂数而计其爱力，则甚大也。如一分重之轻气，能与绿气三十六分之重化合，能与溴八十分之重化合，与碘一百二十五分之重化合。极少之数，亦足支配此各质而变化其性。且所成之质，最难分析。化学以为极少之分剂，而生极大之爱力性，为甚奇也。按化学家疑轻气为金类，而不敢下确定之断语。又奇其分剂数小而爱力极大，此由不明轻气所以化生之原理也。若以《易》象证之，则所疑者皆涣然冰释矣。盖轻气为震象，震者乾始交坤，其象恒通乾。⑨《说卦传》"震其究为健"，健即乾也。乾为金，震者金气之初发动者也。知轻气之为震，则知轻气为气类之金可无疑矣。一阳初复，故分剂数最小，所谓复小而辨于物是也。其感动力反甚大者，以乾健而震动也。震为物之始生，此天地之仁气也。且又为最尊最大之乾卦最肖之长子，然则能以至小之分剂数化合最大之分剂数，而显最大之爱力者，又何足怪乎！

---

① 震象。
② 坎象。
③ 艮象。
④ 巽象。
⑤ 离象。
⑥ 兑象。
⑦ 五行之数亦天三地二，天地之生数亦天三地二。
⑧ 与锌或铜化合，显此性尤大。
⑨ 震为乾之长子。

以上诸说，不但足与物理相发明，尤足以证明象之切切实实，非模糊影响而意为拟议者也。向来说《易》者，以空谈性理为高，能精研象数者已不可多得。间有谈象数者，又莫明象数之原理，于是东牵西扯，曲折附会以求合，而不知去《易》之道愈远，而象数反为说《易》之累矣。故显明象数，必知物理。离物理以言象数，亦与离象数而谈性理者，敝正相等耳。

佛教道教之象数备于《易》

《易》之为书也，广大悉备。范围天地，曲成万物，故凡世界所有，无远近，无今古，均不能出于《易》教之外。道教佛教，皆后起者也，而佛教创始于西域，更与中国之文化无关。乃圣人之作《易》，早定其数于三千年以前，而概括其教于卦象之中，并其科仪名类，亦皆一一列举而豫定之。乃后来者冥然罔觉，顺天地之理数，以自力进行。初未与《易》相谋，而事事物物胥一一准之，莫能相悖。始信孔子"天且不违况于人乎况于鬼神乎"之赞，为确有征验，而非以虚义为颂美之辞焉。

盖天地之数，自天一地二至天九地十，八卦之入用准之。至乾而数为无，黄帝甲子，干五支六，各分阴阳，以合八卦之用。至乾终戌亥，而数有孤虚。① 故乾坤阴阳皆极于己亥，己阳极阴始，亥阴极阳始。阴阳终始于己亥，而己亥实为天地阴阳之两端。② 圣人合阴阳之撰，通神明之德，先后皆履端伊始。己上先天乾兑卦，己履端始；亥下后天乾兑卦，亥履端始。是以圣人于己亥万物终始，执其两端，而用其中于民。③ 乃子丑中，天地协，使民协于中。南北乾坤坎离正中，尧舜通变宜民，垂衣裳而天下治。取诸乾坤，坎离水火，百姓日用而不知是也。故"人心惟危，道心惟微。惟精惟一，允执厥中"。④ "中庸"乾二用中，⑤ 皆天地大中之道，帝王立极，圣人立本，于己亥执其两端，子丑用其中于民。斯尧舜之道，文周孔子所继述，即《易》道用中之旨也。

---

① 子一丑二至酉十尽于兑，至乾数无而于辰为虚。其对宫则为孤。
② 端者始也。
③ 天地子午正中，子一勿用。用子正在丑，用午正在未。
④ 子坎一，道心寅；艮三，人心子。一纯丑，二精子，丑天地正中。
⑤ 说见前。

两端各倚于一偏。东南偏辰巳，有阳无阴。主有生无死，道教是也。① 西北偏戌亥，无阴无阳。② 主无死无生，佛教是也。以其偏于一端也，对于用中而言，谓之异端。然天地既有其数，既开其端，即皆有其教。天地南北，子一阳，物出有，道教始。午一阴，物入无，佛教始。故子出而辰巳有者阳，于午一阴未生，入无之佛未见。其象有，有者皆道教。孔子删书断自唐虞。唐虞日中天，南北用中，日未过中，其唐虞以上书是道教，③ 非用中之道，故删书删之。而《易》之书所以明道，不明道教，是缺南北一偏，则《易》不备，不足以明道，故《易》象往来。自子一出有，其数逆来，起子西北来，而午东南，其卦为水天需，为火风鼎，其象为水火逆运，而以求有生无死。此其有阳无阴之一偏也。东南象也。是以西北来东南，其对卦言姤④言复，⑤ 姤姹女而复婴儿，需鼎服食以求长生之道者也。变则鼎折足需于泥而道败，有生有死，有需"不速之客三人来"，道家所谓"三尸""三彭"是也。故《易》四三为人爻，而游魂归魂为鬼《易》。⑥ 精气为物，游魂为变，是故知鬼神之情状。精气为物者神，其道所谓神仙是也。⑦ 游魂为变者鬼，其道所谓尸彭是也。先天乾坤之位，而后天离坎居之。火上水下，其道未济，魂升魄降，⑧ 是死道也。故道以逆行。降炎上之火，升润

---

① 道教主长生不死。
② 乾数无。
③ 黄帝为道家之祖，广成空同皆道家言。
④ 西北乾对东南巽，为天风姤。
⑤ 西南坤对东北艮，反震为地雷复。
⑥ 游归亦在四三两爻。凡上五爻为天《易》，四三爻为人《易》，二初爻为地《易》，游魂归魂为鬼《易》。
⑦ 艮寅人道，艮为山，故仙字从山从人。艮止其所，人极所自立也。
⑧ 离魂坎魄。

下之水，龙飞在天，①虎履其尾，②皆于三四两爻反复其道。九四六三，阴阳反复，是为雷泽归妹，故归妹天地大义人终始，为六十四卦之大归魂卦也。先天乾，后天离，火天大有；先天坤，后天坎，地水师。大有众也，师众也。三人为众，皆需之不速之客三人，故魂魄具而三尸即伏于中，是必损之三人损一，而后致一得天地之道。是《易》于道教明著其象，而魏伯阳之《参同契》，借《易》卦以明丹学，与《易》义无涉者，犹不与焉。儒者禁言异端，于他书则是，于《易》则非。《易》备万物万象，此道教东南一偏象，不可不知者也。

天地南北子一阳物出有，为恒有象。③午一阴物入无，为咸无象。④咸无佛教也。午一阴生，午而戌亥，万物归无，为后天西北乾象。咸无反恒有，《春秋·庄七年》"夏四月夜，恒星不见"，为周庄王甲午，即佛诞生之日矣。佛诞生，天地咸象感，而恒星不见，而《易》已早征其兆于先后天卦矣。故八卦于咸无顺往，自东南午，而西北子，其卦为风火家人，为天水讼。家人由内出外，讼违行不亲，其象为火水顺灭，而以归无死无生。此其无阴无阳之一偏也。西北乾刚乾金，故佛金刚不坏。佛说经金刚独显，为咸感应象。西北戌入夜明灭，而佛始燃灯，西北天地以济不通，而佛度彼岸。⑤天地数有无，以辅相左右民。左为辅，天地数甲三庚九，三九为二十七辅，是乾震无妄卦，乃天地有之数，而知无者妄也。右为相天地数辛四乙八，四八为三十二相，是巽坤观卦，乃天地无之数，而知观者空也。故佛说以三十二相观，不可以三十二相观。是

---

① 震为龙，震下一阳由坎而出，龙飞在天，即取坎填离之说。丹家所谓龙从火里出者是也。震位东方，亦青龙之位，其德为仁。仁属阳，主升，乾九五爻其候也。
② 兑为虎，兑上一阴为阴之始，而位于正西白虎之位，其德为义。义属阴，阴主降，降则变兑见为巽伏。故道家曰伏虎，又曰虎向水中生也。
③ 先天西南巽，东北震，为雷风恒象。
④ 先天东南兑，西北艮，为泽山咸象。
⑤ 《易》利涉大川，皆由坎之乾东北往西南卦。

以戌西北巽入无，辛四西北物往来入无。有乙八辛四，坤巽入，升不来，而四于东南巽不果。西北乾木果，故佛说四果，谓入而实无所入。往来而实无往来，不来而实无不来，有法而实无有法，为四果，皆西北四戌入无数。四西北右相合一，^① 即是一合相，而无见有，即非一合相，皆西北数西北相也。西北戌亥数无为空，而乾为门，故佛教曰空门。先天西北艮，艮为山，故佛门曰山门，佛祖曰开山。先后天乾艮合为遁，故又曰遁入空门。全《易》阴阳爻数，各一百零八，故佛之纪数，皆一百零八。西北阴，阴数穷于六，故佛至六祖而止。^② 西北咸，神无方，而《易》无体，不疾而速，不行而至。咸感至神，故佛道感应至神。《易》备万物万象，此佛教于西北一偏象，不可不知者也。以上据端木鹤田氏之说而推衍之，其义尚多未尽，然亦可见其大概矣。

---

① 合子一。
② 阴数穷于九，故道家丹以九转。